“十二五”高职高专财经类规划教材

成 本 会 计

主　编　褚文凤　李慧锋
副主编　马占成　孙雅丽

上海财经大学出版社

图书在版编目(CIP)数据

成本会计/褚文凤,李慧锋主编. 一上海:上海财经大学出版社,2011.8
("十二五"高职高专财经类规划教材)
ISBN 978-7-5642-1166-0/F·1166

Ⅰ.①成… Ⅱ.①褚…②李… Ⅲ.①成本会计-高等职业教育-教材 Ⅳ.①F234.2

中国版本图书馆 CIP 数据核字(2011)第 156232 号

□ 项目策划 楷轩图书
E-mail:whkaixuan@126.com
□ 责任编辑 刘 兵
□ 封面设计 钱宇辰
□ 责任校对 胡 芸
石兴凤

CHENGBEN KUAIJI
成 本 会 计

主 编 褚文凤 李慧锋
副主编 马占成 孙雅丽

上海财经大学出版社出版发行
(上海市武东路 321 号乙 邮编 200434)
网 址:http://www.sufep.com
电子邮箱:webmaster @ sufep.com
全国新华书店经销
上海华教印务有限公司印刷装订
2011 年 8 月第 1 版 2015 年 7 月第 4 次印刷

787mm×1092mm 1/16 16 印张 409 千字
印数:7 001—9 000 定价:31.00 元

【内容简介】

本书是依据财政部2006年颁布的《企业会计准则》，紧密结合我国高等职业教育在培养对象和教学内容方面的特点，本着“理论知识够用、难易适度和技能培养为重”的原则，在充分吸收其他《成本会计》教材优点的基础上编写而成的。

本书采用模块化、任务式的教材体系，各模块涵盖能力目标、分项任务、任务归纳、任务训练和技能实训五项内容，力求将《成本会计》写成知识简练、技能适用的实践型教材，更适应高等职业教育培养技能型人才的要求。全书共10个模块，其核心内容是对成本计算的基本原理、基本方法（品种法、分批法和分步法）、辅助方法（分类法和定额法）和成本报表编制与分析的阐述。

本书可作为高职高专财经类专业尤其是会计专业的教学用书，也可作为会计人员岗位培训教材和其他经济工作者自学成本会计用书。

前 言

随着我国高等职业教育教学改革的不断深入，高等职业教育的教材内容逐步向任务驱动、项目导向和模块化方向发展。我们依据《中华人民共和国会计法》和财政部2006年颁布的《企业会计准则》，采用模块化、任务式的教材体系，紧密结合我国高等职业教育在培养对象和教学内容方面的特点，本着“理论知识够用、难易适度和技能培养为重”的原则，在充分吸收其他《成本会计》教材优点的基础上编写了这本书。

本书力求体现以下特点：

(1)采用了模块化、任务式的教材体系

和其他《成本会计》教材比较，本书的体系做了调整。全书共分10个模块，每个模块包括若干分项任务。各模块的内容分别是总论、成本会计核算概述、产品成本计算一般程序、产品成本计算方法概述、产品成本计算的品种法、产品成本计算的分批法、产品成本计算的分步法、产品成本计算的分类法、产品成本计算的定额法和成本报表的编制与分析。其中，产品成本计算一般程序作为一个模块，主要阐述了成本计算的基本原理，从要素费用分配开始，按程序介绍了辅助生产成本的归集与分配、制造费用的归集与分配、废品损失和停工损失的归集与分配以及生产成本在完工产品与在产品之间的分配。在成本计算一般程序的指导下，学习成本计算的具体方法会更容易一些。把5个成本计算具体方法分别设为一个模块，更突出了《成本会计》技能性强的特点，有利于加强各种成本计算方法的实训，更适合高等职业教育强化技能培养的特点。

(2)融理论介绍、核算案例和技能实训于一体

为了便于学习，在各模块正文前设有“能力目标”，正文后都设有“任务回顾”、“任务训练”和“技能实训”。能力目标，明确了各模块的学习目的、学习重点、难点和应掌握的专业技能；正文，介绍每个模块各分项任务的理论知识和相关核算案例；任务回顾，对每个模块所阐述的内容进行了高度概括，便于学习者对各模块所阐述的内容进行梳理和总结，有利于对知识的整体性把握；通过任务训练，有利于学习者了解、掌握各模块的重点理论问题和知识点；技能实训，为各模块所涉及的成本计算技能问题设立了技能实训题，学习者可通过实训操作，掌握成本计算的技能和方法。

(3)体现高职教材与本科教材的区别，教材的难易程度适度

在教材的内容处理上，遵循理论够用适度、强化技能实训的原则，力求符合高等职业教育人才培养模式的要求。在理论方面，注重了是什么、怎样做的阐述，简化了为什么的论述。在实践方面，紧密结合企业成本计算的实际，强化成本计算技能的训练。在教材的难易程度上，本着实践中够用，力求简化、易学的原则，删除了本科教材中一些过难、又不常用的计算方法。如变动成本法、标准成本法、作业成本法等，使教材更适合高等职业教育在培养对象方面的

特点。

本书可作为高职高专财经类专业尤其是会计专业的教学用书，也可作为会计人员岗位培训教材和其他经济工作者自学成本会计用书。

本书由褚文凤、李慧锋担任主编，马占成、孙雅丽担任副主编。

本书编写分工如下：本书编写分工如下：褚文凤（辽宁信息职业技术学院）撰写编写大纲，编写第3、7、9章；马占成编写第4章和各章的任务训练及技能实训；孙雅丽（长江职业学院）编写第1、2章；李慧锋（广东纺织职业技术学院）编写第5、6、8、10章。

褚文凤教授对全书进行了审定。

本书在编写过程中参考了有关专家教授编著的教材和专著，并得到了屈丽波、张秀杰、迟荣和吴娜娜等老师的大力支持，在此一并表示感谢。

由于编者水平有限，书中难免有疏误之处，恳请读者批评指正。

编　者

2011年7月

目　录

模　块　1

总　　论

能力目标

学习本章的目的是掌握成本会计的对象，理解成本会计的概念、职能和作用，了解成本会计的内容、任务和成本会计的组织工作。学习重点是成本会计的对象，难点是对成本、费用两个概念及其相互关系的理解。学习中应运用所掌握的基础会计知识，结合对会计要素的理解来学习成本和费用这两个概念，进而达到对成本会计对象掌握的目的。

分项任务

任务 1.1　成本会计的概念与作用
任务 1.2　成本会计的对象与内容
任务 1.3　成本会计的职能与任务
任务 1.4　成本会计工作的组织

任务 1.1　成本会计的概念与作用

1.1.1　成本会计的概念

会计是以货币为主要计量单位，运用专门方法，对一个经济单位的经济活动过程进行连续、系统、全面地核算和监督，旨在提高经济效益的一种管理活动。成本会计作为现代会计的一个分支，同样具备以货币为主要计量单位、以真实合法的会计凭证为依据、有一套专门会计方法和会计核算资料，具有连续性、系统性、综合性、全面性的会计基本特征。成本会计侧重于对企业生产经营过程中发生的产品(或商品、劳务)成本和各项费用进行核算和监督，其目的是对成本和费用加强管理，在取得同样的资产或经营成果的前提下，尽可能地降低成本、节约费用，进而提高经济效益。

成本会计是运用会计的基本原理和一般原则，采用一定的会计技术方法，对企业生产经营过程中发生的产品(或商品、劳务)成本和期间费用进行连续、系统、全面、综合的核算和监督，旨在降低成本和节约费用的一种管理活动。会计是随着人类社会生产的发展和经济管理的需要而产生、发展并不断完善起来的，它本身就是一个不断发展的动态过程。企业在生产活动中，为了获得一定的资产或收入，必然要耗费、支出一定的人力、物力和财力，这就需要运用会计的基本原理和一般原则，采用一定的会计技术方法，对发生的各种耗费进行正确的确认、计量、记录，恰当地核算出为获取一定资产所付出的代价（成本）或为取得一定收入而付出的费用，为企业管理者制定商品价格，寻求降低成本、节约费用的途径以及加强经营管理提供可靠的信息依据。

1.1.2　成本会计的作用

成本会计作为经济管理的一个工具，在企业经营管理工作中发挥的作用越来越重要。

(1)成本会计所提供的成本、费用信息是补偿生产经营耗费、支出的尺度

企业的生产经营过程，也是生产的耗费、支出过程。为了保证再生产不断进行，企业生产经营过程中的耗费、支出必须从收入中得到补偿。而企业在生产经营活动中耗费、支出了什么，耗费、支出了多少，是由成本会计通过成本、费用指标来提供的。

(2)成本会计所提供的成本、费用信息是综合反映企业工作质量的重要指标

企业成本的形成和费用的发生与生产经营各个环节、各个方面的工作质量有紧密联系。企业产品产量的多少，产品质量的好坏，原材料使用的节约与浪费，工人劳动生产率的高低，职工平均薪酬的增减，机器设备等固定资产的利用程度，废品率的高低，以及企业生产经营管理水平的高低等，都会或多或少，直接或间接地反映在成本、费用两个指标的高低上。管理者可以通过这两个指标，控制和考核企业各个方面的工作质量。

(3)成本会计所提供的成本、费用信息是制定产品价格的重要依据

企业生产经营过程中的各种耗费、支出需要通过营业收入来补偿，营业收入的多少取决于产品销售数量和销售价格两个因素。在市场经济条件下，企业必须以收抵支、自负盈亏。为了企业的生存和发展，在确定产品销售价格时，必须考虑成本、费用这两个重要因素。如果单位产品的销售价格低于其应补偿的成本和费用，则企业就会亏损。只有产品销售价格高于其应补偿的成本和费用，企业才能盈利。因此，成本、费用是制定产品销售价格的重要依据。

(4)成本会计是企业降低成本、节约费用，进而提高经济效益的工具

在市场经济条件下，企业只能依靠不断提高经济效益来增强自身的竞争能力。为了提高经济效益，企业必须控制成本、费用的发生，考核成本、费用的开支水平，寻求降低成本、节约费用的途径。这些都离不开成本会计所提供的成本、费用信息及其成本费用分析的结果。

任务 1.2　成本会计的对象与内容

1.2.1　成本会计的对象

成本会计的对象是指成本会计反映和监督的内容。成本会计所反映和监督的具体内容是指企业在生产经营过程中所发生的产品（或商品、劳务）成本和期间费用。

成本概念有广义和狭义之分。广义成本是指为取得资产或达到特定目的而实际发生或应发生的各种耗费、支出。例如，企业为生产产品而发生的耗费、支出为产品成本；企业为购建固定资产而发生的耗费、支出为固定资产成本；企业为采购存货而发生的耗费、支出为存货的成本等。狭义成本是指企业为生产经营一定种类和数量的产品（或商品）、提供劳务而发生的各种耗费、支出。成本会计对象中的成本概念主要是指狭义的成本概念。

就工业企业而言，其成本会计的对象是指工业企业在生产经营过程中发生的产品成本和期间费用。产品成本是指工业企业为生产一定种类和数量的产品而发生的各种生产耗费、支出的总和。这些生产耗费、支出，概括地讲，包括劳动资料与劳动对象等物化劳动耗费和活劳动耗费两大部分。其中房屋、机器设备等作为固定资产的劳动资料，在生产过程中长期发挥作用，直至报废而不改变其实物形态，但其价值则随着固定资产的磨损，通过计提折旧的方式，逐渐地、部分地转移到所制造的产品中去，构成产品成本的一部分；原材料等劳动对象，在生产过程中或者被消耗掉，或者成为产品实体的组成部分，其价值也随之一次性转移到所生产的产品中去，也构成产品成本的一部分；在生产过程中，劳动者借助于劳动工具对劳动对象进行加工、制造，最后加工出新的产品，在这个过程中，凝结了劳动者一定量的活劳动耗费，这种耗费以职工薪酬的形式构成了产品成本的一部分。

综上所述，成本的经济实质是生产经营过程中所耗费的生产资料转移的价值和劳动者为自己劳动所创造的价值的货币表现，也就是企业在生产经营中所耗费的资金总和，是成本会计核算和监督的主要内容。

期间费用是指企业在生产经营过程中发生的，与产品生产活动没有直接联系，属于某一时期发生的直接记入当期损益的耗费和支出。期间费用包括企业在产品销售过程中发生的各项销售费用；企业行政管理部门为组织和管理生产经营活动而发生的各项管理费用；企业为筹集生产经营所需资金而发生的财务费用。

企业在产品的销售过程中，为销售产品也会发生各种各样的费用支出。例如，应由企业负担的运输费、装卸费、包装费、保险费、展览费、差旅费、广告费，以及为销售本企业商品而专设的销售机构的职工薪酬、类似职工薪酬性质的费用、业务费等。所有这些为销售本企业产品而发生的费用，构成了企业的销售费用。销售费用按照现行《企业会计准则》的规定，应以期间费用的形式记入当期损益。

企业的行政管理部门为组织和管理生产经营活动，也会发生各种各样的费用。例如，企业行政管理部门人员的薪酬、固定资产折旧、工会经费、业务招待费、坏账损失等，这些费用可统称为管理费用。企业的管理费用按照现行《企业会计准则》的规定，也应以期间费用的形式记入当期损益。

此外，企业为筹集生产经营所需资金也会发生一些费用。例如，利息净支出、汇兑净损失、金融机构的手续费等，这些费用可统称为财务费用。企业的财务费用按照现行《企业会计准则》的规定，亦应以期间费用的形式记入当期损益。

以上这些期间费用虽然与产品生产没有直接联系，是按发生的期间归集的，直接记入了当期损益，但也是企业生产经营所必需的，因而，也是成本会计所要核算、监督的内容。

综上所述，按照现行《企业会计准则》的有关规定，可以把工业企业成本会计的对象概括为：工业企业在生产经营过程中发生的产品成本和期间费用。

商品流通企业、交通运输企业、施工企业、农业企业等其他行业企业的生产经营过程虽然各有其特点，但按照现行《企业会计准则》的有关规定，从总体上看，它们在生产经营过程中所发生的各种耗费、支出，同样是部分地形成了企业的生产经营业务成本，部分作为期间费用直接记入当期损益。因此，从现行《企业会计准则》的有关规定出发，可以把其成本会计的对象概括为：企业生产经营过程中发生的生产经营业务成本和期间费用。

1.2.2 成本、费用与支出之间的关系

要深刻理解成本会计的对象，正确确认产品的成本和费用，就要对成本、费用与支出之间的关系有一个明确的认识。下面就以工业企业为例说明三者之间的关系。

成本、费用与支出之间既有区别又有联系。

(1)成本、费用与支出是三个不同的概念

成本的概念已在成本会计的对象中介绍了，这里就不再重述。

《企业会计准则》中对费用的定义为：企业在日常活动中发生的、会导致所有者权益减少的、与向所有者分配利润无关的经济利益的总流出。费用只有在经济利益很可能流出从而导致企业资产减少或者负债增加，且经济利益的流出额能够可靠计量时才能予以确认。企业为生产产品、提供劳务等发生的可归属于产品成本、劳务成本的耗费与支出，应当在确认产品销售收入、劳务收入等时，将已销售产品、已提供劳务的成本等确认为费用，记入当期损益。企业发生的支出不产生经济利益的，或者即使能够产生经济利益但不符合或者不再符合资产确认条件的，应当在发生时确认为费用，记入当期损益。企业发生的交易或者事项导致其承担了一项负债而又不确认为一项资产的，应当在发生时确认为费用，记入当期损益。可见，费用从会计科目这个角度来看，应该包括主营业务成本、其他业务成本、营业税金及附加、销售费用、管理费用、财务费用、资产减值损失、营业外支出和所得税费用等科目。

支出是指企业在经济活动中的一切货币支出或对资产的耗费。企业的支出一般包括收益性支出(支出的效益只在当期发挥作用)、资本性支出(支出的效益可在几个连续的会计期间发挥作用)、偿债性支出和所有者权益性支出(支付利润、减资等)等多个方面。

不难看出，成本、费用和支出是三个不同的概念。费用能导致所有者权益的减少或者负债的增加，而成本只是资产价值形态的一种转换，如生产中所耗费的原材料、以现金形式支付的职工薪酬等，都由原来的原材料、现金形态转化为产品形态；用货币资金购买固定资产，支出的货币资金形成了固定资产的成本，资金由货币形态转换为固定资产形态；费用是企业在获取收入的过程中发生的耗费与支出，是以期间为对象，按照与收入相配比的原则进行归集的，而成本是以一定种类和数量的资产为对象，按照受益原则(谁受益，谁负担；多受益，多负担；少受益，少负担)进行归集的；而支出是经济利益的流出，它所表现的是货币资金的支出或资产的耗费，但不需要对象化或期间化。换句话说，支出不需要按对象归集，也不需要按期间进行归集。

(2)成本、费用与支出三者有密切的联系

成本、费用与支出三者的联系主要表现在：支出是成本、费用形成的基础；成本是将支出以某项资产为对象按受益原则进行归集形成的；费用是将支出以期间为对象按配比原则进行归集形成的。企业为生产产品、提供劳务等发生的可归属于产品成本、劳务成本等的支出，在确认产品销售收入、劳务收入等时，将已销售产品、已提供劳务的成本等确认为费用，记入当期损益，这时，成本又转化为费用。工业企业成本、费用与支出之间的关系如图 1.1 所示。

1.2.3 成本会计的内容

成本会计作为企业的一种重要管理活动，它包括成本预测、成本决策、成本计划、成本控制、成本核算、成本分析、成本考核和成本检查八个方面的内容。这八个方面的内容互相联系、互相依存，构成了成本会计工作的有机整体。成本预测是成本决策的前提和依据，成本决策又是成本预测的目的。成本计划是成本决策所确定的成本目标的量化标准，同时又是成本控制、

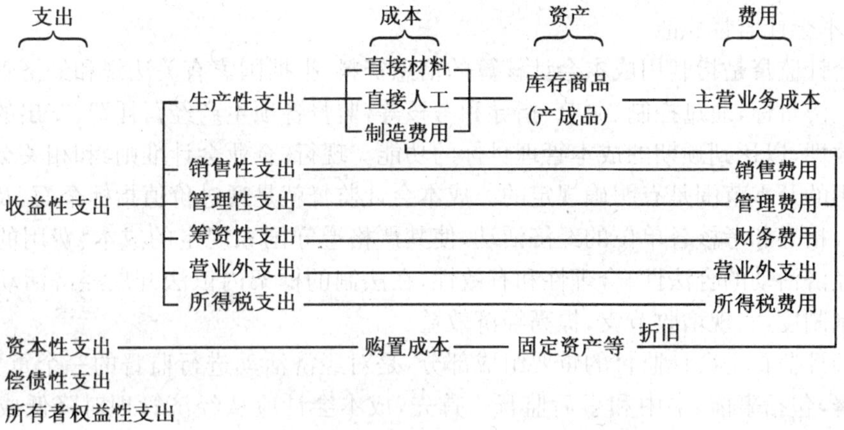

图1.1　成本、费用与支出之间的关系

成本分析和成本考核的依据。成本控制是对成本计划执行中所出现偏差的调控,是保证成本决策目标实现的手段。成本核算通过对产品(或商品、劳务)成本和期间费用的核算,可以反映成本计划的执行结果,考核成本决策目标是否实现。成本核算和成本计划信息是成本分析的依据,成本分析则可以查明成本计划的完成情况和实际脱离计划的原因,挖掘降低成本、节约费用的途径。成本考核依据成本计划、成本核算和成本分析的信息对责任者进行考核和评价,是实现成本决策目标、强化成本核算作用的重要手段。成本检查是成本核算的继续和深化,是保证成本核算信息的真实性、合法性、合理性的重要手段。上述八个方面的内容是就成本会计的广义内容而言的,而就其狭义的内容而言是指成本核算和成本分析。根据本教材使用对象的特点,只对成本会计中的成本核算和成本分析两个方面进行了阐述。

任务1.3　成本会计的职能与任务

1.3.1　成本会计的职能

成本会计的职能,是指成本会计在企业生产经营管理中本身所固有的功能。成本会计作为会计的一个重要分支,其基本职能同会计一样,具有成本会计核算和成本会计监督两大基本职能。但随着生产过程的日趋复杂,生产经营管理对成本会计不断提出新的要求,成本会计核算和成本会计监督的内涵也在不断发展。

(1)成本会计核算职能

成本会计核算职能是成本会计的首要职能,又称反映职能。成本会计核算是指以货币为主要计量单位,通过对企业在生产经营过程中所发生的各种耗费、支出进行确认、归集、分配和报告,为相关会计信息使用者提供决策所需的成本、费用等会计信息。成本会计核算的基本功能体现在成本计算这一会计核算方法上。成本计算就是以一定的产品为对象,对其在各经营过程中所发生的各种耗费、支出,按照产品的种类和数量进行归集和分配,并计算该对象的总成本和单位成本的一种会计专门方法。准确计算成本可以掌握成本构成情况,考核成本计划的完成情况,而且对于挖掘生产经营潜力,促进企业降低成本,提高经济效益等,都具有重要意义。

(2)成本会计监督职能

成本会计监督是指利用成本会计核算的信息资料，根据国家有关法规和经济管理的要求，围绕特定经济目标，通过控制、调节、指导和考核等，监督各项生产经营耗费、支出的合理性、合法性和有效性，以达到预期的成本管理目标的功能。现行《企业会计准则》和相关会计制度，对成本和费用的开支范围是有明确规定的。成本会计监督就是通过价值指标全面、及时、有效地控制、调节、指导和考核各单位的经济活动，使其严格遵守国家规定的成本、费用的开支范围，确保企业经济活动的合法性、合理性和有效性，在法制的框架内依法开展经济活动，并严格执行内部控制制度，实现增收节支，提高经济效益。

成本会计监督是会计监督的重要组成部分，是对经济活动进行监督的一个重要方面。成本会计监督，包括事前、事中和事后监督。首先，成本会计应从经济管理对降低成本、节约费用、提高经济效益的要求出发，对企业未来生产经营活动的计划或方案进行审查，并提出合理化建议，从而发挥对生产经营活动的指导作用；其次，成本会计要通过成本、费用信息的反馈，进行事中、事后的监督，也就是通过对所提供的成本、费用信息资料的检查分析，控制和考核有关的生产经营活动，从中及时总结经验，发现问题，提出改进措施，使其按照规定的要求和预期的目标进行。

成本会计的核算和监督两大职能是辩证统一、相辅相成的。没有正确、及时的核算，监督就失去了存在的基础，就无法在成本管理中发挥制约、控制、指导和考核等作用；而只有进行有效的监督，才能使成本会计为管理者提供真实可靠的信息资料，使核算的职能得以充分发挥。

1.3.2 成本会计的任务

成本会计的任务取决于成本会计的职能和生产经营管理对成本会计的要求。根据成本会计本身所具有的成本核算和成本监督两个基本职能和管理上降低成本、节约费用、提高经济效益的基本要求，成本会计的任务主要有以下几个方面：

(1)正确计算产品(或商品、劳务)成本，及时提供成本、费用信息

成本计算是成本核算的具体工作，是成本会计的关键和基础。企业的成本、费用信息主要来源于成本计算。只有在正确计算产品(或商品、劳务)成本并且及时提供成本、费用信息的基础上，企业才能正确地进行生产经营耗费、支出的补偿和合理制定产品价格，才能进行成本分析，有效地考核成本计划的完成情况，评价生产经营工作的质量。

(2)考核成本计划的完成情况，开展成本分析

在企业的生产经营管理中，成本、费用是两个极为重要的经济指标，它可以综合反映企业以及企业内部各有关单位的工作业绩。因此，成本会计必须按照成本计划的要求，进行成本考核，肯定成绩，找出差距，鼓励先进，鞭策落后。成本是综合性很强的指标，其计划的完成情况是诸多因素共同作用的结果。因此，在成本管理工作中，还必须认真、全面地开展成本分析工作。通过成本分析，揭示影响成本升降的各种因素及其影响程度，以便正确评价企业以及企业内部各有关单位在成本管理工作中的业绩和揭示企业成本管理工作中的问题，从而促进成本管理工作的改善，提高企业的经济效益。

(3)严格审核和控制各项费用支出，努力节约开支，不断降低成本

企业作为自主经营、自负盈亏的商品生产者和经营者，应贯彻增产节约的原则，加强成本核算，不断提高企业的经济效益。这是社会主义市场经济对企业的客观要求，在这方面成本会

计担负着极为重要的任务。为此，成本会计必须以国家有关成本费用开支范围和开支标准，以及企业的有关计划、预算、规定、定额等为依据，严格控制各项费用的开支，监督企业内部各单位严格按照计划、预算和规定办事，并积极探求节约开支、降低成本的途径和方法，以促进企业提高经济效益。

任务 1.4　成本会计工作的组织

为了充分发挥成本会计的职能作用，圆满完成成本会计的任务，企业必须科学地组织成本会计工作。成本会计工作的组织，主要包括设置成本会计机构，配备必要的成本会计人员，制定科学、合理的成本会计制度等。

(1)成本会计机构

企业的成本会计机构，是在企业中直接从事成本会计工作的机构。一般而言，大、中型企业应在专设的会计部门中，单独设置成本会计机构，专门从事成本会计工作；在规模较小、会计人员不多的企业，可以在会计部门中指定专人负责成本会计工作。另外，企业的有关职能部门和生产车间，也应根据工作需要设置成本会计组或者配备专职或兼职的成本会计人员。企业内部各级成本会计机构之间的组织分工，有集中工作和分散工作两种基本方式。所谓集中工作方式，是指企业的成本会计工作主要由厂部成本会计机构集中进行，车间等下级单位的成本会计机构或人员只负责原始记录和原始凭证的填制，并对它们进行初步的审核、整理和汇总，为厂部成本会计机构进一步工作提供基础资料。所谓分散工作方式，是指成本会计工作中的计划、控制、核算和分析由车间等下级单位的成本会计机构或人员分别进行。成本考核工作由上一级成本会计机构对下一级成本会计机构逐级进行。厂部成本会计机构除对全厂成本进行综合的计划、控制、分析和考核以及汇总核算外，还应负责对各下级成本会计机构或人员进行业务上的指导和监督。成本的预测和决策工作一般由厂部成本会计机构集中进行。

(2)成本会计人员

在成本会计机构中，配备适当数量思想品德优秀、精通业务的成本会计人员是做好会计工作的关键。就思想品德而言，要求成本会计人员应具备脚踏实地、实事求是、敢于坚持原则的作风和高度的敬业精神；就业务素质而言，要求成本会计人员不仅要具备较为全面的会计知识，而且要掌握一定的生产技术和经营管理方面的知识。

(3)成本会计制度

成本会计制度是成本会计工作的规范，是会计法规和制度的重要组成部分。企业应遵循国家有关法律、法规、制度，如现行《企业会计准则》、《企业会计制度》等的有关规定，并结合企业生产经营的特点和管理的要求，制定企业内部成本会计制度，作为企业进行成本会计工作具体和直接的依据。

任务回顾

成本会计是运用会计的基本原理和一般原则，采用一定的会计技术方法，对企业生产经营过程中发生的产品(或商品、劳务)成本和期间费用进行连续、系统、全面、综合的核算和监督，旨在降低成本和节约费用的一种管理活动。

成本会计的作用包括：

(1)成本会计所提供的成本、费用信息是补偿生产经营耗费、支出的尺度。

(2)成本会计所提供的成本、费用信息是综合反映企业工作质量的重要指标。

(3)成本会计所提供的成本、费用信息是制定产品价格的重要依据。

(4)成本会计是企业降低成本、节约费用,进而提高经济效益的工具。

成本会计的对象是指成本会计反映和监督的内容。成本会计所反映和监督的具体内容是指企业在生产经营过程中所发生的产品(或商品、劳务)成本和期间费用。成本的经济实质是生产经营过程中所耗费的生产资料转移的价值和劳动者为自己劳动所创造的价值的货币表现,也就是企业在生产经营中所耗费的资金的总和。费用是指企业在日常活动中发生的、会导致所有者权益减少的、与向所有者分配利润无关的经济利益的总流出。

成本会计作为企业的一种重要管理活动,它包括成本预测、成本决策、成本计划、成本控制、成本核算、成本分析、成本考核和成本检查八个方面的内容。根据本教材使用对象的特点,只对成本会计中的成本核算和成本分析两个方面进行了阐述。

成本会计的职能包括成本会计核算和成本会计监督。成本会计的核算和监督两大职能是辩证统一、相辅相成的。

成本会计的任务取决于成本会计的职能和生产经营管理对成本会计的要求,具体包括:

(1)正确计算产品(或商品、劳务)成本,及时提供成本、费用信息。

(2)考核成本计划的完成情况,开展成本分析。

(3)严格审核和控制各项费用支出,努力节约开支,不断降低成本。

成本会计工作的组织,主要包括设置成本会计机构,配备必要的成本会计人员,制定科学、合理的成本会计制度等。

任务训练

1.1 思考题

(1)成本、成本会计和成本会计对象的含义分别是什么?

(2)成本会计有哪些作用?

(3)成本与费用的联系与区别有哪些?

(4)什么是期间费用? 它包括哪些内容? 期间费用的共同特点是什么?

(5)成本会计的基本职能有哪些?

(6)成本会计的主要任务有哪些?

(7)如何组织成本会计工作?

1.2 单项选择题

(1)成本会计侧重于对企业生产经营过程中发生的(　　)进行核算和监督。

①管理费用　　②期间费用

③管理费用和期间费用　　④产品(或商品、劳务)成本和期间费用

(2)成本会计的核算和监督两大职能是(　　)的关系。

①互相独立的　　②辩证统一、相辅相成

③以核算为主　　④以监督为主

(3)成本会计所提供的成本、费用信息是(　　)的重要依据。

①核算管理费用　　②制定产品价格

③核算期间费用　　④核算制造费用

(4)不构成产品成本的项目有(　　)。

①金融机构手续费　　②生产工人薪酬

③生产车间领用的材料　　④生产用设备的折旧费

(5)成本会计工作的组织,主要包括设置成本会计机构,(　　),制定科学、合理的成本会计制度等。

①确定核算方法　　②配备必要的成本会计人员

③确定职工薪酬　　④配备必要的设备

(6)成本会计的任务主要取决于(　　)。

①企业经营管理的要求　　②成本预算

③成本控制　　④成本决策

(7)成本的经济实质是(　　)。

①生产经营过程中所耗费生产资料转移价值的货币表现

②劳动者为自己劳动所创造价值的货币表现

③劳动者为社会劳动所创造价值的货币表现

④答案①和②

1.3　多项选择题

(1)成本会计的对象是指工业企业在生产经营过程中发生的(　　)。

①管理费用　　②产品成本

③期间费用　　④销售费用

(2)按照现行《企业会计准则》的规定,(　　)应以期间费用的形式记入当期损益。

①管理费用　　②制造费用

③财务费用　　④销售费用

(3)成本会计作为会计的一个重要分支,具有(　　)两大基本职能。

①成本预测　　②成本计划

③成本会计核算　　④成本会计监督

(4)成本会计监督,包括(　　)监督。

①事前　　②事中

③事后　　④计划

(5)构成产品成本内容的有(　　)。

①厂部管理人员的薪酬　　②生产用机器的折旧费

③生产车间领用的材料　　④生产工人薪酬

技能实训

技能实训题1.1

【实训目的】　实训支出、成本、费用三者之间的关系。

【实训资料】　假定某工业企业2010年10月发生如下部分经济业务,如表1.1.1所示。

表 1.1.1 **2010年10月发生的经济业务**

序号	本月发生的部分支出项目	支出属性		属于其他
		属于成本	属于费用	
1	购买原材料支出银行存款10 000元			
2	生产A产品直接领用甲材料30 000元			
3	以现金支付A产品生产工人工资1 600元			
4	以现金支付前欠职工李梅工资800元			
5	以现金支付厂部办公费80元			
6	以现金支付A产品广告费200元			
7	企业以银行存款购入机床1台，价值10万元，当即交付使用			
8	A产品本月应计提固定资产折旧费45元			
9	通过银行支付本月短期借款利息300元			
10	企业盘亏甲材料100元，由企业核销			
11	A产品生产完工12件已经验收入库，总成本50 000元			
12	销售A产品6件，结转已销A产品销售成本25 000元			
13	以银行存款支付前欠东风机械厂货款2 000元			

【实训要求】 根据表内所列经济业务内容，分析经济业务的支出属性，并将分析结果用“√”填入表内适当位置。

技能实训题 1.2

【实训目的】 实训成本会计对象的确认。

【实训资料】 某企业部分经济业务内容如表1.2.1所示。

表 1.2.1 **某企业部分经济业务**

序号	经济业务内容	成本会计的对象		非成本会计的对象
		属于产品成本	属于期间费用	
1	生产用机器设备的折旧费			
2	为销售本企业商品而发生的广告费			
3	生产车间领用的原材料			
4	金融机构手续费			
5	生产工人薪酬			
6	厂部管理人员的薪酬			
7	生产车间管理人员的薪酬			
8	因自然灾害发生的净损失			

【实训要求】 根据表内所列经济业务内容，分析经济业务的属性，并将分析结果用“√”填入表内适当位置。

模块 2

成本核算概述

能力目标

学习本章的目的是掌握工业企业成本核算的要求、产品成本和期间费用的内容，理解成本核算的内容和基本生产成本明细账与产品成本计算单的关系，了解产品成本和期间费用总分类核算的账户设置和核算的一般程序。学习的重点、难点是正确划分各种耗费、支出的界限和对产品成本项目的掌握。学习中应运用权责发生制原则和配比原则去理解各项耗费、支出之间的相互关系，结合经济业务的账务处理去区分各种耗费、支出的界限，掌握成本项目的内容与作用。

分项任务

任务 2.1　成本核算的内容

任务 2.2　工业企业成本核算的要求

任务 2.3　产品成本与期间费用的内容

任务 2.4　产品成本和期间费用的总分类核算

任务 2.1　成本核算的内容

成本核算就是以货币为主要计量单位，通过对企业在生产经营过程中所发生的各种耗费、支出进行确认、归集、分配和报告，为相关会计信息使用者提供决策所需的成本、费用等会计信息。其内容包括：对生产经营过程中发生的各种耗费、支出进行确认、归集、分配和计算产品(或商品、劳务)成本与期间费用以及有关结转产品成本、期间费用的总分类核算；核算和监督企业生产经营过程中发生的各项耗费、支出，按照成本开支范围、费用开支标准和企业的计划及定额，严格控制和审核各种耗费、支出的发生，分析这些耗费、支出是否应该发生；对已经发生的耗费、支出，分清哪些耗费、支出应记入产品(或商品、劳务)成本，哪些耗费、支出不应记入产品(或商品、劳务)成本，哪些耗费、支出应记入期间费用，哪些耗费、支出不应记入期间费用；对于可直接记入产品(或商品、劳务)成本的各种耗费、支出，经确认、计量后直接归集记入有关产品(或商品、劳务)的成本；对于可直接记入期间费用的各种耗费、支出，经确认、计量后直接归集记入期间费用；对不能直接记入产品成本的各种间接耗费、支出，按照受益原则，采用一定的方法，在各个期间、各个产品(或商品、劳务)之间进行分配，进一步确定为生产经营某种产品

(或商品、劳务)所发生的耗费、支出总和;最后计算出产品(或商品、劳务)的总成本和单位成本。不同的企业,其成本核算的内容有所不同,为便于阐述成本核算的方法,下面仅以工业企业为例说明其成本核算的内容和方法。

任务 2.2 工业企业成本核算的要求

成本核算是成本会计的基本内容,同时也是企业经营管理的重要组成部分。因此,为了充分发挥成本核算的作用,在成本核算工作中,应贯彻执行以下各项要求:

(1)算管结合,算为管用

所谓"算管结合,算为管用",就是成本核算应当与企业加强经营管理相结合,所提供的成本、费用信息应当满足企业经营管理者决策的需要。为此,成本核算不仅要对各项耗费、支出进行事后的核算,提供事后的成本、费用信息,而且必须以国家有关的法规、制度,企业成本计划和相应的消耗定额为依据,加强对各项耗费、支出的事前、事中的审核和控制,并及时进行信息反馈。同时,在成本计算中,既要防止不考虑管理上的需要而片面追求简化的做法,也要防止为算而算,搞"烦琐哲学",脱离管理实际需要的做法。成本核算应该做到分清主次、区别对待,主要的内容从细,次要的内容从简,简而有理,细而有用。

(2)正确划分各种耗费、支出的界限

为了正确地进行成本核算,正确地计算产品成本和期间费用,必须正确划分以下五个方面的界限:

①正确划分应否记入产品成本、期间费用的界限

工业企业的经济活动是多方面的,其耗费、支出的用途也不尽相同,而不同用途的耗费、支出,其列支的项目也应该不同。例如,企业购建固定资产的支出,应记入固定资产的原价;固定资产盘亏损失、固定资产报废清理净损失等应记入营业外支出;用于产品生产和销售、用于组织和管理生产经营活动,以及为筹集生产经营资金所发生的各种耗费、支出,即企业日常生产经营管理活动中的各种耗费、支出,则应记入产品成本或期间费用。企业应按照国家有关成本开支范围的相关规定,正确地核算产品成本和期间费用。凡不属于企业日常生产经营方面的耗费、支出,均不得记入产品成本或期间费用,即不得乱挤成本、乱计费用。乱挤成本、多计费用,会减少企业利润和国家财政收入;少计成本、费用,则会虚增利润,使企业成本、费用得不到应有的补偿,从而影响企业生产经营活动的顺利进行。而且无论多计还是少计成本,都会造成成本不实,从而不利于企业的成本管理。因此,企业必须正确划分应否记入产品成本、期间费用的界限,防止乱挤成本、乱计费用等错误发生。

②正确划分产品成本与期间费用的界限

工业企业日常生产经营中所发生的各项耗费、支出,其用途和记入损益的时间是有所不同的。用于产品生产的耗费、支出形成产品成本,并在产品销售后作为主营业务成本记入企业损益;对于尚未完工的在产品和虽然已经完工但尚未销售的产成品,其生产成本应以存货的形式作为资产存在,而不能记入当期损益;而本月发生的销售费用、管理费用和财务费用,则是作为期间费用,直接记入当月损益。因此,为了正确计算产品成本和期间费用,正确计算企业各月份的损益,必须正确划分产品成本和各项期间费用的界限,应当防止混淆产品成本与期间费用的界限,借以调节各月产品成本和各月损益等错误的发生。

③正确划分各月份产品成本和期间费用的界限

为了正确计算产品成本和各月损益，按月分析和考核成本计划的执行情况，还必须正确划分各月份产品成本和期间费用的界限。按照权责发生制原则和配比原则的要求，凡本月发生的耗费、支出，都应确认记入本月的产品成本或期间费用，不应延至下月记入。同样，也不能将应记入下月产品成本或期间费用的耗费、支出记入本月。遏制人为调节各月产品成本和期间费用现象的发生。

④正确划分各种产品成本的界限

如果企业生产的产品不止一种，那么，为了正确计算各种产品的成本，正确分析和考核各种产品成本计划或定额成本的执行情况，必须将应记入本月产品成本的耗费、支出在各种产品之间正确地进行划分。凡属于某种产品单独发生的，能够直接记入该种产品的耗费、支出，均应直接记入该种产品成本；凡属于几种产品共同发生的，不能直接记入某种产品的耗费、支出，则应采用适当的分配方法，分配记入这几种产品的成本。应该防止在盈利产品与亏损产品之间、可比产品（有上年成本资料的产品）与不可比产品（无上年成本资料的产品）之间任意转移耗费和支出，借以掩盖成本超支或以盈补亏的错误做法。

⑤正确划分完工产品与在产品的成本界限

在月末计算产品成本时，如果某种产品已全部完工，那么，这种产品的各项生产耗费、支出之和就是这种产品的完工产品成本；如果某种产品均未完工，那么，这种产品的生产耗费、支出之和，就是这种产品的月末在产品成本；如果某种产品既有完工产品，又有在产品，则应将这种产品的各项生产耗费、支出之和，采用适当的分配方法在完工产品与月末在产品之间进行分配，分别计算完工产品成本和月末在产品成本。应该防止任意提高或降低月末在产品成本，人为调节完工产品成本的错误做法。

上述五个方面对各项耗费、支出界限的划分过程，也就是产品成本的计算和各项期间费用的归集过程。在这一过程中，应贯彻受益原则，即何者受益何者负担费用，何时受益何时负担费用；负担费用的多少应与受益程度的大小成正比。

(3)做好成本核算的各项基础工作

为了保证成本核算工作的顺利进行，提高成本核算的质量，企业必须做好以下成本核算的各项基础工作。

①做好定额的制定和修订工作

产品的各项消耗定额，既是编制成本、费用计划，分析和考核成本、费用水平的依据，也是审核和控制成本、费用的标准，而且在计算产品成本时，往往要用产品的原材料和工时的定额消耗量或定额费用作为分配实际费用的标准。因此，为了加强生产经营管理和成本管理，企业必须建立和健全定额管理制度。凡是能够制定定额的各种消耗，都应该制定先进、合理、切实可行的消耗定额，并随着生产的发展、技术的进步、劳动生产率的提高，不断修订消耗定额，使其保持先进性和合理性，以充分发挥其应有的作用。

②建立和健全财产物资的计量、收发、领退和盘点制度

成本核算是以价值形式来核算企业生产经营管理中的各项耗费、支出的，而价值形式的核算是以实物计量为基础的。因此，为了进行成本、费用管理，正确地计算成本、费用，必须建立和健全财产物资的计量、收发、领退和盘点制度。凡是财产物资的收发、领退、内部转移以及入库等，均应填制相应的凭证，办理审批手续，并严格进行计量和验收。库存的各种材料物资、产成品、车间的在产品均应按规定进行盘点。只有这样，才能保证账实相符，保证成本计算的正确性。

③建立和健全原始记录工作

原始记录是获取原始凭证的重要途径，审核无误的原始凭证是进行成本预测、编制成本计划、进行成本核算、分析消耗定额和成本计划执行情况的原始依据。因此，工业企业对生产过程中材料的领用、动力与工时的耗费、费用的开支、废品的发生、在产品及半成品的内部转移、产品质量检验及产成品入库等，都要有真实的原始记录。成本核算人员要会同企业的其他有关部门，认真制定既符合成本核算需要，又符合各方面管理需要；既科学又简便易行、讲求实效的原始记录制度。还要组织有关职工认真做好各种原始记录的登记、传递、审核和保管工作，以便正确、及时地为成本核算和其他有关方面提供资料和信息。

④做好内部转移价格的制定和修订工作

在实行责任制管理的企业中，为了分清企业内部各单位的经济责任，便于分析和考核企业内部各单位成本、费用及利润计划的完成情况和管理业绩，以及加速和简化核算工作，应对原材料、半成品、厂内各车间相互提供的劳务（如修理、运输等）制定内部转移价格，作为企业内部结算和考核的依据。内部转移价格要力求客观、合理，保持相对稳定，一般在年度内不变。

⑤建立健全耗费、支出的审批制度

耗费、支出是产品成本形成的基础，而成本则是对象化了的耗费、支出。企业要想降低成本，必须控制耗费、支出的发生。因此，企业的成本核算不能只停留在对事后的计算和记录上，还应加强对事前和事中耗费、支出发生的审核与控制，建立健全耗费、支出的审批制度，制定各项经常性耗费、支出的开支标准，规定对各项耗费、支出的审批权限，设计耗费、支出的报批和报销程序，使耗费、支出的控制有章可循。这样，能够明确各级、各部门负责人审核各种耗费、支出的性质及其额度的权限，组织把关，严格控制耗费、支出的发生，也便于通过耗费、支出的分析发现问题，落实责任，达到有效控制成本、费用的目的。

(4)按照生产特点和管理要求，采用适当的成本计算方法

产品成本是在生产过程中形成的，产品的生产工艺过程和生产组织不同，所采用的产品成本计算方法也应该有所不同。不同的计算方法适用于不同生产工艺特点、不同生产组织特点和不同的管理要求。因此，企业只有按照产品生产特点和管理要求，选用适当的成本计算方法，才能正确、及时地计算产品成本，为成本管理提供有用的成本信息。

任务 2.3　产品成本与期间费用的内容

2.3.1　产品成本的内容

产品成本是指工业企业为生产一定种类和数量的产品而发生的各种生产耗费、支出的总和。产品成本包含的内容可以从产品成本的构成要素和成本项目两方面加以说明。

(1)产品成本的构成要素

工业企业生产经营过程中所发生的各种生产耗费、支出按其经济内容进行分类即为构成要素（亦称费用要素），如果将生产经营过程中所发生的各种生产耗费、支出统称为生产费用的话，那么产品成本的构成要素（费用要素）就是生产费用按经济内容的分类。产品成本就其经济内容而言包括以下构成要素（费用要素）：

①外购材料，指企业为进行生产经营而耗费的一切从外单位购进的原料及主要材料、半成品、辅助材料、包装物、修理用备件和低值易耗品等。

②外购燃料，指企业为进行生产经营而耗费的一切从外单位购进的各种固体、液体和气体燃料。

③外购动力，指企业为进行生产经营而耗费的一切从外单位购进的电力、蒸汽等各种动力。

④职工薪酬，指企业应记入产品成本的职工工资和按规定比例提取的职工福利费等。

⑤折旧费，指企业应记入产品成本的按照规定的固定资产折旧方法计算提取的折旧费用。

⑥其他支出，指不属于以上各费用要素但应记入产品成本的支出，如生产单位（车间、分厂）发生的办公费、差旅费、租赁费、外部加工费以及保险费等。

上述费用要素是只就应当记入产品成本的构成要素而言的，如果将应记入期间费用的要素也考虑进去，则上述费用要素的具体内容应当扩展到整个企业而不只是企业的生产单位，并且还应增加"利息支出"（指企业应记入财务费用的借入款项的利息支出减利息收入后的净额）和"税金"（指应记入企业管理费用的各种税金，如房产税、车船使用税、土地使用税、印花税等）等费用要素。

产品成本按照费用要素进行反映，其作用是：

①可以反映企业一定时期内在生产经营中发生了哪些费用，数额各是多少，据以分析企业各个时期各种耗费、支出的构成和水平。

②反映了企业生产经营中外购材料和燃料费用以及职工薪酬的实际支出，因而可以为企业核定储备资金定额、考核储备资金的周转速度，以及编制材料采购资金计划和职工薪酬计划提供资料。但是，这种反映不能说明各项耗费、支出的用途，因而不便于分析各项耗费、支出是否节约、合理。

（2）产品成本的成本项目

工业企业生产经营过程中所发生的各种生产耗费、支出按其经济用途进行分类即为成本项目，如果将生产经营过程中所发生的各种生产耗费、支出统称为生产费用的话，那么产品成本项目就是生产费用按经济用途的分类。产品成本就其经济用途而言包括以下成本项目：

①原材料，也称直接材料，指直接用于产品生产、构成产品实体的原料、主要材料以及有助于产品形成的辅助材料。

②燃料及动力，也称直接燃料及动力，指直接用于产品生产的各种燃料和动力。

③职工薪酬，也称直接人工，指直接参加产品生产的工人工资及福利费等。

④制造费用，指间接用于产品生产的各项耗费、支出，以及虽直接用于产品生产，但不便于直接记入产品成本，因而没有专设成本项目的耗费（如机器设备的折旧费）、支出。制造费用包括企业内部生产单位（分厂、车间）的管理人员职工薪酬、固定资产折旧费、修理费、租赁费（不包括融资租赁费）、机物料消耗、低值易耗品摊销、取暖费、水电费、办公费、运输费、保险费、设计制图费、试验检验费、劳动保护费、季节性或修理期间的停工损失以及其他制造费用。

产品的成本项目不是固定不变的，企业可根据生产特点和管理要求对上述成本项目进行适当调整。对于管理上需要单独反映、控制和考核的耗费、支出，以及产品成本中比重较大的耗费、支出，应专设成本项目；否则，为了简化成本核算，不必专设成本项目。例如，如果废品损失在产品成本中所占比重较大，在管理上需要对其进行重点控制和考核，则应单独设"废品损失"成本项目。又如，如果工艺上耗用的燃料和动力不多，为了简化成本核算，可将其中的工艺用燃料费并入"原材料"成本项目，将其中的工艺用动力费并入"制造费用"成本项目，这样，也可将产品成本项目概括为"直接材料"、"直接人工"和"制造费用"三个项目。

按照产品成本项目反映产品成本的作用是：

①可以反映企业构成产品成本的耗费原因和具体去向，了解企业产品成本的构成情况；

②有利于进一步考核成本计划的执行情况，寻求降低成本的途径。

2.3.2 期间费用的内容

工业企业的期间费用包括销售费用、管理费用和财务费用三个方面的内容。

(1)销售费用

销售费用是指企业销售商品和材料、提供劳务的过程中发生的各种费用，包括保险费、包装费、展览费和广告费、商品维修费、预计产品质量保证损失、运输费、装卸费，以及为销售本企业商品而专设的销售机构(含销售网点、售后服务网点等)的职工薪酬、业务费、折旧费等经营费用。企业发生的与专设销售机构相关的固定资产修理费用等后续支出，也记入销售费用。

(2)管理费用

管理费用是指企业为组织和管理企业生产经营活动所发生的各种耗费与支出，包括企业在筹建期间内发生的开办费、董事会和行政管理部门在企业经营管理中发生的或者应由企业统一负担的公司经费(包括行政管理部门职工薪酬及福利费、物料消耗、低值易耗品摊销、办公费和差旅费等)、工会经费、董事会费(包括董事会成员津贴、会议费和差旅费等)、聘请中介机构费、咨询费(含顾问费)、诉讼费、业务招待费、房产税、车船使用税、土地使用税、印花税、技术转让费、矿产资源补偿费、研究费、排污费等。

(3)财务费用

财务费用是指企业为筹集生产经营所需资金等而发生的筹资费用，包括利息支出(减利息收入)、汇兑损益以及相关的手续费、企业发生的现金折扣或收到的现金折扣等。

任务 2.4 产品成本和期间费用的总分类核算

2.4.1 产品成本和期间费用核算的账户设置

为了核算和监督企业生产经营过程中发生的各项耗费、支出，正确计算产品成本和期间费用，企业需要设置有关成本、损益类账户，进行产品成本和期间费用的总分类核算和明细分类核算，计算产品的实际总成本和单位成本。工业企业一般设置“生产成本”和“制造费用”等成本类账户和“销售费用”、“管理费用”和“财务费用”等损益类账户。

(1)“生产成本”账户

“生产成本”账户用来核算企业进行工业性生产而发生的各项生产成本，包括生产各种产品(产成品、自制半成品等)、自制材料、自制工具、自制设备等。本科目可按基本生产成本和辅助生产成本进行明细核算。基本生产是指为完成企业主要生产任务而进行的产品生产或劳务供应。辅助生产是指为企业基本生产单位或其他部门服务而进行的产品生产或劳务供应，如企业内部的供水、供电、供气、自制材料、自制工具和运输、修理等生产。企业辅助生产单位的产品和劳务，虽然有时也对外销售一部分，但主要任务是服务于企业基本生产单位和管理部门。企业一般在“生产成本”这一总分类账户下，分设“基本生产成本”和“辅助生产成本”两个二级账户。“基本生产成本”二级账户应当分别按照基本生产车间和成本核算对象(产品的品种、类别、订单、批别、生产阶段等)设置明细账(或成本计算单)，并按照规定的成本项目设置专栏。"基本生产成本明细分类账"的基本格式如表 2.1 所示。

表 2.1　　基本生产成本明细分类账

生产车间：×车间

产品名称：×产品　　　　第　　页

年		凭证		摘　　要	成　本　项　目				合　计
月	日	字	号		原材料	燃料及动力	职工薪酬	制造费用	
				月初在产品成本					
				分配外购材料					
				分配外购电力					
				分配职工薪酬					
				分配制造费用					
				……					
				本月发生成本合计					
				生产成本累计					
				结转完工产品成本					
				月末在产品成本					

"生产成本——基本生产成本"账户的借方登记生产产品发生的原材料、燃料及动力费，职工薪酬（生产工人工资及福利费）以及由"制造费用"账户归集后分配转入的制造费用等间接成本；贷方登记已转入"库存商品"账户借方的已完工并验收入库产品的实际生产成本。该账户期末余额在借方，表示企业期末生产过程中尚未完工的在产品的实际生产成本。"生产成本——辅助生产成本"账户的借方登记企业从事辅助生产活动的生产单位（分厂、车间）所发生的各项直接费用和自"制造费用"账户转入的辅助生产单位发生的制造费用；该账户的贷方，登记结转的辅助生产单位完工入库产品（如自制材料、工具等）成本和分配给各受益对象的已完成劳务（如修理服务）成本。该账户的期末余额在借方，表示辅助生产单位期末尚未完工的在产品（如自制材料、工具等）成本。

为了计算完工产品成本和期末在产品成本，登记基本生产成本明细账，企业还要设置"产品成本计算单"。"基本生产成本明细账"和"产品成本计算单"是两个不同的概念，两者既有联系又有区别。"基本生产成本明细账"是对生产成本总分类账户的补充，是根据记账凭证和原始凭证登记的一种账户。而"产品成本计算单"是为了分配基本生产成本明细账所归集的"生产成本累计"金额，计算出完工产品成本和期末在产品成本而设置的一种原始凭证。"产品成本计算单"的格式如表 2.2 所示。

表 2.2　　产品成本计算单

产品名称：　　　　年　　月　　　　金额单位：元

项　目	原材料	燃料及动力	职工薪酬	制造费用	合　计
月初在产品成本					
本月发生成本合计					

续表

项　目		原材料	燃料及动力	职工薪酬	制造费用	合　计
生产成本累计						
分配标准合计						
单位成本(分配率)						
本月完工产品	分配标准					
	成本					
月末在产品	分配标准					
	成本					

“产品成本计算单”中的月初在产品成本、本月发生生产成本合计和生产成本累计是根据“基本生产成本明细账”填列的，而“基本生产成本明细账”中的结转完工产品成本和月末在产品成本的数额是在“产品成本计算单”中计算出来并据以登记的。企业也可以根据需要不设置“基本生产成本明细账”，而用“产品成本计算单”来代替。

(2)“制造费用”账户

“制造费用”账户用来核算企业内部生产单位(分厂、车间)为生产产品和提供劳务而发生的各项间接费用。该账户的借方登记企业各生产单位为生产产品和提供劳务而发生的各项间接费用，贷方登记期末分配结转(转入“生产成本”等账户)的制造费用，除季节性生产企业外，期末结转以后该账户应无余额。“制造费用”账户可按不同的生产车间、部门设置明细账，并按费用项目设置专栏。“制造费用明细分类账”的基本格式如表 2.3 所示。

表 2.3　　**制造费用明细分类账**

明细项目：　　　　第　页

年		凭证		摘　要	费　用　项　目					
月	日	字	号		职工薪酬	折旧费	修理费	水电费	…	金额合计
				分配外购材料						
				……						
				本月合计						

(3)“销售费用”账户

“销售费用”账户属于费用性质的损益类账户，用来核算和监督企业在销售商品、提供劳务的过程中发生的各种费用。该账户借方登记企业在销售商品、提供劳务等业务活动中发生的各种销售费用，贷方登记转入“本年利润”账户借方的数额，结转后该账户应无期末余额。该账户应按费用项目设置明细账，进行明细分类核算。其明细分类账户格式与制造费用明细分类账户的格式基本相同。

(4)“管理费用”账户

“管理费用”账户属于费用性质的损益类账户，用来核算企业行政管理部门为组织和管理生产经营活动所发生的各项管理费用。该账户借方登记企业发生的各种管理费用，贷方登记期末转入“本年利润”账户借方的管理费用，期末结转后该账户应无余额。该账户应按费用项目设置明细账，进行明细分类核算。其明细分类账户格式与制造费用明细分类账户的格式基本相同。

(5)“财务费用”账户

“财务费用”账户属于费用性质的损益类账户，用来核算和监督企业为筹集生产经营所需资金等而发生的筹资费用，包括利息支出(减利息收入)、汇兑损益以及相关的手续费、企业发生的现金折扣或收到的现金折扣等。该账户借方登记企业发生的利息、手续费等各项财务费用，贷方登记期末转入“本年利润”账户借方的本期财务费用，期末结转后该账户应无余额。该账户应按费用项目设置明细账，进行明细分类核算。其明细分类账户格式与制造费用明细分类账户的格式基本相同。

2.4.2　产品成本和期间费用核算的账务处理

(1)分配外购材料、燃料的账务处理

企业外购的材料、燃料在“原材料”账户核算，企业在生产经营过程中领用外购材料、燃料时，要填制“领料单”，办理领料手续，月末对于已领未用的外购材料、燃料要填制“退料单”或用红字填制“领料单”办理退料手续，对于已领未用但下月仍继续使用的外购材料、燃料，为了简化本月退料、下月领料工作，可办理“假退料”手续，即同时填制本月的“退料单”和下月的“领料单”，但生产单位(车间、分厂)的材料和燃料实物不动。领退料的原始凭证集中到财会部门后，进行汇总整理，按其经济用途进行分配，并编制“外购材料、燃料分配表”。用于产品生产的外购的材料、燃料，借记“生产成本——基本生产成本”账户，贷记“原材料”账户；用于企业内部生产单位(分厂、车间)一般性消耗的外购的材料、燃料，借记“制造费用”账户，贷记“原材料”账户；用于企业行政管理部门一般性消耗的外购的材料、燃料，借记“管理费用”账户，贷记“原材料”账户。

(2)分配外购动力的账务处理

企业外购的动力被生产经营所耗费时，应按其经济用途进行分配，并编制“外购动力分配表”。用于产品生产的外购动力，借记“生产成本——基本生产成本”账户，贷记“银行存款”或“应付账款”账户；用于企业内部生产单位(分厂、车间)一般性消耗的外购动力，借记“制造费用”账户，贷记“银行存款”或“应付账款”账户；用于企业行政管理部门一般性消耗的外购动力，借记“管理费用”账户，贷记“银行存款”或“应付账款”账户。

(3)分配职工薪酬的账务处理

企业一般于每月月末应按经济用途对职工薪酬进行分配，并编制“职工薪酬分配表”，产品生产工人薪酬，借记“生产成本——基本生产成本”账户，贷记“应付职工薪酬”账户；企业内部生产单位(分厂、车间)管理人员薪酬，借记“制造费用”账户，贷记“应付职工薪酬”账户；企业行政管理部门管理人员薪酬，借记“管理费用”账户，贷记“应付职工薪酬”账户。

(4)计提固定资产折旧的账务处理

企业一般于每月月末采用适当的固定资产折旧计算方法计提固定资产折旧，并编制“固定资产折旧分配表”。企业内部生产单位(分厂、车间)使用固定资产的折旧，借记“制造费用”账户，贷记“累计折旧”账户；企业行政管理部门使用固定资产的折旧，借记“管理费用”账户，贷记“累计折旧”账户。

(5)分配结转制造费用的账务处理

企业一般于每月月末通过计算“制造费用”账户的借方发生额求出本月归集的制造费用总

额,然后采用适当的分配标准分配制造费用,并编制“制造费用分配表”。根据“制造费用分配表”,借记“生产成本——基本生产成本”账户,贷记“制造费用”账户。

(6)结转完工产品成本的账务处理

企业一般于每月月末根据“生产成本——基本生产成本”账户提供的月初在产品成本、本月发生成本资料和产量记录,填制“产品成本计算单”,计算本月完工产品和在产品成本。企业于产品验收入库时,根据“产品成本计算单”和“产成品入库单”,借记“库存商品”、“自制半成品”等账户,贷记“生产成本——基本生产成本”账户。

(7)发生财务费用的账务处理

企业一般于每月月末,按照权责发生制的原则计提应由本月负担的利息费用,并编制“利息费用分配表”。根据“利息费用分配表”,借记“财务费用”账户,贷记“应付利息”账户;企业发生的其他财务费用,借记“财务费用”账户,贷记“银行存款”、“未确认融资费用”等账户;发生的应冲减财务费用的利息收入、汇兑损益、现金折扣,借记“银行存款”、“应付账款”等账户,贷记“财务费用”账户。

(8)发生销售费用的账务处理

企业在销售商品过程中发生的包装费、保险费、展览费和广告费、运输费、装卸费等费用,借记“销售费用”账户,贷记“库存现金”、“银行存款”等账户。

(9)发生管理费用的账务处理

企业除了发生上述有关管理费用的业务外,还会发生另外一些有关管理费用的经济业务。比如,企业在筹建期间内发生的开办费,包括人员薪酬、办公费、培训费、差旅费、印刷费、注册登记费以及不记入固定资产成本的借款费用等,在实际发生时,借记“管理费用(开办费)”账户,贷记“银行存款”等账户;发生的办公费、水电费、业务招待费、聘请中介机构费、咨询费、诉讼费、技术转让费、研究费等,借记“管理费用(有关项目)”账户,贷记“银行存款”、“研发支出”等账户;按规定计算确定的应交矿产资源补偿费、房产税、车船使用税、土地使用税、印花税,借记“管理费用(有关项目)”账户,贷记“应交税费”账户。

(10)结转期间费用的账务处理

企业一般于每月月末通过计算“销售费用”、“管理费用”、“财务费用”账户的借方发生额求出本月归集的销售费用总额、管理费用总额和财务费用总额,然后借记“本年利润”账户,贷记“销售费用”、“管理费用”、“财务费用”账户。

(11)结转已销产品成本的账务处理

企业一般于每月月末根据产品销售数量和产品单位生产成本计算出已销产品的生产成本,然后借记“主营业务成本”账户,贷记“库存商品”账户。同时将本月发生的“主营业务成本”转至“本年利润”账户,借记“本年利润”账户,贷记“主营业务成本”账户。

上述产品成本和期间费用总分类核算的一般程序,如图 2.1 所示。

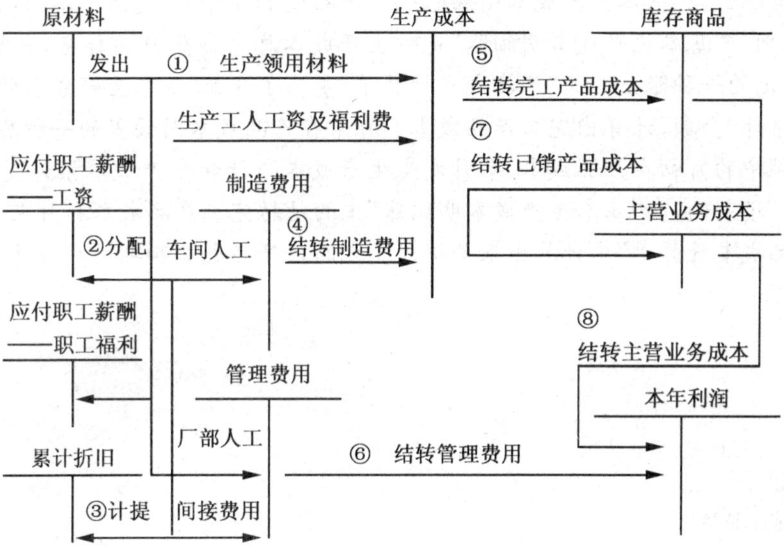

图 2.1 产品成本和期间费用总分类核算的一般程序

任务回顾

成本核算就是以货币为主要计量单位,通过对企业在生产经营过程中所发生的各种耗费、支出进行确认、归集、分配和报告,为相关会计信息使用者提供决策所需的成本、费用等会计信息。

工业企业成本核算的要求是:

(1)算管结合,算为管用。

(2)正确划分各种耗费、支出的界限。为了正确进行成本核算,正确计算产品成本和期间费用,必须正确划分以下五个方面的界限:①正确划分应否记入产品成本、期间费用的界限;②正确划分产品成本与期间费用的界限;③正确划分各月份产品成本和期间费用的界限;④正确划分各种产品成本的界限;⑤正确划分完工产品与在产品成本的界限。

(3)做好成本核算的各项基础工作。①做好定额的制定和修订工作;②建立和健全财产物资的计量、收发、领退和盘点制度;③建立和健全原始记录工作;④做好内部转移价格的制定和修订工作;⑤建立健全耗费、支出的审批制度。

(4)按照生产特点和管理要求,采用适当的成本计算方法。

产品成本是指工业企业为生产一定种类和数量的产品而发生的各种生产耗费、支出的总和。产品成本包含的内容可以从产品成本的构成要素和成本项目两方面加以说明。工业企业生产经营过程中所发生的各种生产耗费、支出按其经济内容进行分类即为构成要素(亦称费用要素),包括外购材料、外购燃料、外购动力、职工薪酬、折旧费、利息支出、税金和其他支出。工业企业生产经营过程中所发生的各种生产耗费、支出按其经济用途进行分类即为成本项目,包括原材料、燃料及动力、职工薪酬、制造费用等。工业企业的期间费用包括销售费用、管理费用和财务费用三个方面的内容。

为了核算和监督企业生产经营过程中发生的各项耗费、支出,正确计算产品成本和期间费用,企业一般设置"生产成本"和"制造费用"等成本类账户和"销售费用"、"管理费用"和"财务费用”等损益类账户。“基本生产成本明细账”和“产品成本计算单”是两个不同的概念，两者既有联系又有区别。“基本生产成本明细账”是对生产成本总分类账户的补充，是根据记账凭证和原始凭证登记的一种账户。而“产品成本计算单”是为了分配“基本生产成本明细账”所归集的“生产成本累计”金额，计算出完工产品成本和期末在产品成本而设置的一种原始凭证。“产品成本计算单”中的月初在产品成本、本月发生生产成本合计和生产成本累计是根据“基本生产成本明细账”填列的，而“基本生产成本明细账”中的结转完工产品成本和月末在产品成本的数额是在“产品成本计算单”中计算出来并据以登记的。产品成本和期间费用总分类核算的一般程序图(见图2.1)。

任务训练

2.1 思考题

(1)什么是成本核算？

(2)简述成本核算的内容。

(3)成本核算有哪些要求？要正确划分哪些耗费、支出的界限？

(4)成本核算的基础工作包括哪些内容？

(5)什么是产品成本？产品成本的构成要素有哪些？

(6)工业企业的期间费用包括哪几个方面？它们的具体内容是什么？

(7)产品成本和期间费用核算主要应设置哪些账户？各个账户的性质与结构如何？

(8)什么是成本项目？产品成本的成本项目一般按什么标准分类？产品成本就其经济用途而言包括哪些成本项目？

(9)产品成本按照费用要素进行反映，其作用有哪些？

(10)按照产品成本项目反映，产品成本的作用是什么？

(11)基本生产成本明细账和产品成本计算单是什么关系？

2.2 单项选择题

(1)正确划分产品成本、期间费用的界限十分重要，如企业购建固定资产的支出，应记入(　　)。

①营业外支出　　②生产成本

③期间费用　　④固定资产的原价

(2)固定资产报废清理净损失等应记入(　　)。

①营业外支出　　②生产成本

③期间费用　　④固定资产的原价

(3)为组织和管理企业生产经营活动所发生的管理费用，应记入(　　)。

①生产成本　　②库存商品

③期间费用　　④营业外支出

(4)乱挤成本、多计费用，会(　　)。

①减少生产成本　　②减少企业利润

③增加国家财政收入　　④减少库存商品

(5)少计成本、费用，则会(　　)。

①增加生产成本　　②增加库存商品

③使企业成本、费用得到应有的补偿　　④虚增利润

(6)如果某种产品均未完工，这种产品的生产耗费、支出之和，就是这种产品的(　　)。

①月末库存商品成本　②产成品和在产品成本
③期间费用　④月末在产品成本
(7)产品成本的计算和各项期间费用的归集过程，应贯彻(　　)。
①受益原则　②损益原则
③分配原则　④收入原则
(8)成本核算是以(　　)形式来核算企业生产经营管理中的各项耗费、支出。
①实物　②订单
③价值　④预算
(9)制造费用指间接用于产品生产的各项耗费、支出，制造费用的处理办法是(　　)。
①抵消本年利润　②不记入生产成本
③记入生产成本　④记入期间费用
(10)下列项目中不能记入产品成本的耗费、支出的是(　　)。
①生产工人工资　②车间管理人员工资
③生产产品而消耗的原材料　④企业管理人员工资
(11)需要在各个成本计算对象之间进行分配的生产耗费和支出金额是指(　　)。
①期末在产品成本　②本期发生的生产成本
③期初在产品成本　④期初在产品成本与本期发生的生产成本之和
(12)成本项目一般是指生产耗费与支出按(　　)的分类。
①经济用途　②经济内容
③经济性质　④分配方式
(13)下列各项中，不记入产品成本的项目是(　　)。
①直接材料费用　②辅助车间管理人员工资
③车间厂房折旧费　④厂部办公楼折旧费
(14)下列各项中，不应记入产品成本项目的是(　　)。
①企业行政管理部门用固定资产的折旧费
②车间厂房的折旧费
③车间生产用设备的折旧费
④车间辅助人员的工资
(15)下列各项中应记入管理费用的是(　　)。
①银行借款的利息支出　②银行存款的利息收入
③企业的技术开发费　④车间管理人员的工资
(16)企业为筹集资金而发生的手续费，应借记(　　)。
①“制造费用”账户　②“财务费用”账户
③“管理费用”账户　④“营业费用”账户
(17)下列各项中属于管理费用的是(　　)。
①企业专设销售机构人员的工资　②产品广告费用
③企业的职工教育经费　④车间的办公费用
(18)下列各项中属于直接生产耗费的是(　　)。
①生产车间厂房的折旧费
②甲产品生产用设备的折旧费
③企业行政管理部门固定资产的折旧费
④生产车间的办公费用

2.3　多项选择题

(1)乱挤成本、多计费用，会(　　)。

①减少生产成本 ②减少企业利润
③减少库存商品 ④减少国家财政收入
(2)少计成本、费用,则会( )。
①增加生产成本
②增加库存商品
③使企业成本、费用得不到应有的补偿
④虚增利润
(3)产品成本就其经济内容而言包括以下构成要素:( )。
①外购材料 ②外购燃料和外购动力
③职工薪酬 ④折旧费和其他支出
(4)产品成本就其经济用途而言包括以下成本项目:( )。
①原材料 ②燃料及动力
③职工薪酬、制造费用 ④管理费用
(5)应列入管理费用的项目有( )。
①车间管理人员工资 ②厂部管理人员工资
③福利人员的工资 ④技术转让费
(6)在产品成本核算中,要做好的基础工作是( )。
①做好定额的制定和修订工作
②建立和健全财产物资的计量、收发、领退和盘点制度
③建立和健全原始记录工作
④做好内部转移价格的制定工作
⑤建立健全各种耗费、支出的审批制度
(7)产品成本项目是指生产费用按经济用途的分类,包括( )。
①原材料 ②燃料及动力
③职工薪酬 ④管理费用
⑤制造费用
(8)为了正确计算产品成本和期间费用,必须要划分( )的界限。
①应否记入产品成本、期间费用 ②产品成本与期间费用
③各月份产品成本和期间费用 ④各种产品成本
⑤完工产品与在产品的成本
(9)为了严格成本与费用的界限,企业不允许将( )。
①制造费用记入产品成本 ②期间费用记入产品成本
③生产费用记入产品成本 ④生产费用记入期间费用
(10)下列各项中属于销售费用的是( )。
①商品广告费 ②委托代销手续费
③商品展览费 ④专设销售机构的办公费

技能实训

技能实训题 2.1

【实训目的】 实训各项耗费、支出的界限划分。

【实训资料】 某工业企业部分耗费、支出项目如表 2.1.1 所示。

表 2.1.1　　**耗费、支出项目表**

耗费、支出项目	产品成本或期间费用						非产品成本或非期间费用
	1 月份					2 月份	
	甲产品成本	乙产品成本	期间费用			…	
			销售费用	管理费用	财务费用		
(1)1 月仓库发出外购材料 9 000 元，其中：用于甲产品 5 000 元，乙产品 4 000 元							
(2)分配 1 月份职工薪酬 6 000 元，其中：甲产品 2 000 元，乙产品 1 500 元，行政管理部门 1 000 元，专设销售机构 500 元，在建工程 1 000 元							
(3)支付 1 月份和 2 月份的厂部办公楼租金共 2 000 元							
(4)计提 1 月份固定资产折旧 3 000 元，其中：甲产品设备折旧 1 500 元，乙产品设备折旧 1 000 元，厂部固定资产折旧 500 元							
(5)支付 1 月份和 2 月份的短期借款利息 2 000 元							
(6)发生非常损失 600 元							
(7)发生购置固定资产支出 150 000 元							
(8)分配 1 月份电费 7 000 元，其中：甲产品 3 000 元，乙产品 2 000 元，厂部 2 000 元							
合　　计							

【实训要求】 根据表内所列耗费、支出项目，分析其属性，并将相应金额填入表内适当位置，计算出产品成本、期间费用和非产品成本或期间费用总额。

模块 3

产品成本计算的一般程序

能力目标

学习本章的目的是掌握要素费用分配、辅助生产成本分配、制造费用分配、生产成本在完工产品与在产品之间分配的分配方法和废品损失的核算方法。理解产品成本计算一般程序所蕴涵的产品成本计算原理；了解停工损失的核算方法。学习的重点是要素费用分配、辅助生产成本分配和生产成本在完工产品与在产品之间分配的分配方法。难点是辅助生产成本分配的交互分配法、生产成本在完工产品与在产品之间分配的约当产量比例法、定额比例法。本章所介绍的内容是产品成本计算的基本原理，是以后学习各种产品成本计算具体方法的基础。所以，学习本章既要对产品成本计算程序有一个全面的把握，又要对其中的重点分配方法进行深入的实训，达到能熟练运用的程度。学习中应从熟练掌握"分配要素费用的一般步骤"入手，由浅入深，逐渐攻破本章的重点、难点。本章所介绍的"分配要素费用的一般步骤"适用于要素费用的分配，也适用于后面的辅助生产成本分配、制造费用分配、生产成本在完工产品与在产品之间的分配及成本还原分配等各种分配。

分项任务

任务 3.1　产品成本计算的一般程序概述
任务 3.2　要素费用在各个成本计算对象之间的分配
任务 3.3　辅助生产成本的归集与分配
任务 3.4　制造费用的归集与分配
任务 3.5　废品损失和停工损失的归集与分配
任务 3.6　生产成本在完工产品和在产品之间的分配
任务 3.7　期间费用的归集与结转
任务 3.8　已销产品生产成本的计算与结转

任务 3.1　产品成本计算的一般程序概述

成本核算的一般程序是指对企业在生产经营过程中发生的各项耗费、支出，按照成本核算的要求，逐步进行归集和分配，最后计算出各种产品的成本和各项期间费用的基本步骤。企业可以根据生产经营特点、生产经营组织类型和成本管理的要求，自行确定成本计算方法。不同生产工艺过程和生产组织的企业，成本计算的具体方法是不同的，企业内部不同的生产单位（车间、分厂）也可以采用不同的成本计算方法。尽管成本计算的具体方法都有其各自的特点，但就其基本步骤而言是一致的。所以，将成本计算的各种具体方法都应具备的基本步骤称为成本计算的一般程序，也称为产品成本计算原理。根据成本核算要求和产品成本、期间费用的内容，可将成本核算的一般程序归纳如下：

（1）确定成本计算对象

成本计算对象是指承担企业生产经营中各种耗费、支出的客体。换句话说，要算“谁”的成本，“谁”就是成本计算对象。比如，要计算所生产“汽车”的成本，“汽车”就是成本计算对象；要算汽车中某一“零件”的成本，那么，这个“零件”就是成本计算对象；要计算某一批产品的成本，那么，该批次产品就是成本计算对象。确定了成本核算对象，也就解决了生产耗费、支出要分配给谁，由谁负担的问题，进而确定具体的分配标准和分配方法。企业在生产经营中所发生的各项耗费、支出，有的应当记入制造成本，有的应当记入期间费用。记入制造成本的各种耗费、支出，应由“各种产品”来负担。这样，“各种产品”就是工业企业的成本计算对象。工业企业的成本计算对象，除了产品品种以外，还可以是产品批次、产品类别或者生产步骤等。企业成本计算对象一经确定，不得随意变更，如需变更，应当根据管理权限，经股东大会或董事会，或经理（厂长）会议或类似机构批准，并在会计报表附注中予以说明。成本计算对象，是开设“基本生产成本明细分类账”、设置“成本计算单”的依据。也就是说，企业是根据成本计算对象来开设“基本生产成本明细分类账”和设置“成本计算单”的。

（2）将要素费用在各个成本计算对象之间进行分配

首先，企业应对生产经营过程中的各项耗费和支出进行严格的审核和控制，并按国家规定的费用、成本开支范围，企业内部财务会计制度和成本费用核算办法中规定的费用审核标准，确定其应否记入产品成本、期间费用。然后，对应记入产品成本和期间费用的各项生产耗费和支出，在各种产品之间依据一定的分配标准，按照成本项目进行分配，分别记入各个成本计算对象、辅助生产成本、制造费用和期间费用。一般将这种分配称之为要素费用在各成本计算对象之间进行的横向分配。要素费用在各个成本核算对象之间的分配，必须注意以下三点：

①分配要素费用必须按成本项目进行。因为各不同成本项目的生产耗费、支出，在产品生产过程中发生的情况不同，分配方法是不同的。

②按照权责发生制的原则，分清各月份的成本、费用界限，将应记入本期的耗费、支出毫无遗漏地记入本期，只对本期发生的生产耗费、支出进行分配。因为以前各期发生的生产耗费、支出已经在当期分配给了各成本核算对象。

③尽管分配要素费用的方法多种多样，但分配原则只有一个，就是“受益原则”。按照这个原则对能直接记入各成本计算对象的生产耗费、支出，应当直接记入；对不能直接记入的生产耗费、支出，按照受益程度的大小分配记入各成本计算对象。

（3）将归集的辅助生产成本在各个成本计算对象之间进行分配

设置辅助生产车间的企业，在计算各成本计算对象成本和期间费用之前，应将本期归集的辅助生产成本按照受益的车间和部门，采用适当的标准分配给各成本计算对象、制造费用或记入期间费用。

（4）将归集的制造费用在各个成本计算对象之间进行分配

制造费用所归集的各种间接耗费和支出，也是产品成本的组成部分，制造费用是构成产品成本的成本项目之一。所以,在计算各成本计算对象的成本之前,应将归集的制造费用采用适当的标准,分配给各个成本计算对象。

(5)将归集的废品损失与停工损失在各个成本计算对象之间进行分配

当企业发生废品损失和停工损失时,应对其进行核算。企业发生的废品损失、停工损失较多时,应单独设置"废品损失"、"停工损失"账户,月末将归集的废品损失和停工损失分配给各成本计算对象,并在基本生产成本明细分类账中单独设置相应的成本项目进行明细核算。

(6)将归集的产品生产成本在完工产品和在产品之间进行分配

对于月末没有在产品的产品(成本计算对象),其所归集的全部基本生产成本都是本期完工产品的成本;对于月末既有完工产品又有在产品的产品(成本计算对象),将该种产品(成本计算对象)的基本生产成本累计(月初在产品成本与本月归集的生产成本之和)在完工产品与月末在产品之间进行分配,计算出该种产品(成本计算对象)的完工产品成本和月末在产品成本,并结转完工产品成本。一般将基本生产成本在本期完工产品和期末在产品之间进行的分配称之为纵向分配。

(7)结转已销产品生产成本

月末,采用适当的方法计算出本月已销产品的生产成本,并将其转入"主营业务成本"账户。结转本年利润时,再将主营业务成本转入"本年利润"账户。

(8)结转期间费用

将归集的期间费用(销售费用、管理费用和财务费用)转入"本年利润"账户。

综上所述内容,绘制出产品成本计算一般程序图,如图3.1所示。

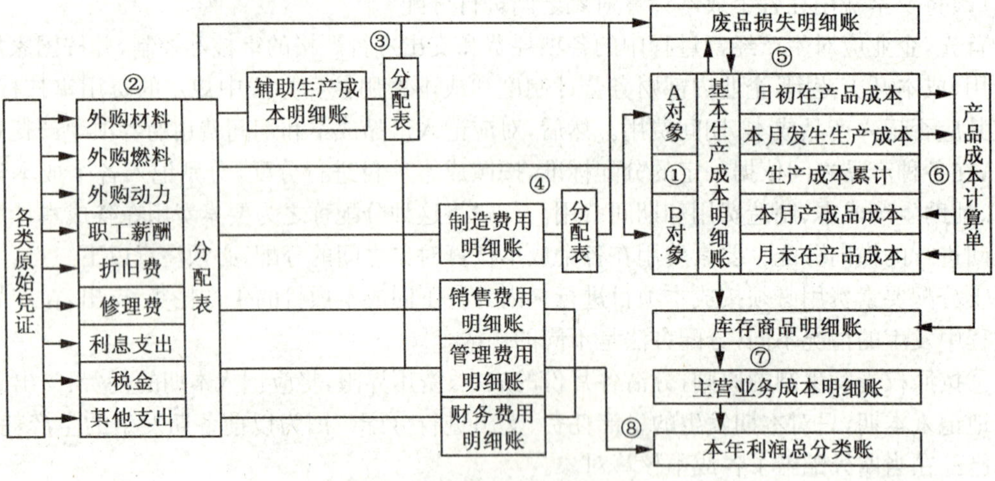

图3.1 产品成本计算一般程序

任务3.2 要素费用在各个成本计算对象之间的分配

3.2.1 要素费用分配的概述

要计算产品成本,首先要确定成本计算对象。成本计算对象可以是产品品种、产品批次、产品类别或者生产步骤等。为了方便说明问题,本章所确定的成本计算对象为"产品品种(即

A产品、B产品等)”。前述基本生产成本明细分类账(或产品成本计算单)是按成本计算对象设置和登记的,在这里就是按产品品种(即A产品、B产品等)设置和登记的。因此,在发生各种要素费用如材料、动力、职工薪酬等耗费时,对于直接用于某种产品生产(指基本生产的产品,下同)而且专设成本项目的直接要素费用,应直接记入该种产品基本生产成本明细分类账的“原材料”、“燃料及动力”、“职工薪酬”等成本项目;对于同时用于几种产品的间接要素费用,则应采用适当的分配方法,分配记入该种产品基本生产成本明细分类账的“原材料”、“燃料及动力”、“职工薪酬”等成本项目;对于用于某种辅助生产的要素费用,应记入某种辅助生产成本明细分类账的相关项目;对于直接用于产品生产但没有专设成本项目的各项要素费用,如基本生产车间的机器设备的折旧费、修理费等,应先记入“制造费用”总账账户及所属明细分类账户的有关费用项目,期末再采用适当的方法予以分配。

分配要素费用应该选择适当的分配方法。所谓适当的分配方法,是指所依据的分配标准与要分配的要素费用有比较密切的联系,使分配结果比较合理,而且分配标准的资料比较容易取得,计算方法又比较简便。

分配要素费用的一般步骤是:

(1)明确分配对象和应分配的要素费用额

所谓分配对象是指承担要素费用的客体。将要素费用分配给谁,谁就是分配对象。比如要将要素费用分配给甲产品,甲产品就是分配对象。工业企业要素费用的分配对象一般有某种产品、基本生产车间、辅助生产车间、行政管理部门、专设销售机构和专项工程部门等。其中,分配给专设销售机构的要素费用,记入“销售费用”账户;分配给专项工程部门的要素费用,记入“在建工程”账户。这两项在产品成本计算中出现的较少,所以,在本书的要素费用分配举例中,省去了这两个分配对象;明确应分配的要素费用额,就是确定对哪个具体的要素费用额进行分配,例如把支付的甲材料6 000千克和乙材料4 000千克的共同运费1 500元分配给甲、乙材料,其中甲材料和乙材料就是分配对象,共同运费1 500元就是应分配的要素费用额。

(2)确定分配标准

分配标准是各个分配对象应分配多少要素费用的依据。分配标准的选择,是决定分配结果是否准确、合理的关键。适当的分配标准,是指选择的分配标准与要分配的要素费用有比较密切的联系(呈现正比关系),而且分配标准的资料比较容易取得,计算方法比较简便。要素费用的分配可供选择的分配标准主要有以下三类:

①成果类,如产品的质量、体积、产量、产值等;

②消耗类,如生产工时、生产工资、机器工时、原材料消耗量或原材料消耗额等;

③定额类,如定额消耗量、定额消耗额等。

(3)计算分配率

分配率也就是单位分配标准应分配的要素费用额。其计算公式概括为:

$$\text{分配率}=\frac{\text{应分配的要素费用额}}{\text{各种分配对象的分配标准合计}}$$

(4)计算分配结果

$$\begin{matrix}\text{某分配对象}\\\text{的应分配额}\end{matrix}=\begin{matrix}\text{该分配对象}\\\text{的分配标准}\end{matrix}\times\text{分配率}$$

例如,假定应分配的某种要素费用额为80 000元,确定的分配对象和分配标准为A产品40 000元、B产品30 000元、基本生车间10 000元、辅助生产车间15 000元、行政管理部门

5 000元。则：

$$分配率=\frac{80\ 000}{40\ 000+30\ 000+10\ 000+15\ 000+5\ 000}=0.8(元/单位分配标准)$$

$$\frac{\text{A产品应分配的}}{\text{某种要素费用额}}=40\ 000\times0.8=32\ 000.00(元)$$

A产品应分配的某种要素费用额 $=40\ 000\times0.8=32\ 000.00$(元)

B产品应分配的某种要素费用额 $=30\ 000\times0.8=24\ 000.00$(元)

基本生产车间应分配的某种要素费用额 $=10\ 000\times0.8=8\ 000.00$(元)

辅助生产车间应分配的某种要素费用额 $=15\ 000\times0.8=12\ 000.00$(元)

行政管理部门应分配的某种要素费用额 $=5\ 000\times0.8=4\ 000.00$(元)

根据上述资料编制“要素费用分配表”，如表 3.1 所示。

表 3.1 要素费用分配表

2010 年 9 月 8 日

金额单位：元

分配对象	分配标准	分配率	分配金额
A产品	40 000	—	32 000.00
B产品	30 000	—	24 000.00
基本生产车间	10 000	—	8 000.00
辅助生产车间	15 000	—	12 000.00
行政管理部门	5 000	—	4 000.00
合　计	100 000	0.8	80 000.00

制表：×××

在计算分配结果时有一点值得注意，那就是当分配率取近似值时，分配结果会出现误差，分配金额合计可能不等于原要分配的要素费用额。为了尽可能地减少误差对分配结果合理性的影响，应将误差记入分配标准大的分配对象。在上例中，如果分配率是近似值的话，那么，分配对象 A 产品应分配金额的计算方法是：

A产品应分配的某种要素费用额 $=80\ 000-(24\ 000+8\ 000+12\ 000+4\ 000)=32\ 000$(元)

要素费用包括许多种，各种要素费用的分配标准有所不同，但其分配的基本步骤和思路都是一致的。上述要素费用分配的一般步骤适用于下面各种要素费用分配。

3.2.2 外购材料的分配

3.2.2.1 外购材料收发的计量与原始记录

企业应当建立健全原始记录和计量验收制度，严格材料收入和发出的凭证手续，保证材料消耗数量的真实性。工业企业外购材料通过原材料仓库收发，购入外购材料验收入库时，填制“材料入库单”，财会根据“材料入库单”借记“原材料”账户。各生产单位、部门需用外购材料时，填制发料凭证从材料仓库领取，这些发料凭证有“领料单”、“限额领料单”和“领料登记表”等。为了正确计算本期材料实际消耗量，期末，对于生产单位已领未用的材料，应当填制“退料单”，办理退料手续或假退料手续从当月领用数量中扣除。“退料单”也是记录材料消耗数量的原始凭证。期末，应当根据全部领料凭证（包括用于抵减领料数的退料凭证）汇总编制“材料耗用额分配表”（见表 3.2）。该表应当按照领料用途和材料类别分别汇总，凡能分清某一成本计算对象的材料消耗，应当单独列示；属于几个成本计算对象共同耗用的材料，应当选择适当的分配方法，分配记入有关成本计算对象的原材料项目。

表 3.2　　**材料耗用额分配表**

2010 年 9 月　　金额单位：元

产品名称（分配对象）	产品重量（分配标准）	分配率（元/千克）	分配金额
说　明	①	②	③=①×②
A 产品	1 523 千克	—	12 765.33
B 产品	5 564 千克	—	46 636.04
C 产品	3 135 千克	—	26 276.63
合　计	10 222 千克	8.3817	85 678.00

注：由于分配率取的是近似值，所以，B 产品应分配的 A 材料额＝85 678.00－12 765.33－26 276.63＝46 636.04（元）（B 产品的分配标准数最大，将误差记入了 B 产品）。

3.2.2.2　外购材料的分配方法

当两个或两个以上成本计算对象共同耗用同一种外购材料时，需要采用适当的方法在各成本计算对象之间进行分配。根据与外购材料的密切关系不同，其分配标准主要有重量、定额耗用量、定额耗用额、标准品产量等。由于采用的分配标准不同，具体的分配方法也略有不同，但也都适用要素费用分配的一般步骤。

（1）重量分配法

重量分配法是以所生产的各种产品的重量为标准来分配外购材料耗用额的方法。如果企业生产的几种产品共同耗用同种外购材料，耗用量的多少与产品重量又有直接联系，可以选用重量分配法。重量分配法的计算公式如下：

$$材料分配率=\frac{应分配的材料耗用额}{各种产品的重量合计}$$

$$\begin{matrix}某产品应分\\配的材料额\end{matrix}=\begin{matrix}该产品\\总重量\end{matrix}\times\begin{matrix}材料分\\配率\end{matrix}$$

【例题 3.1】　某厂 2010 年 9 月生产 A、B、C 三种产品，本月三种产品共同耗用甲材料 85 678元，本月所生产三种产品的净重分别为 1 523 千克、5 564 千克、3 135 千克。采用重量分配法，编制“材料耗用额分配表”，见表 3.2。

重量分配法的分配标准为产品重量。当所耗材料与产品的面积、体积、长度或产品产量更为密切时，则分配标准可以采用产品的面积、体积、长度或产品产量，可以分别称之为面积分配法、体积分配法、长度分配法或产量分配法等。其计算公式与重量分配法类似。

（2）定额耗用量比例分配法

定额耗用量比例分配法是以各种产品的材料定额耗用量为标准，来分配产品实际材料耗用额的方法。按定额耗用量比例分配实际材料耗用额时，其计算分配的程序是：第一，计算各种产品材料定额耗用量；第二，计算单位产品的材料定额耗用量应分配材料实际耗用量（即材料分配率)；第三，计算各种产品应分配的材料实际耗用量；第四，计算各种产品应分配的材料实际耗用额。计算公式如下：

$$\text{某种产品材料定额耗用量}=\text{该种产品实际产量}\times\text{该产品单位产品材料耗用量定额}$$

$$\text{材料分配率}=\frac{\text{待分配的材料实际耗用额}}{\text{各种产品的材料定额耗用量}}$$

$$\text{某产品应分配的材料实际耗用量}=\text{该产品的材料定额耗用量}\times\text{材料分配率}$$

$$\text{某产品应分配的材料实际耗用额}=\text{该产品的材料实际耗用量}\times\text{材料单价}$$

【例题 3.2】 某厂生产 A、B、C 三种产品，本月三种产品共同耗用甲材料 7 634 千克，每千克实际平均单价为 56.75 元，计 433 229.50 元；本月三种产品实际投产量分别为 240 件、580 件和 110 件，单位产品材料耗用量定额分别为 5 千克、8 千克和 10 千克。采用定额耗用量比例法在 A、B、C 三种产品之间分配其共同耗用的甲材料。

①计算各种产品材料定额耗用量

A 产品甲材料定额耗用量＝240×5＝1 200(千克)

B 产品甲材料定额耗用量＝580×8＝4 640(千克)

C 产品甲材料定额耗用量＝110×10＝1 100(千克)

②计算单位产品的材料定额耗用量应分配材料实际耗用量(即材料分配率)

甲材料分配率＝7 634÷(1 200＋4 640＋1 100)＝1.1

③计算各种产品应分配的材料实际耗用量

A 产品应分配材料实际耗用量＝1 200×1.1＝1 320(千克)

B 产品应分配材料实际耗用量＝4 640×1.1＝5 104(千克)

C 产品应分配材料实际耗用量＝1 100×1.1＝1 210(千克)

④计算各种产品应分配的材料实际耗用额

A 产品应分配材料实际耗用额＝1 320×56.75＝74 910.00(元)

B 产品应分配材料实际耗用额＝5 104×56.75＝289 652.00(元)

C 产品应分配材料实际耗用额＝1 210×56.75＝68 667.50(元)

根据上述计算结果编制“材料耗用额分配表”，见表 3.3。

表 3.3 **材料耗用额分配表** 金额单位:元

产品名称	投产量(件)	单位产品材料耗用量定额(千克)	各种产品的材料定额耗用量(千克)	分配率	各种产品的材料实际耗用量(千克)	材料实际单价	应分配的材料实际耗用额
说 明	①	②	③＝①×②	④	⑤＝③×④	⑥	⑦＝⑤×⑥
A 产品	240	5	1 200	—	1 320	56.75	74 910.00
B 产品	580	8	4 640	—	5 104	56.75	289 652.00
C 产品	110	10	1 100	—	1 210	56.75	68 667.50
合 计	—	—	6 940	1.1	7 634	56.75	433 229.50

这种分配方法的优点是不仅能准确地分配各种产品应分配的实际材料耗用额，而且能为考核各种产品的材料定额耗用量完成情况提供资料。比如上例中的A、B、C三种产品的实际耗用量都大于其各自的材料定额耗用量，说明三种产品超出了材料耗用定额，出现了超支。这种分配方法有利于加强材料消耗的实物管理，但分配计算的工作量较大。

为了简便计算，也可以直接分配各种产品共同耗用的材料实际耗用额。分配程序是：第一，计算各种产品材料定额耗用量；第二，计算单位产品的材料定额耗用量应分配材料实际耗用额（即材料分配率$=\frac{\text{应分配的材料实际耗用额}}{\text{各种产品的材料定额耗用量}}$）；第三，计算出各种产品应分配的材料实际耗用额。采用这种分配方法，根据例题3.2资料编制的"材料耗用额分配表"，见表3.4。

表3.4　材料耗用额分配表　　金额单位：元

产品名称	投产量（件）	单位产品材料耗用量定额（千克）	各种产品的材料定额耗用量（千克）	分配率	应分配的材料实际耗用额
说　明	①	②	③=①×②	④	⑤=③×④
A产品	240	5	1 200	—	74 910.00
B产品	580	8	4 640	—	289 652.00
C产品	110	10	1 100	—	68 667.50
合　计	—	—	6 940	62.425	433 229.50

（3）定额耗用额比例法

在生产多种产品或多种产品共同耗用多种原材料的情况下，应采用定额耗用额比例法分配材料费用。定额耗用额比例分配法是以各种产品的材料定额耗用额为标准，来分配产品实际材料耗用额的方法。其计算分配的程序是：第一，计算各种产品材料定额耗用额；第二，计算单位产品的材料定额耗用额应分配材料实际耗用额（即材料分配率）；第三，计算各种产品应分配的材料实际耗用额。计算公式如下：

$$\text{某种产品材料定额耗用额}=\text{该种产品实际产量}\times\text{该产品单位产品材料耗用量定额}\times\text{材料单价}$$

$$\text{材料分配率}=\frac{\text{要分配的材料实际耗用额}}{\text{各种产品的材料定额耗用额合计}}$$

$$\text{某产品应分配的材料实际耗用额}=\text{该产品的材料定额耗用额}\times\text{材料分配率}$$

【例题3.3】　某厂2010年9月生产A、B两种产品，共同耗用甲、乙两种材料49 860元。本月投产A产品200件，B产品100件。A产品单位产品材料耗用定额为：甲材料5千克、乙材料8千克；B产品单位产品材料耗用定额为：甲材料7千克、乙材料9千克。甲、乙两种材料的单价分别为12元/千克和14元/千克。采用定额耗用额比例法在A、B两种产品之间分配其共同耗用的甲、乙材料额。

①计算各种产品材料定额耗用额

A产品材料定额耗用额=200×5×12+200×8×14=34 400(元)

B产品材料定额耗用额=100×7×12+100×9×14=21 000(元)

②计算单位材料定额耗用额应分配材料实际耗用额（即材料分配率）

$$\text{材料实际耗用额分配率}=\frac{49\ 860}{34\ 400+21\ 000}=0.9$$

③计算各种产品应分配的材料实际耗用额

A产品应分配材料实际耗用额＝34 400×0.9＝30 960.00(元)

B产品应分配材料实际耗用额＝21 000×0.9＝18 900.00(元)

根据上述计算结果编制"材料耗用额分配表"，见表3.5。

表3.5 材料耗用额分配表

2010年9月

金额单位：元

产品名称	产品材料定额耗用额	分配率	应分配的材料实际耗用额
说 明	①	②	③＝①×②
A产品	34 400	—	30 960.00
B产品	21 000	—	18 900.00
合 计	55 400	0.9	49 860.00

(4)标准品产量比例分配法(系数分配法)

标准品产量比例分配法是将各种产品的实际产量按照预定的折合系数折算为标准品产量，以标准品产量(总系数)为分配标准来分配产品实际材料耗用额的方法。这种方法所使用的折合系数为单位产品系数，作为分配标准的标准品产量亦称总系数，因此也将这种方法称为系数分配法。其计算分配的程序是：第一，选择标准产品；第二，计算各产品的折合系数；第三，计算标准品产量(总系数)；第四，计算材料分配率；第五，计算各种产品应分配的材料实际耗用额。计算要求和计算公式如下：

①选择标准产品。企业一般应当选择正常生产、大量生产的产品作为标准产品，也可以选择系列产品中规格型号居中的产品作为标准产品。

②计算各产品的折合系数。折合系数是某种产品与标准产品的比例关系。企业可以根据单位产品的耗用量定额、定额成本、售价以及产品的体积、面积、长度和重量等来计算各种产品的折合系数。标准产品的折合系数为1。其他产品的折合系数的计算公式如下：

$$\text{某产品的折合系数}=\frac{\text{该产品的耗用量定额(或定额成本、售价、重量等)}}{\text{标准产品的耗用量定额(或定额成本、售价、重量等)}}$$

系数一经确定，在年度内一般不做变动。

③计算标准品产量(总系数)。

$$\text{某产品的标准产量(总系数)}=\text{该产品本期实际产量}\times\text{该产品折系数合}$$

④计算材料分配率。

$$\text{材料分配率}=\frac{\text{待分配的材料实际耗用额}}{\text{各种产品的标准产量(总系数)合计}}$$

⑤计算各种产品应分配的材料实际耗用额。

某产品应分配的材料实际耗用额＝该产品的标准品产量(总系数)×材料分配率

【例题3.4】 某厂生产A、B、C、D、E五种产品，五种产品本月共同耗用甲材料731 440元；五种产品单位产品甲材料耗用定额分别为32千克、36千克、40千克、44千克和48千克；本月实际产量(投产量)分别为1 500件、2 600件、8 000件、3 000件和2 500件。采用标准品产量法在A、B、C、D、E五种产品之间分配其共同耗用的甲材料。

本例中该厂生产一个系列五种产品，可以选用正常生产和大量生产，且规格居中的C产品为标准产品。C产品的系数为1。

各种产品的折合系数：

A产品折合系数$=\frac{32}{40}=0.8$

B产品折合系数$=\frac{36}{40}=0.9$

C产品折合系数$=\frac{40}{40}=1$

D产品折合系数$=\frac{44}{40}=1.1$

E产品折合系数$=\frac{48}{40}=1.2$

各种产品的标准品产量(总系数)：

A产品标准品产量=1 500×0.8=1 200(件)

B产品标准品产量=2 600×0.9=2 340(件)

C产品标准品产量=8 000×1=8 000(件)

D产品标准品产量=3 000×1.1=3 300(件)

E产品标准品产量=2 500×1.2=3 000(件)

材料分配率$=\frac{731\ 440}{1\ 200+2\ 340+8\ 000+3\ 300+3\ 000}=41$

各种产品应分配的甲材料实际耗用额：

A产品应分配的甲材料实际耗用额=1 200×41=49 200.00(元)

B产品应分配的甲材料实际耗用额=2 340×41=95 940.00(元)

C产品应分配的甲材料实际耗用额=8 000×41=328 000.00(元)

D产品应分配的甲材料实际耗用额=3 300×41=135 300.00(元)

E产品应分配的甲材料实际耗用额=3 000×41=123 000.00(元)

根据上述计算结果编制“材料耗用额分配表”，见表3.6。

表3.6　**材料耗用额分配表**　金额单位:元

产品名称	产量(件)	单位产品材料耗用量定额(千克)	各种产品折合系数	标准品产量(总系数)	分配率	应分配的材料实际耗用额
说　明	①	②	③=②÷40	④=①×③	⑤	⑥=④×⑤
A产品	1 500	32	0.8	1 200	—	49 200.00
B产品	2 600	36	0.9	2 340	—	95 940.00
C产品	8 000	40	1.0	8 000	—	328 000.00
D产品	3 000	44	1.1	3 300	—	135 300.00
E产品	2 500	48	1.2	3 000	—	123 000.00
合　计	—	—	—	17 840	41	731 440.00

3.2.2.3　分配外购材料的账务处理

企业的外购材料通过“原材料”账户核算，当各生产单位和各部门从仓库中领用外购材料时应填制“领料单”等发料凭证。平时仓库发出外购材料一般只进行原材料的数量明细核算，在原材料明细分类账中登记发出材料的数量，不登记金额，待到月末时对"领料单"等发料凭证进行汇总，并采用先进先出法、加权平均法或个别计价法确定发出外购材料的实际成本，然后按其经济用途，采用适当的方法进行分配，编制材料耗用额分配表。财会部门根据材料耗用额分配表进行分配外购材料的账务处理。

【例题3.5】 兴旺工厂2010年8月31日对本月的"领料单"进行汇总整理。其中：甲产品直接耗用A材料6 000千克，乙产品直接耗用A材料5 000千克，甲、乙产品共同耗用B材料5 000千克（按定额耗用量比例分配，甲、乙产品单位产品B材料耗用量定额分别为8千克和9千克），辅助生产修理车间直接耗用A材料1 000千克，辅助生产供气车间直接耗用A材料800千克，基本生产车间一般耗用A材料500千克，行政管理部门一般耗用A材料600千克。本月生产甲产品550件、乙产品400件。采用加权平均法确定的单价为：A材料4.10元/千克、B材料1.68元/千克。

根据上述资料汇总计算各分配对象的材料耗用额如下：

甲产品直接耗用A材料=6 000×4.10=24 600.00(元)

乙产品直接耗用A材料=5 000×4.10=20 500.00(元)

修理车间直接耗用A材料=1 000×4.10=4 100.00(元)

供气车间直接耗用A材料=800×4.10=3 280.00(元)

基本生产车间一般耗用A材料=500×4.10=2 050.00(元)

行政管理部门一般耗用A材料=600×4.10=2 460.00(元)

甲、乙产品共同耗用B材料=5 000×1.68=8 400.00(元)

根据上述计算结果编制"材料耗用额分配表"，见表3.7。

表3.7 **材料耗用额分配表**

2010年8月31日 金额单位：元

分配对象		产量（件）	共同耗用材料分配（B材料）				直接耗用材料额（A材料）	材料耗用额合计
			单耗定额（千克）	定额耗用量（千克）	分配率	分配金额		
基本生产	甲产品	550	8	4 400	—	4 620.00	24 600.00	29 220.00
	乙产品	400	9	3 600	—	3 780.00	20 500.00	24 280.00
	小计			8 000	1.05	8 400.00	45 100.00	53 500.00
辅助生产	修理						4 100.00	4 100.00
	供气						3 280.00	3 280.00
	小计						7 380.00	7 380.00
基本生产车间							2 050.00	2 050.00
行政管理部门							2 460.00	2 460.00
合计						8 400.00	56 990.00	65 390.00

注：分配率=8 400÷8 000=1.05。

根据"材料耗用额分配表"编制转账凭证（会计分录代替）如下：

借：生产成本——基本生产成本——甲产品 29 220.00

——乙产品	24 280.00
生产成本——辅助生产成本——修理	4 100.00
——供气	3 280.00
制造费用	2 050.00
管理费用	2 460.00
贷:原材料——A 材料	56 990.00
——B 材料	8 400.00

再根据“材料耗用额分配表”和编制的转账凭证(会计分录代替)登记有关的总账和明细分类账。登记其“生产成本”明细分类账时记入“原材料”项目;登记其“制造费用”、“管理费用”明细分类账时记入“机物料消耗”项目。

上述原材料是按实际成本进行核算分配的。如果原材料是按计划成本进行核算分配的,上述原材料单价应采用计划单价,记入产品成本和期间费用的应是原材料的计划成本,同时还应该注意分配材料成本差异额。

3.2.3　外购动力费的分配

3.2.3.1　*外购动力费的计量*

动力包括外购和自制的电力、蒸气等动力。外购动力是由企业外部有关单位提供的电力和蒸气等;自制动力是由企业辅助生产车间(如供电车间、供气车间)提供的。企业自制动力费将在辅助生产成本归集与分配中讲述。本节主要讲述外购动力费的计量与分配。

企业外购动力费应当按照权责发生制原则计量和确认。也就是说,记入产品成本和期间费用中的外购动力费,应当是按照当月有关电力和蒸气等的计量仪表确认的实际耗用量,乘以合同或协议规定的单价以后的金额,而不管这些款项是否已经支付。

在实际工作中,抄录计量仪表、支付款项和成本计算这三项工作的日期不一定相同,但这三项工作各自的间隔期基本上是一致的。例如,供电、供气部门可能规定每月 28 日为抄录电表、气量表的时间,抄表以后计算应付电费、气费的时间可能在月末,而实际付款时间可能在下月初,成本计算的时间通常为月末。也就是说,电力、蒸气等的计量仪表确认的可能是上月 28 日到本月 28 日的实际消耗量,而成本计算确认的应是本月 1 日到本月末的实际消耗量。由于这一差异对各月动力费核算的正确性影响不大,可以忽略不计。但在下月支付上月动力费用的情况下,一般应通过“应付账款”账户核算本月应记入产品成本和期间费用的动力费。

为了简化核算,对各月发生的动力费和支付时间相对固定的情况,也可在接到供应单位的动力费发票时直接分配记入当月产品成本和期间费用。

3.2.3.2　*外购动力费的分配方法*

当企业生产多种产品时,外购动力费需要在各种产品(各成本核算对象)之间进行分配。外购动力有的直接用于产品生产,如生产工艺用电力;有的间接用于产品生产,如生产单位(车间或分厂)照明用电力;有的则用于企业经营管理,如行政管理部门照明用电和取暖等。在有计量仪器记录的情况下,直接根据仪器所示的耗用数量和单价计算;在没有计量仪器的情况下,要按照一定的标准在各种产品之间进行分配。如按生产工时比例、机器工时比例分配等。各车间、部门的动力用电和照明用电一般都分别装有电表,外购电力费在各车间、部门可按用电度数分配;车间中的动力用电,一般不按产品分别安装电表,因而车间动力用电费用在各种产品之间一般按产品的生产工时、机器工时等比例分配。通过外购材料分配的叙述可以看出,不同的分配方法主要取决于分配标准的不同。除了分配标准的不同外,分配程序基本是一样的。外购动力费的分配方法与外购材料费的分配方法基本相同,这里就不详细叙述了。

【例题 3.6】 兴旺工厂外购电力,2010 年 8 月份耗电度数合计 93 080 度,每度电 0.45 元,共计 41 886 元。其中:直接用于产品生产耗电 72 900 度,没有分产品安装电表,规定按机器工时比例分配。甲产品机器工时为 48 500 小时,乙产品机器工时为 32 500 小时。辅助生产修理车间耗电 880 度,辅助生产供气车间耗电 18 000 度,基本生产车间照明用电 800 度,行政管理部门照明用电 500 度。

$$产品生产耗电分配率=\frac{72\ 900\times 0.45}{48\ 500+32\ 500}=0.405$$

甲产品应分配电费额=48 500×0.405=19 642.50(元)

乙产品应分配电费额=32 500×0.405=13 162.50(元)

根据所给资料和计算结果编制"外购动力费分配表",见表 3.8。

表 3.8 外购动力费分配表

2010 年 8 月 31 日

金额单位:元

分配对象		电量(度)	单价(元/度)	产品生产耗电分配			耗电金额合计
				机器工时	分配率	分配金额	
基本生产	甲产品			48 500	—	19 642.50	19 642.50
	乙产品			32 500	—	13 162.50	13 162.50
	小计	72 900	0.45	81 000	0.405	32 805.00	32 805.00
辅助生产	修理	880	0.45				396.00
	供气	18 000	0.45				8 100.00
	小计	18 880	0.45				8 496.00
基本生产车间		800	0.45				360.00
行政管理部门		500	0.45				225.00
合计		93 080	0.45				41 886.00

3.2.3.3 分配外购动力费的账务处理

根据"外购动力费分配表"(表 3.8)和相关的凭证编制付款凭证(会计分录代替)如下:

借:生产成本——基本生产成本——甲产品 19 642.50

——乙产品 13 162.50

生产成本——辅助生产成本——修理 396.00

——供气 8 100.00

制造费用 360.00

管理费用 225.00

贷:银行存款(或应付账款) 41 886.00

再根据"外购动力费分配表"和编制的付款凭证(会计分录代替)登记有关的总账和明细分类账。登记其中的"生产成本"明细分类账时记入"燃料及动力"项目(在不单独设置"燃料及动力"项目的企业,记入"原材料"项目);登记其中的"制造费用"、"管理费用"明细分类账时记入"水电费"项目(在不单独设置"水电费"项目的企业,记入"机物料消耗"项目)。

3.2.4 职工薪酬的分配

3.2.4.1 职工薪酬的计量与原始凭证

职工薪酬是指企业为获得职工提供的服务而给予各种形式的报酬以及其他相关支出。职工薪酬包括:职工工资、奖金、津贴和补贴;职工福利费;医疗保险费、养老保险费、失业保险费、工伤保险费和生育保险费等社会保险;住房公积金;工会经费和职工教育经费;非货币性福利;因解除与职工的劳动关系给予的补偿;其他与获得职工提供的服务相关的支出。企业在职工为其提供服务的会计期间,将应付的职工薪酬确认为负债,通过“应付职工薪酬”账户核算。在职工薪酬包括的内容中,职工工资和职工福利费的核算最具代表性。下面只就职工工资和职工福利费的计算与分配加以说明。

(1)职工工资的计算

计算职工工资,必须以考勤记录、产量记录(工作量记录)和工资卡等原始记录为依据,按照工资的组成内容分别计算。

①计时工资的计算

计时工资是根据考勤记录登记的每一职工出勤和缺勤的日数,按照企业规定的工资标准计算的。工资标准按其计算时间的不同,有月工资、日工资和小时工资三种。月工资标准也称月薪,由企业依据国家有关劳动工资法规,按照职工的工作岗位、工作能力、资历等条件综合规定。日工资由月工资除以法定月平均工作日数 20.9 天(年日历天数 365 天,减去 104 个双休日和 10 个法定节假日,除以全年 12 个月)计算求得,日工资的这种算法是建立在节假日不计不付工资的基础上的。采用计时工资制度计算应付月工资,在实际工作中有多种计算方法,具体采用哪种方法,由企业自行确定,但确定以后,不应随意变动。一般来说,可采用按缺勤日数扣缺勤工资的计算方法(应付月工资=月标准工资-事、病假应扣工资+奖金、津贴和补贴等其他应付工资)计算应付月工资,或按 20.9 天计算日工资,按出勤日数计算的方法(应付月工资=出勤日数×日工资+病假应付工资+奖金、津贴和补贴等其他应付工资)计算应付月工资。

【例题 3.7】 某企业职工于智慧月标准工资为 1 254 元,某月份日历天数 30 天,出勤 15 天,双休日 8 天,节假日 1 天,请事假 4 天,请病假 2 天(按制度规定,该职工病假按 90%发工资),本月奖金、津贴等计 160 元。计算应付于智慧的月工资。

a. 按 20.9 天计算日工资,按缺勤日数扣缺勤工资的计算方法计算:

$$日工资=\frac{1\ 254}{20.9}=60(元)$$

应付月工资=1 254-60×4-60×2×(1-90%)+160=1 162.00(元)

b. 按 20.9 天计算日工资,按出勤日数计算的方法计算:

应付月工资=15×60+2×60×90%+160=1 168.00(元)

对计时工资的计算,采用不同的计算方法,其计算结果可能有所不同。企业可以根据实际情况确定计算工资的计算方法,但一经确定,不得随意变动。

②计件工资的计算

计件工资是根据产量(工作量)记录登记的每一职工(或小组)的产品产量(工作量),乘以规定的计件单价计算的。计算计件工资的产品产量,包括合格产品产量和料废品(不是由于生产工人本人过失造成的不合格品)数量,但不包括工废品(由于生产工人本人过失造成的不合格品)数量。如果是小组集体计件,其小组集体计件工资总额还应在小组成员之间以计时工资为标准进行分配。

【例题 3.8】 某企业实行计件工资制。某月份于红、李平和王伟三人共同生产 A 产品 1 500件,全部为合格品;生产 B 产品 2 600 件,其中合格品 2 580 件,料废品 15 件,工废品 5 件。核定的单位产品计件单价为 A 产品 1.20 元、B 产品 1.50 元。根据三人的工资级别和出勤天数计算,本月于红、李平、王伟三人的计时工资分别为 860 元、1 200 元、1 440 元。计算每人应得的计件工资。

集体计件工资=1 500×1.20+(2 580+15)×1.50=5 692.50(元)

编制"小组集体计件工资分配表",见表 3.9。

表 3.9 小组集体计件工资分配表

20××年×月 30 日 金额单位:元

姓名(分配对象)	计时工资(分配标准)	分配率	计件工资
于 红	860	—	1 398.70
李 平	1 200	—	1 951.68
王 伟	1 440	—	2 342.12
合 计	3 500	1.626 4	5 692.50

③其他应付工资的计算

其他应付工资包括奖金、津贴与补贴、加班加点工资和特殊情况下支付的工资。奖金通常按照企业的计奖标准和考核办法计算;津贴与补贴按国家或企业制定的标准确定;双休日或节假日加班,按国家规定的统一标准计算加班工资。

(2)职工福利费的计算

职工福利费的计算比较简单,将职工工资额乘以计提比例(现行制度规定的计提比例为 14%)即可。

企业根据职工考勤记录、产量记录(工作量记录)和工资卡等原始记录计算出应付工资以后,要填制在"工资结算单"中。同时,应根据"工资结算单"按人员类别(工资用途)编制"工资及福利费分配表(工资结算汇总表)"。"工资及福利费分配表(工资结算汇总表)"是进行工资结算和分配(记入产品成本和期间费用)的原始依据。

3.2.4.2 职工薪酬的分配方法

生产工人工资在所生产的不同产品之间进行分配,一般按生产工时比例进行分配。

$$\text{生产工人工资分配率}=\frac{\text{待分配的生产工人工资额}}{\text{各种产品生产工时合计}}$$

$$\text{某产品应分配的生产工人工资额}=\text{该产品生产工时}\times\text{生产工人工资分配率}$$

【例题 3.9】 兴旺工厂 2010 年 8 月 31 日根据工资结算单整理分配本月份职工工资。其中:基本生产车间生产工人工资 53 500 元(按产品生产工时比例分配,甲产品生产工时 4 800 小时,乙产品生产工时 5 900 小时),基本生产车间管理人员工资 4 500 元,辅助生产车间修理生产工人工资 3 860 元,供气生产工人工资 5 320 元,辅助生产车间管理人员工资 2 200 元,行政管理人员工资 6 800 元。职工福利费的提取比例为 14%。

$$\text{生产工人工资分配率}=\frac{53\ 500}{4\ 800+5\ 900}=5$$

甲产品应分配的生产工人工资 =4 800×5=24 000.00(元)

乙产品应分配的生产工人工资 =5 900×5=29 500.00(元)

根据上述资料编制“工资及福利费分配表”,见表 3.10。

表 3.10　**工资及福利费分配表**

2010 年 8 月 31 日　金额单位:元

分配对象		生产工人工资分配			职工工资合计	职工福利费		职工工资与福利费合计
		生产工时	分配率	分配金额		比例	金额	
基本生产车间	甲产品	4 800	—	24 000.00	24 000.00		3 360.00	27 360.00
	乙产品	5 900	—	29 500.00	29 500.00		4 130.00	33 630.00
	小 计	10 700	5	53 500.00	53 500.00		7 490.00	60 990.00
	管理人员				4 500.00		630.00	5 130.00
辅助生产车间	修 理				3 860.00		540.40	4 400.40
	供 气				5 320.00		744.80	6 064.80
	管理人员				2 200.00		308.00	2 508.00
行政管理人员					6 800.00		952.00	7 752.00
合　计		—	—		76 180.00	14%	10 665.20	86 845.20

3.2.4.3　分配职工薪酬的账务处理

根据“工资及福利费分配表”(表 3.10)编制转账凭证(会计分录代替)如下:

借:生产成本——基本生产成本——甲产品	27 360.00	
——乙产品	33 630.00	
生产成本——辅助生产成本——修理	4 400.40	
——供气	6 064.80	
制造费用——基本生产车间	5 130.00	
——辅助生产车间	2 508.00	
管理费用	7 752.00	
贷:应付职工薪酬——工资		76 180.00
——职工福利		10 665.20

再根据“工资及福利费分配表”和编制的转账凭证(会计分录代替)登记有关的总账和明细分类账。登记其中的“生产成本”、“制造费用”、“管理费用”等明细分类账时记入“职工薪酬”项目。

综上,介绍了外购材料、外购动力、职工薪酬等要素费用的分配方法,企业在进行产品生产的过程中,除了要发生上述要素费用外,还会发生一些其他要素费用,如周转材料、固定资产折旧、利息支出、税金(记入管理费用的房产税、车船使用税、土地使用税和印花税等)等要素费用。这些要素费用的分配方法与上面介绍的几种分配方法基本一致,所以就不一一介绍了。

任务 3.3　辅助生产成本的归集与分配

辅助生产是指为基本生产车间、企业行政管理部门等单位服务而进行的产品生产和劳务供应。其中有的只生产一种产品或提供一种劳务，如供电、供水、供气、修理等辅助生产；有的则生产多种产品或提供多种劳务，如从事工具、模具、修理用备件的制造，以及机器设备的修理等辅助生产。辅助生产提供的产品和劳务，有时也对外销售，但主要是为本企业服务。辅助生产产品和劳务成本的高低，影响到企业产品成本和期间费用的水平。因此，正确、及时地组织辅助生产成本的归集和分配，对于节约费用、降低成本有着重要的意义。

3.3.1　辅助生产成本的归集

辅助生产成本的归集和分配是通过"生产成本——辅助生产成本"账户进行的。一般应按车间以及产品或劳务的种类设置明细分类账，账内按照成本项目或费用项目设置专栏进行明细核算。对于直接用于辅助生产产品或提供劳务的耗费、支出，应记入"生产成本——辅助生产成本"账户的借方。对于组织管理辅助生产车间而发生的间接耗费和支出有两种归集方法：一是在"制造费用"总分类账户下，按辅助生产单位设置制造费用明细分类账，归集辅助生产单位发生的制造费用以后，月末再分配转入辅助生产成本二级账所属的产品生产成本明细分类账；另一个是不单独设置辅助生产单位的制造费用明细分类账，将辅助生产车间发生的制造费用直接记入或分配记入辅助生产成本二级账及所属的产品生产成本明细分类账。在一般情况下，辅助生产单位的制造费用，应先通过按辅助生产单位设置的制造费用明细分类账归集。这样有利于考核和分析辅助生产单位制造费用预算的执行情况。只有在辅助生产单位规模很小、产品或劳务单一、制造费用很少，而且辅助生产不对外提供产品和劳务，并且不需要按照规定的成本项目计算产品成本的情况下，为了简化核算，才可以不设置辅助生产单位的制造费用明细分类账，直接将制造费用记入辅助生产成本二级账和明细分类账。

【例题 3.10】 兴旺工厂辅助生产车间为基本生产和其他部门提供修理和供气两种服务，单独设置制造费用明细分类账核算辅助生产车间的制造费用。2010 年 8 月 31 日"制造费用——辅助生产车间"借方归集制造费用 2 508 元(见表 3.11)，按辅助生产工人工资的比例分配(供气生产工人工资 5 320 元，修理生产工人工资 3 860 元，见表 3.11)。编制"辅助生产车间制造费用分配表"，见表 3.11。

表 3.11　　**辅助生产车间制造费用分配表**

2010 年 8 月 31 日　　　　金额单位：元

辅助生产产品名称	生产工人工资	分配率	分配的制造费用
修　理	3 860	—	1 054.55
供　气	5 320	—	1 453.45
合　　计	9 180	0.273 2	2 508.00

根据"辅助生产车间制造费用分配表"(表 3.11)在分配辅助生产成本之前结转辅助生产车间的制造费用，编制转账凭证(会计分录代替)如下：

借：生产成本——辅助生产成本——修理　　　　1 054.55

——供气　　　　1 453.45

贷:制造费用——辅助生产车间　　　　2 508.00

为了说明辅助生产成本的归集过程,根据本章有关兴旺工厂的例题(例题3.5、例题3.6、例题3.9)资料登记辅助生产成本明细分类账,见表3.12和表3.13。

表3.12　辅助生产成本明细分类账

产品或劳务:修理　　　　第　页

2010年		凭证		摘　要	成　本　项　目				金额合计
月	日	字	号		原材料	燃料及动力	职工薪酬	制造费用	
8	31			分配外购材料(表3.7)	4100.00				4 100.00
	31			分配外购电力(表3.8)		396.00			396.00
	31			分配职工薪酬(表3.10)			4 400.40		4 400.40
	31			分配制造费用(表3.11)				1 054.55	1 054.55
	31			本月生产成本合计	4100.00	396.00	4 400.40	1 054.55	9 950.95
	31			分配结转修理成本(直接分配法 表3.15)	4 100.00	396.00	4 400.40	1 054.55	9 950.95

表3.13　辅助生产成本明细分类账

产品或劳务:供气　　　　第　页

2010年		凭证		摘　要	成　本　项　目				金额合计
月	日	字	号		原材料	燃料及动力	职工薪酬	制造费用	
8	31			分配外购材料(表3.7)	3 280.00				3 280.00
	31			分配外购电力(表3.8)		8 100.00			8 100.00
	31			分配职工薪酬(表3.10)			6 064.80		6 064.80
	31			分配制造费用(表3.11)				1 453.45	1 453.45
	31			本月生产成本合计	3 280.00	8 100.00	6 064.80	1 453.45	18 898.25
	31			分配结转供气成本(直接分配法 表3.15)	3 280.00	8 100.00	6 064.80	1 453.45	18 898.25

3.3.2　辅助生产成本的分配

辅助生产成本的分配,就是将辅助生产成本按照所提供的产品或劳务量的多少分配给各受益对象,由各受益对象负担应分配的辅助生产成本。辅助生产成本的分配通常采用直接分配法、交互分配法、代数分配法和计划成本分配法。

(1)直接分配法

直接分配法,是指将各辅助生产车间归集的辅助生产成本,直接分配给除辅助生产车间以外的各受益产品、单位,而不考虑各辅助生产产品或劳务之间相互提供产品或劳务的情况。

采用直接分配法进行分配,辅助生产产品或劳务之间相互提供的产品或劳务不相互分配辅助生产成本,因此在计算辅助生产成本分配率(即产品或劳务的单位成本)时,应剔除辅助生产产品或劳务之间相互提供的产品或劳务数量。计算公式如下:

$$\text{某辅助生产产品或劳务成本分配率}=\frac{\text{该辅助生产产品或劳务的总成本}}{\left(\text{该辅助生产产品或劳务总量}\right)-\left(\text{为其他辅助生产产品或劳务提供的该辅助生产产品或劳务量}\right)}$$

$$\text{某受益对象应分配的辅助生产成本}=\text{该受益对象接受的产品或劳务数量}\times\text{成本分配率}$$

【例题 3.11】 兴旺工厂设有修理和供气两个辅助生产车间，分别提供修理和供气两种服务。2010 年 8 月 31 日，在分配结转前，“生产成本——辅助生产成本——修理”账户归集的本月辅助生产成本为 9 950.95 元(见表 3.12)，“生产成本——辅助生产成本——供气”账户归集的本月辅助生产成本为 18 898.25 元(见表 3.13)。该厂本月辅助生产车间提供的产品和劳务供应量见表 3.14。

表 3.14 **辅助生产车间劳务供应量汇总表**

2010 年 8 月

受益对象		修理工时	用气数量(立方米)
辅助生产	修理		1 000
	供气	200	
基本生产车间		700	15 000
行政管理部门		300	5 000
合计		1 200	21 000

根据上述资料，采用直接分配法分配辅助生产的修理成本和供气成本如下：

$$\text{修理成本分配率}=\frac{9\ 950.95}{1\ 200-200}=9.950\ 95$$

$$\text{供气成本分配率}=\frac{18\ 898.25}{21\ 000-1\ 000}=0.944\ 912\ 5$$

采用直接分配法编制的“辅助生产成本分配表”，见表 3.15 所示。

表 3.15 **辅助生产成本分配表(直接分配法)**

2010 年 8 月 金额单位：元

项目		修理	供气	金额合计
辅助生产产品或劳务的总成本		9 950.95	18 898.25	28 849.20
提供给辅助生产车间以外的产品或劳务数量		1 000	20 000	
辅助生产产品或劳务成本分配率(单位成本)		9.950 95	0.944 912 5	
受益对象				
基本生产车间	数量	700	15 000	
	金额	6 965.66	14 173.69	21 139.35
行政管理部门	数量	300	5 000	
	金额	2 985.29	4 724.56	7 709.85
分配金额合计		9 950.95	18 898.25	28 849.20

根据编制的“辅助生产成本分配表”(表3.15)，编制分配结转辅助生产成本的转账凭证(会计分录代替)如下：

借：制造费用——×基本生产车间　　21 139.35
　　管理费用　　7 709.85
　贷：生产成本——辅助生产成本——修理　　9 950.95
　　　　　　　　　　　　　　　——供气　　18 898.25

根据编制的转账凭证登记“辅助生产成本明细分类账”，见表3.12和表3.13所示。

采用直接分配法，由于各辅助生产成本只是进行对外分配，所以计算工作简便。但当辅助生产内部相互提供产品或劳务量差异较大时，分配结果往往不够准确，因此，这种分配方法只适宜在辅助生产内部各产品或劳务之间相互提供产品或劳务不多的企业使用。

(2)交互分配法

交互分配法，是对各辅助生产成本进行两次分配的一种方法。首先，根据各辅助生产内部相互提供的产品或劳务的数量和交互分配前的单位成本(成本分配率)，在各辅助生产产品或劳务之间进行一次交互分配；然后，将交互分配后的实际辅助生产成本(交互分配前的成本加上交互分配转入的成本，减去交互分配转出的成本)，再按对外(辅助生产车间以外)提供产品或劳务的数量和交互分配后的单位成本(成本分配率)，在辅助生产车间、部门以外的各受益单位进行分配。

第一次进行交互分配的成本分配率计算公式为：

$$交互分配率=\frac{辅助生产产品或劳务的总成本}{辅助生产产品或劳务总量}$$

第二次进行对外分配的成本分配率计算公式为：

$$对外分配率=\frac{交互分配后的实际辅助生产成本}{对外(辅助生产车间以外)提供产品或劳务的数量}$$

【例题3.12】 仍以例题3.11兴旺工厂的资料，采用一次交互分配法进行分配。有关计算过程如下：

第一步，进行交互分配

$$\text{修理成本的交互分配率}=\frac{9\ 950.95}{1\ 200}\approx 8.292\ 458$$

$$\text{供气成本的交互分配率}=\frac{18\ 898.25}{21\ 000}\approx 0.899\ 917$$

修理分给供气的成本 $=200\times 8.292\ 458\approx 1\ 658.49$(元)

供气分给修理的成本 $=1\ 000\times 0.899\ 917\approx 899.92$(元)

第二步，进行对外分配

$$\text{修理成本的对外分配率}=\frac{9\ 950.95-1\ 658.49+899.92}{700+300}=\frac{9\ 192.38}{1\ 000}=9.192\ 38$$

$$\text{供气成本的对外分配率}=\frac{18\ 898.25-899.92+1\ 658.49}{15\ 000+5\ 000}=\frac{19\ 656.82}{20\ 000}=0.982\ 841$$

$$\text{行政管理部门应分配的修理成本}=300\times 9.192\ 38\approx 2\ 757.71\text{(元)}$$

$$\text{基本生产车间应分配的修理成本}=9\ 192.38-2\ 757.71=6\ 434.67\text{(元)}$$

行政管理部门应分配的供气成本 $=5\ 000\times0.982\ 841\approx4\ 914.21$(元)

基本生产车间应分配的供气成本 $=19\ 656.82-4\ 914.21=14\ 742.61$(元)

根据上述交互分配和对外分配的计算结果编制"辅助生产成本分配表",见表3.16。

表3.16　辅助生产成本分配表(交互分配法)

2010年8月　　金额单位:元

项目			交互分配			对外分配		
			修理	供气	金额合计	修理	供气	金额合计
辅助生产产品或劳务的总成本			9 950.95	18 898.25	28 849.20	9 192.38	19 656.82	28 849.20
辅助生产产品或劳务数量			1 200	21 000		1 000	20 000	
成本分配率(单位成本)			8.292 458	0.899 917		9.192 38	0.982 841	
受益对象								
辅助生产	修理	数量		1 000				
		金额		899.92	899.92			
	供气	数量	200					
		金额	1 658.49		1 658.49			
基本生产车间		数量				700	15 000	
		金额				6 434.67	14 742.61	21 177.28
行政管理部门		数量				300	5 000	
		金额				2 757.71	4 914.21	7 671.92
分配金额合计						9 192.38	19 656.82	28 849.20

根据编制的"辅助生产成本分配表"(表3.16),编制分配结转辅助生产成本的转账凭证(会计分录代替)如下:

①内部交互分配的转账凭证(会计分录代替):

借:生产成本——辅助生产成本——修理　　899.92

　　　　　　　　　　　　　——供气　　1 658.49

　贷:生产成本——辅助生产成本——修理　　1 658.49

　　　　　　　　　　　　　　——供气　　899.92

②对外分配的转账凭证(会计分录代替):

借:制造费用——基本生产成本　　21 177.28

　　管理费用　　7 671.92

　贷:生产成本——辅助生产成本——修理　　9 192.38

　　　　　　　　　　　　　　——供气　　19 656.82

根据编制的转账凭证登记"辅助生产成本明细分类账",见表3.17和表3.18所示。

表 3.17　**辅助生产成本明细分类账**

产品或劳务:修理　　第　页

2010年		凭证		摘　要	借方					贷方	余额
月	日	字	号		原材料	燃料及动力	职工薪酬	制造费用	合计		
8	31			分配外购材料(表 3.7)	4 100.00				4 100.00		4 100.00
	31			分配外购电力(表 3.8)		396.00			396.00		4 496.00
	31			分配职工薪酬(表 3.10)			4 400.40		4 400.40		8 896.40
	31			分配制造费用(表 3.11)				1 054.55	1 054.55		9 950.95
	31			交互转入供气成本(表 3.16)				899.92	899.92		10 850.87
	31			交互转出修理成本(表 3.16)						1 658.49	9 192.38
	31			对外分配修理成本(表 3.16)						9 192.38	0
				本月生产成本合计	4 100.00	396.00	4 400.40	1 954.47	10 850.87	10 850.87	0

表 3.18　**辅助生产成本明细分类账**

产品或劳务:供气　　第　页

2010年		凭证		摘　要	借方					贷方	余额
月	日	字	号		原材料	燃料及动力	职工薪酬	制造费用	合计		
8	31			分配外购材料(表 3.7)	3 280.00				3 280.00		3 280.00
	31			分配外购电力(表 3.8)		8 100.00			8 100.00		11380.00
	31			分配职工薪酬(表 3.10)			6 064.80		6 064.80		17444.80
	31			分配制造费用(表 3.11)				1 453.45	1 453.45		18 898.25
	31			交互转入修理成本(表 3.16)				1 658.49	1 658.49		20 556.74
	31			交互转出供气成本(表 3.16)						899.92	19 656.82
				对外分配供气成本(表 3.16)						19 656.82	0
				本月生产成本合计	3 280.00	8 100.00	6 064.80	3 111.94	20 556.74	20 556.74	0

采用交互分配法,对辅助生产内部各产品或劳务之间相互提供的产品或劳务全都进行了交互分配,从而提高了分配结果的正确性。但是各辅助生产产品或劳务要计算两个单位成本(成本分配率)进行两次分配,因而增加了计算工作量,特别是辅助生产有 3 个或 3 个以上产品或劳务相互之间提供产品或劳务时,计算工作量就更大了。

(3)代数分配法

代数分配法,是运用代数中多元一次联立方程的原理,在辅助生产产品或劳务之间相互提供产品或劳务情况下的一种辅助生产成本分配方法。采用这种分配方法,首先,应根据各辅助生产产品或劳务之间相互提供产品或劳务的数量,求解联立方程式,计算辅助生产产品或劳务的单位成本;然后,根据各受益单位(包括辅助生产内部和外部各单位)耗用产品或劳务的数量和单位成本,计算分配辅助生产成本。

【例题 3.13】 仍以例题 3.11 兴旺工厂的资料,采用代数分配法进行分配。有关计算过程如下:

设兴旺工厂辅助生产修理每小时的成本为 x 元,供气每立方米为 y 元。建立二元一次方程组如下:

$$\begin{cases} 9\,950.95+1\,000y=1\,200x \\ 18\,898.25+200x=21\,000y \end{cases}$$

解上述方程组得：

x=9.114 728，y=0.986 723 6

按照求解的辅助生产修理和供气的单位成本将各自的辅助生产成本分配给全部受益对象，编制"辅助生产成本分配表"(代数分配法)见表 3.19。

表 3.19　　辅助生产成本分配表(代数分配法)

2010 年 8 月　　金额单位:元

项目			修理	供气	金额合计
单位成本(成本分配率)			9.114 728	0.986 723 6	
受益对象					
辅助生产	修理	数量		1 000	
		金额		986.72	986.72
	供气	数量	200		
		金额	1 822.95		1 822.95
基本生产车间		数量	700	15 000	
		金额	6 380.30	14 800.86	21 181.16
行政管理部门		数量	300	5 000	
		金额	2 734.42	4 933.62	7 668.04
合计		数量	1 200	21 000	
		金额	10 937.67	20 721.20	31 658.87

注:6 380.30 =10 937.67−1 822.95−2 734.42;14 800.86=20 721.20−986.72−4 933.62。

根据编制的"辅助生产成本分配表"(表 3.19)编制分配结转辅助生产成本的转账凭证(会计分录代替)如下：

借:生产成本——辅助生产成本——修理　　986.72
　　　　　　　　　　　　　——供气　　1 822.95
　制造费用——基本生产成本　　21 181.16
　管理费用　　7 668.04
　贷:生产成本——辅助生产成本——修理　　10 937.67
　　　　　　　　　　　　　　——供气　　20 721.20

根据编制的转账凭证登记辅助生产成本明细分类账(用 T 型账户代替)，见图 3.2 和图 3.3 所示。

采用代数分配法，是通过解联立方程组求得产品和劳务的实际单位成本的，因此，分配结果最为准确。但当企业辅助生产有 3 个或 3 个以上产品或劳务相互之间提供产品或劳务时，计算工作会比较复杂。如果企业已经实现会计电算化，则采用这种方法比较适宜。

(4)计划成本分配法

计划成本分配法是先按辅助生产单位产品或劳务的计划单位成本和实际供应量，在各受

生产成本——辅助生产成本——修理

分配前发生额	9 950.95	分配转出	10 937.67
分配转入	986.72		
	10 937.67		10 937.67

图 3.2

生产成本——辅助生产成本——供气

分配前发生额	18 898.25	分配转出	20 721.20
分配转入	1 822.95		
	20 721.20		20 721.20

图 3.3

益对象(包括各辅助生产单位在内)之间分配辅助计划成本,然后再计算和分配辅助生产实际成本(分配前的辅助生产产品或劳务的总成本加上辅助生产单位内部按计划成本分配转入的成本)与按计划单位成本分配转出计划成本的差额,即辅助生产产品或劳务的成本差异。如果成本差异数额较大,可以采用辅助生产成本直接分配法,将成本差异作为要分配的成本,在辅助生产车间以外的各受益对象之间再分配一次;如果成本差异数额较小,可以将成本差异额直接计入管理费用,不必进行再次分配。为了简化分配工作,一般将辅助生产的成本差异全部调整计入管理费用,不再分配给其他各受益对象。

【例题 3.14】 仍以例题 3.11 兴旺工厂的资料,假设该厂确定的计划单位成本为每一修理工时 9.10 元,每立方米气 1.00 元,采用计划成本分配法进行分配,编制"辅助生产成本分配表(计划成本分配法)",见表 3.20。

表 3.20　辅助生产成本分配表(计划成本分配法)

2010 年 8 月　　金额单位:元

项　目			修　理	供　气	金额合计
辅助生产产品或劳务的总成本			9 950.95	18 898.25	28 849.20
辅助生产产品或劳务数量			1 200	21 000	
计划单位成本			9.10	1.00	
受益对象					
辅助生产	修　理	实际数量		1 000	
		计划成本		1 000.00	1 000.00
	供　气	实际数量	200		
		计划成本	1 820.00		1 820.00
基本生产车间		实际数量	700	15 000	
		计划成本	6 370.00	15 000.00	21 370.00
行政管理部门		实际数量	300	5 000	
		计划成本	2 730.00	5 000.00	7 730.00
计划成本合计			10 920.00	21 000.00	31 920.00
实际成本合计=分配前成本+分入的计划成本			10 950.95	20 718.25	31 669.20
成本差异额=实际成本合计-计划成本合计			30.95	-281.75	-250.80

注:实际成本计算:10 950.95=9 950.95+1 000.00;20 718.25=18 898.25+1 820.00。

根据编制的"辅助生产成本分配表"(表 3.20)编制分配结转辅助生产成本的转账凭证(会计分录代替)如下:

①按计划成本分配辅助生产成本：

借：生产成本——辅助生产成本——修理　　1 000.00

　　　　　　　　　　　　　　——供气　　1 820.00

　　制造费用——基本生产成本　　21 370.00

　　管理费用　　7 730.00

　　贷：生产成本——辅助生产成本——修理　　10 920.00

　　　　　　　　　　　　　　　　——供气　　21 000.00

②分配结转辅助生产成本差异：

借：管理费用　　250.80

　　贷：生产成本——辅助生产成本——修理　　30.95

　　　　　　　　　　　　　　　　——供气　　281.75

上述分配结转辅助生产成本差异的会计分录，属于调整分录，不论成本差异是超支差异还是节约差异，账户的对应关系是相同的，在登记账户时，超支差异用蓝字表示补加，节约差异用红字表示冲减。

根据编制的转账凭证（会计分录）代替登记"辅助生产成本明细分类账"（用T型账户代替），见图3.4和图3.5所示。

生产成本——辅助生产成本——修理

分配前发生额　9 950.95	
分配转入　1 000.00	分配转出　10 920.00
	分配超支差异　30.95
10 950.95	10 950.95

图3.4

生产成本——辅助生产成本——供气

分配前发生额　18 898.25	
分配转入　1 820.00	分配转出　21 000.00
	分配节约差异　281.75
20 718.25	20 781.25

图3.5

采用计划成本分配法，由于预先制定了产品和劳务的计划单位成本，各种辅助生产成本只需分配一次，简化和加速了成本计算和分配工作。同时，通过计算和分配辅助生产产品或劳务的成本差异，可以查明辅助生产车间成本计划的完成情况；辅助生产成本按计划单位成本分配给各受益单位和部门，排除了辅助生产单位成本超支和节约的影响，也便于考核和分析各受益单位和部门的经济责任。但该方法只适用于成本核算基础工作好，计划单位成本制定比较准确的企业。

应当指出，辅助生产成本分配方法不会改变辅助生产成本归集和分配的特点，不管采用何种方法，分配结转后辅助生产成本明细分类账应无余额。

任务3.4　制造费用的归集与分配

企业在产品生产过程中，除了直接耗用各种原材料、燃料及动力和支付职工薪酬等各种耗费、支出外，还会发生各种制造费用。为此，就要正确地核算制造费用，这对于正确计算产品的生产成本非常有必要。由于辅助生产的制造费用归集和分配的核算已在上一节中讲述，因此本节着重讲述基本生产的制造费用归集和分配的核算。

3.4.1 制造费用的归集

制造费用是指间接用于产品生产的各项耗费、支出，以及虽直接用于产品生产，但不便于直接记入产品成本，因而没有专设成本项目的耗费、支出。制造费用包括企业内部生产单位（分厂、车间）的管理人员职工薪酬、固定资产折旧费、修理费、租赁费（不包括融资租赁费）、机物料消耗、取暖费、水电费、办公费、运输费、保险费、设计制图费、试验检验费、劳动保护费、季节性或修理期间的停工损失以及其他制造费用。

制造费用的归集和分配是通过“制造费用”账户进行的。该账户的借方登记月份内发生的各种制造费用；贷方登记分配转入“生产成本——基本生产成本”账户借方，应由各种产品成本负担的制造费用。该账户一般应按车间设置明细分类账，账内按照费用项目设置专栏，进行明细核算。制造费用发生时，根据有关的付款凭证、转账凭证和前述各种费用分配表，记入“制造费用”账户的借方，并视具体情况，分别记入“原材料”、“周转材料”、“应付职工薪酬”、“累计折旧”、“应付利息”、“银行存款”等账户的贷方；期末按照一定的标准进行分配时，从该账户的贷方转出，记入“生产成本——基本生产成本”等账户的借方；除季节性的生产企业外，“制造费用”账户期末应无余额。该账户一般应按车间设置明细分类账，账内按照费用项目设置专栏，进行明细核算。

（1）生产车间发生的机物料消耗，借记本账户，贷记“原材料”等账户。

（2）发生的生产车间管理人员的工资等职工薪酬，借记本账户，贷记“应付职工薪酬”账户。

（3）生产车间计提的固定资产折旧，借记本账户，贷记“累计折旧”账户。

（4）生产车间支付的办公费、水电费等，借记本账户，贷记“银行存款”等账户。

（5）发生季节性的停工损失，借记本账户，贷记“原材料”、“应付职工薪酬”、“银行存款”等账户。

（6）将制造费用分配记入有关的成本核算对象，借记“生产成本（基本生产成本、辅助生产成本）”、“劳务成本”等账户，贷记本账户。

（7）季节性生产企业制造费用全年实际发生额与分配额的差额，除其中属于为下一年开工生产做准备的可留待下一年分配外，其余部分实际发生额大于分配额的差额，借记“生产成本——基本生产成本”账户，贷记本账户；实际发生额小于分配额的差额做相反的会计分录。

为了说明制造费用的归集过程，根据本章有关兴旺工厂的例题（例题 3.5、例题 3.6、例题 3.9、例题 3.11）资料登记基本生产车间“制造费用明细分类账”，见表 3.21。

表 3.21　　**制造费用明细分类账**

明细项目：________　　　　第　　页

2010年		凭证		摘要	费用项目								
月	日	字	号		职工薪酬	折旧费	修理费	水电费	机物料消耗	办公费	取暖费	…	金额合计
8	31			分配外购材料（表 3.7）					2 050.00				2 050.00
				分配外购电力（表 3.8）				360.00					360.00
				分配职工薪酬（表 3.10）	5 130.00								5 130.00
				分配辅助生产成本（表 3.15）			6 965.66				14 173.69		21 139.35
				本月合计	5 130.00		6 965.66	360.00	2 050.00		14 173.69		28 679.35
				分配结转制造费用（表 3.22）	5 130.00		6 965.66	360.00	2 050.00		14 173.69		28 679.35

3.4.2 制造费用的分配

为了正确计算产品的生产成本,必须合理地分配制造费用。基本生产车间的制造费用是产品生产成本的组成部分,在只生产一种产品的车间,制造费用可以直接记入该种产品生产成本;在生产多种产品的车间中,制造费用则应该采用既合理又较简便的分配方法,分配记入各种产品的生产成本,即记入"生产成本——基本生产成本"账户及其明细分类账"制造费用"成本项目。制造费用的分配方法一般有生产工时比例法、生产工人工资比例法、机器工时比例法和按年度计划分配率分配法等。分配方法一经确定,不应随意变更。

(1)生产工时比例法

生产工时比例法是按照各种产品所用生产工人工时的比例分配制造费用的一种方法。计算公式如下:

$$\text{制造费用分配率}=\frac{\text{某车间归集的制造费用总额}}{\text{该车间各种产品生产工时合计}}$$

$$\text{某种产品应分配的制造费用}=\text{该种产品生产工时}\times\text{制造费用分配率}$$

按生产工时比例分配,可以是各种产品实际耗用的生产工时(实用工时)。如果产品的工时定额比较准确,制造费用也可以按定额工时的比例分配。也就是说,公式中"生产工时"可以是实际生产工时,也可以是定额工时(定额工时=产品产量×单位产品工时定额)。

【例题 3.15】 兴旺工厂某基本生产车间 2010 年 8 月归集的制造费用总额为 28 679.35 元(见表 3.21),基本生产车间甲产品生产工时为 4 800 小时,乙产品生产工时为 5 900 小时。计算分配如下:

$$\text{制造费用分配率}=\frac{28\ 679.35}{4\ 800+5\ 900}\approx 2.680\ 3$$

$$\text{甲产品应分配的制造费用}=4\ 800\times 2.680\ 3=12\ 865.44(\text{元})$$

$$\text{乙产品应分配的制造费用}=28\ 679.35-12\ 865.44=15\ 813.91(\text{元})$$

根据计算结果编制"制造费用分配表",见表 3.22。

表 3.22 **制造费用分配表**

2010 年 8 月

金额单位:元

产品名称	生产工时	分配率	分配金额
甲产品	4 800	—	12 865.44
乙产品	5 900	—	15 813.91
合 计	10 700	2.680 3	28 679.35

根据编制的"制造费用分配表"(表 3.22)编制分配结转制造费用的转账凭证(会计分录代替)如下:

借:生产成本——基本生产成本——甲产品 12 865.44

——乙产品 15 813.91

贷:制造费用 28 679.35

根据编制的转账凭证(会计分录代替)登记制造费用明细分类账,见表3.21所示。

按生产工时比例分配是较为常用的一种分配方法,它能将劳动生产率的高低与产品负担费用的多少联系起来,分配结果比较合理。为了更好地利用该种分配方法分配各种间接费用,必须正确组织好产品生产工时的记录和核算等基础工作,以保证生产工时的正确、可靠。

(2)生产工人工资比例法

生产工人工资比例法又称生产工资比例法,是以各种产品的生产工人工资的比例分配制造费用的一种方法。计算公式如下:

$$\text{制造费用分配率}=\frac{\text{某车间归集的制造费用总额}}{\text{该车间各种产品生产工人工资合计}}$$

$$\text{某种产品应分配的制造费用}=\text{该种产品生产工人工资}\times\text{制造费用分配率}$$

此种分配方法的计算过程与生产工时比例法的计算过程基本一致。由于“工资分配表”中有已知的生产工人工资的资料,所以该种分配方法核算工作更为简便,这里就不举例说明了。

(3)机器工时比例法

机器工时比例法是按照各种产品所用机器设备运转时间的比例分配制造费用的一种方法。这种方法适用于机械化程度较高的车间,因为在这种车间中,折旧费用、修理费用的多少与机器运转的时间长短有着密切的联系。采用这种方法,必须正确组织各种产品所耗用机器工时的记录工作,以保证工时的准确性。该方法的计算程序、原理与生产工时比例法基本相同,只是将分配标准由生产工时替换成耗用的机器工时,所以,这里也不举例说明了。

(4)年度计划分配率分配法

年度计划分配率分配法,是按照年度开始前确定的全年适用的计划分配率分配制造费用的一种方法。采用这种分配方法,不论各月实际发生的制造费用为多少,每月各种产品成本中的制造费用都按年度计划确定的计划分配率分配。计算公式如下:

$$\text{年度计划分配率}=\frac{\text{年度制造费用计划总额}}{\text{年度各种产品计划产量的定额工时总额}}$$

$$\text{某月某产品制造费用}=\text{该月该种产品实际产量}\times\text{该种产品单位工时定额}\times\text{年度计划分配率}$$

【例题3.16】 某车间2010年全年制造费用计划64 800元;全年各种产品的计划产量为:A产品2 800件,B产品2 400件;单件产品的工时定额为A产品6小时,B产品5小时。12月份实际产量为:A产品260件,B产品180件;本月实际发生制造费用6 577.80元。

$$\text{年度各种产品计划产量的定额工时总额}=\text{A产品年度计划产量的定额工时}+\text{B产品年度计划产量的定额工时}$$

$$=2\ 800\times6+2\ 400\times5=28\ 800(\text{小时})$$

$$\text{年度计划分配率}=\frac{64\ 800}{28\ 800}=2.25$$

12月份A产品分配制造费用$=260\times6\times2.25=3\ 510.00$(元)

12月份B产品分配制造费用$=180\times5\times2.25=2\ 025.00$(元)

编制分配结转制造费用的会计分录为:

借:生产成本——基本生产成本——A产品	3 510.00
——B产品	2 025.00

贷:制造费用 5 535.00

该车间本月按计划分配率分配转出的制造费用为 5 535(3 510+2 025)元。假定某车间制造费用明细分类账户 12 月初贷方余额为 600 元,则该月制造费用的实际发生额和分配转出额登记结果如图 3.6 所示。

制造费用

本月实际发生	6 577.80	月初余额	600.00
		本月分配转出	5 535.00
本月发生额	6 577.80	本月发生额	5 535.00
月末余额	442.80		

图 3.6

采用年度计划分配率分配法时,每月实际发生的制造费用与分配转出的制造费用金额不一定相等,因此,制造费用账户一般有月末余额,可能是借方余额,也可能是贷方余额,在 1～11 月份,该余额可不做处理。制造费用账户如果有年末余额,就是全年制造费用的实际发生额与计划分配额的差额,一般应在年末按照 12 月份各种产品负担的制造费用额的比例调整计入 12 月份的产品成本。例题 3.16 中,制造费用账户在年末出现了借方余额 442.80 元,应做如下调整:

$$\text{制造费用差异额分配率}=\frac{442.80}{3510+2025}=0.08$$

A 产品分配制造费用差异额=3 510×0.08=280.80(元)

B 产品分配制造费用差异额=2 025×0.08=162.00(元)

编制的调整分录如下:

借:生产成本——基本生产成本——A 产品 280.80

——B 产品 162.00

贷:制造费用 442.80

上例中制造费用实际发生额大于计划分配额,借记“生产成本——基本生产成本”科目,贷记“制造费用”科目;如果制造费用实际发生额小于计划分配额,则用红字冲减,或者借记“制造费用”科目,贷记“生产成本——基本生产成本”科目。

这种分配方法核算工作简便,特别适用于季节性生产的车间,因为它不受淡月和旺月产量相差悬殊的影响,从而不会使各月单位产品成本中制造费用忽高忽低,便于进行成本分析。但是,采用这种分配方法要求计划工作水平较高,否则会影响产品成本计算的正确性。

无论采用哪一种制造费用分配方法,都应根据分配计算的结果,编制“制造费用分配表”,据以进行制造费用的总分类核算和明细核算。制造费用的分配,除了采用按年度计划分配率分配法的企业外,“制造费用”账户都没有月末余额。

任务 3.5 废品损失和停工损失的归集与分配

3.5.1 废品损失的归集与分配

生产中的废品,是指不符合规定的技术标准,不能按照原定用途使用,或者需要修复后才能使用的半成品和产成品。包括生产过程中发现的废品和入库后发现的废品。废品按其废损程度和修复价值,可分为可修复废品和不可修复废品两种。可修复废品是指技术上、工艺上可以修复,而且所支付的修复费用在经济上合算的废品。不可修复废品是指技术上、工艺上不可修复,或者虽然在技术上、工艺上可修复,但所支付的修复费用在经济上不合算的废品。

废品损失是指企业生产的产品中出现了废品而造成的损失,包括可修复废品的修复费用和不可修复废品生产成本扣除回收的废品残料价值与应收赔款以后的数额。确认废品损失时值得注意的是,必须以质量检验部门填制并审核后的“废品损失通知单”,作为进行废品损失核算的原始凭证,进而确定废品损失。经质量检验部门鉴定不需要返修可以降价出售的不合格品,其降价损失不作为废品损失,在计算损益时体现;产品入库后由于保管不善等原因而损坏变质的损失,属于管理上的问题,作为管理费用处理而不作为废品损失;实行包退、包修、包换(三包)的企业,在产品出售以后发现的废品所发生的一切损失,也作为管理费用处理,不作为废品损失。

废品损失的核算有两种核算方法,一种是单独核算废品损失,另一种是不单独核算废品损失。不单独核算废品损失的企业,对确认的不可修复废品只将其废品残料价值与应收赔款从“生产成本——基本生产成本”账户转出,残料转出时借记“原材料”账户,贷记“生产成本——基本生产成本(原材料项目)”账户,应收赔款转出时借记“其他应收款”账户,贷记“生产成本——基本生产成本(职工薪酬项目)”账户,其废品损失留在原“生产成本——基本生产成本”账户,由同种合格产品成本负担;对可修复废品进行修复发生的耗费、支出,按正常生产产品所发生的耗费、支出处理,直接记入同种合格产品的成本。这种核算方法只适用于废品损失不多的企业。由于该种核算方法比较简单,就不再举例说明了。

单独核算废品损失的企业,应设置“废品损失”账户,在成本项目中增设“废品损失”成本项目。废品损失的归集和分配,应根据废品损失计算表和分配表等有关凭证,通过“废品损失”账户进行。“废品损失”账户应按产品品种设置明细账,账内按成本项目登记废品损失的详细资料。该账户的借方归集不可修复废品的生产成本和可修复废品的修复费用。不可修复废品的生产成本,应根据不可修复废品损失计算表,借记“废品损失”账户,贷记“生产成本——基本生产成本(原材料、燃料及动力、职工薪酬、制造费用等项目)”账户;可修复废品的修复费用,应根据各种要素费用分配表所列修复废品的耗费、支出数额,借记“废品损失”账户,贷记“原材料”、“应付职工薪酬”、“生产成本——辅助生产成本”和“制造费用”等账户。该账户的贷方登记废品残料回收的价值、应收赔款和应由本月生产的同种合格产品成本负担的废品损失,借记“原材料”、“其他应收款”和“生产成本——基本生产成本(废品损失项目)”等账户,贷记“废品损失”账户。

3.5.1.1　可修复废品损失的归集和分配

可修复废品返修以前发生的生产耗费、支出,在“生产成本——基本生产成本”明细账中不必转出,这是因为它不是废品损失。返修时发生的修复耗费和支出,应根据原材料、职工薪酬、辅助生产成本和制造费用等分配表记入“废品损失”账户的借方,以及有关账户的贷方。可修复废品修复后,再将归集的废品损失从“废品损失”账户的贷方转入“生产成本——基本生产成本”账户的“废品损失”成本项目。

【例题 3.17】　兴旺工厂某车间生产甲产品,本月发生可修复废品 10 件,经修理合格验收入库,根据有关要素费用分配表提供的资料,在修复过程中耗用原材料 50 元,分配职工薪酬 34.20 元,分配制造费用 30 元。按规定,本月发生的 10 件废品应由过失人赔偿 20 元。根据

上述资料编制转账凭证(会计分录代替)如下:

①领用原材料时:

借:废品损失——甲产品 50.00

　　贷:原材料——××× 50.00

②分配职工薪酬时:

借:废品损失——甲产品 34.20

　　贷:应付职工薪酬——职工工资 30.00

　　　　　　　　——职工福利 4.20

③分配制造费用时:

借:废品损失——甲产品 30.00

　　贷:制造费用 30.00

④结转赔偿款时:

借:其他应收款——×责任人 20.00

　　贷:废品损失——甲产品 20.00

⑤结转可修复废品的净损失时:

废品净损失＝50.00＋34.20＋30.00－20.00＝94.20(元)

借:生产成本——基本生产成本——甲产品(废品损失项目) 94.20

　　贷:废品损失——甲产品 94.20

3.5.1.2 不可修复废品损失的归集与分配

(1)不可修复废品损失归集与分配的程序

根据废品损失的核算要求,将废品损失的归集与分配的一般程序归纳如下:

①计算并结转不可修复废品成本

为了归集和分配不可修复的废品损失,必须计算废品的成本,并编制废品损失计算表。废品成本是指生产过程中截至报废时所有耗费和支出。计算出不可修复废品成本之后,将其从“生产成本——基本生产成本”账户转入“废品损失”账户。

②结转不可修复废品的残料及赔偿款

不可修复废品报废时会有残料估价入账,当残料入库时借记“原材料”账户,贷记“废品损失”账户;如果废品是由责任人造成的,按规定由责任人赔偿时借记“其他应收款”账户,贷记“废品损失”账户。

③计算并结转不可修复废品的净损失

不可修复废品发生后,即可计算不可修复废品的净损失:

废品净损失＝废品生产成本残料价值赔偿款

将废品净损失转入所生产的同种产品的生产成本账户,由合格产品成本负担废品的净损失。借记“生产成本——基本生产成本——×产品(废品损失项目)”账户,贷记“废品损失”账户。

不可修复废品损失核算程序见图 3.7 所示。

(2)不可修复废品损失的归集与分配

由于不可修复废品的成本与合格产品的成本是归集在一起同时发生的,因此需要采取一定的方法予以确定。一般有两种方法:一是按废品实际生产成本归集与分配;二是按废品定额成本归集与分配。

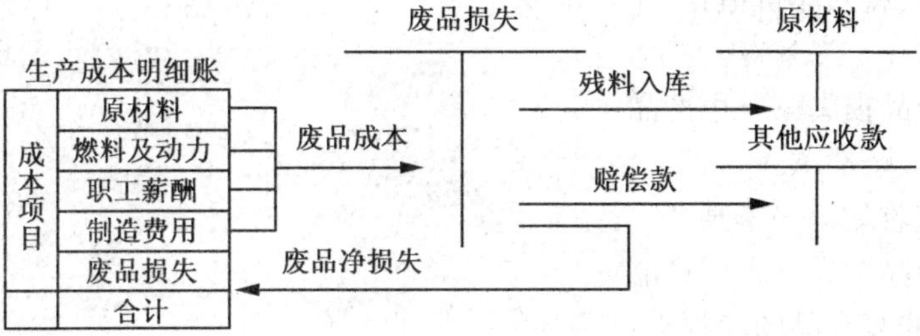

图 3.7

①按废品实际生产成本归集与分配

采用这一方法，就是在废品报废时根据废品和合格品发生的全部实际成本，采用一定的分配方法，在合格品与废品之间进行分配，计算出废品的实际成本。

【例题 3.18】 兴旺工厂某车间 2010 年 8 月生产甲产品 550 件，经验收入库发现不可修复废品 10 件，合格品 540 件，合格品生产工时为 4 750 小时，废品工时为 50 小时，全部生产工时为 4 800 小时。甲产品基本生产成本明细账所列合格品和废品的全部生产成本为：原材料 29 220.00 元，燃料和动力 19 642.50 元，职工薪酬 27 360.00 元，制造费用 12 865.44 元，共计 89 087.94 元。产生的废品按规定由过失人李某赔偿 100 元，废品残料作价 60 元入原材料库。按所耗实际成本计算废品的生产成本，原材料是生产开始时一次投入的（说明一件废品和一件合格产品所耗费的原材料成本是相同的），所以原材料项目的成本按合格品数量和废品数量的比例分配；其他项目的成本按生产工时比例分配。根据上述资料，编制“不可修复废品损失计算表”，见表 3.23 所示。

表 3.23　　不可修复废品损失计算表

2010 年 8 月　　金额单位：元

项　目		原材料	燃料及动力	职工薪酬	制造费用	金额合计
合格品和废品总成本		29 220.00	19 642.50	27 360.00	12 865.44	89 087.94
分配标准合计		550(件)	4 800(工时)	4 800(工时)	4 800(工时)	
成本分配率		53.127 3	4.092 2	5.7	2.680 3	
废品	分配标准	10(件)	50(工时)	50(工时)	50(工时)	
	成本	531.27	204.61	285.00	134.02	1 154.90
合格品	分配标准	540(件)	4 750(工时)	4 750(工时)	4 750(工时)	
	成本	28 688.73	19 437.89	27 075.00	12 731.42	87 933.04

根据编制的“不可修复废品损失计算表”（表 3.23）和例题中的其他有关资料，编制分配结转废品损失的转账凭证（用会计分录⑥ ～ ⑩代替）如下：

⑥结转废品成本（实际成本）：

借：废品损失——甲产品　　1 154.90

　贷：生产成本——基本生产成本——甲产品（原材料项目）　　531.27

　　　　——甲产品（燃料和动力项目）　　204.61

　　　　——甲产品（职工薪酬项目）　　285.00

　　　　——甲产品（制造费用项目）　　134.02

⑦回收废品残料入库价值：

借：原材料——×××　　60.00

贷：废品损失——甲产品　　60.00

⑧结转过失人赔偿款：

借：其他应收款——李某　　100.00

贷：废品损失——甲产品　　100.00

⑨结转不可修复废品的净损失：

废品净损失＝1 154.90－60.00－100.00＝994.90(元)

借：生产成本——基本生产成本——甲产品(废品损失项目)　　994.90

贷：废品损失——甲产品　　994.90

在实际工作中，结转可修复废品的净损失和结转不可修复废品的净损失是同时进行的，可将这两个转账凭证合并为一张转账凭证。将例题 3.17 和例题 3.18 中的两个转账凭证(会计分录代替)合并如下：

⑩借：生产成本——基本生产成本——甲产品(废品损失项目)　　1 089.10

贷：废品损失——甲产品　　1 089.10

根据例题 3.17 和例题 3.18 中编制的转账凭证(会计分录代替)登记废品损失和基本生产成本明细分类账，见表 3.24 和表 3.25 所示。

表 3.24　　废品损失明细分类账

生产车间：×车间

产品名称：甲产品(成本计算对象)　　第　页

2010年		凭证		摘要	成本项目					贷方	余额
月	日	字	号		原材料	燃料及动力	职工薪酬	制造费用	废品损失		
8	31		①	修复废品领料	50.00						50.00
	31		②	分配工资及福利费			34.20				34.20
	31		③	分配制造费用				30.00			30.00
	31		④	结转可修废品赔偿款			20.00				20.00
	31		⑥	分配不可修废品成本	531.27	204.61	285.00	134.02			1 154.90
	31		⑦	结转不可修废品残料	60.00						60.00
	31		⑧	结转不可修废品赔偿款			100.00				100.00
	31			废品净损失	521.27	204.61	199.20	164.02			1 089.10
	31		⑩	结转废品净损失(⑤＋⑨)	521.27	204.61	199.20	164.02			1 089.10

在完工以后发现废品，其单位废品负担的各项生产费用应与该单位合格品完全相同，可按合格品产量和废品的数量比例分配各项生产费用，计算废品的实际成本。按废品的实际成本计算和分配废品损失，这种做法比较符合实际，但核算工作量较大。

②按废品定额成本归集与分配

这种方法也称按定额成本计算方法，是按不可修复废品的数量和各项成本定额计算废品的定额成本，再将废品的定额成本扣除废品残料回收价值，算出废品净损失，而不考虑废品实际发生的成本。

表 3.25　　**基本生产成本明细分类账**

生产车间：×车间

产品名称：甲产品（成本计算对象）　　第　页

2010年		凭证		摘　要	成　本　项　目					合　计
月	日	字	号		原材料	燃料及动力	职工薪酬	制造费用	废品损失	
8	31			分配外购材料（表3.7）	29 220.00					29 220.00
	31			分配外购电力（表3.8）		19 642.50				19 642.50
	31			分配职工薪酬（表3.10）			27 360.00			27 360.00
	31			分配制造费用（表3.22）				12 865.44		12 865.44
	31		⑥	结转废品成本（表3.24）	531.27	204.61	285.00	134.02		1 154.90
	31		⑩	结转废品损失					1 089.10	1 089.10
	31			本月生产成本合计	28 688.73	19 437.89	27 075.00	12 731.42	1 089.10	89 022.14

【例3.19】　某厂某车间2010年8月，生产A产品，验收入库时发现不可修复废品5件，按所耗定额成本计算废品的生产成本。单位产品原材料定额为200元，工时定额为20小时。每小时成本定额为：燃料和动力2.60元、职工薪酬2.20元、制造费用1.60元。回收废品残值100元。产生的废品按规定由过失人王某赔偿80元。编制“不可修复废品损失计算表”，见表3.26所示。

表 3.26　　**不可修复废品损失计算表**

2010年8月　　金额单位：元

项　目	废品数量（件）	原材料	燃料及动力	职工薪酬	制造费用	金额合计
单位产品成本定额		200	52	44	32	328
废品定额成本	5	1 000	260	220	160	1 640
减：残料、赔偿款		100		80		180
废品净损失		900	260	140	160	1 460

注：单位产品成本定额＝200.00＋20×2.60＋20×2.20＋20×1.60
＝200.00＋52.00＋44.00＋32.00＝328.00（元）。

根据编制的“不可修废品损失计算表”（表3.26），编制分配结转废品损失的转账凭证（会计分录代替）如下：

a. 结转废品成本（定额成本）：

借：废品损失——A产品　　1 640.00

　贷：生产成本——基本生产成本——A产品（原材料项目）　　1 000.00

　　——A产品（燃料和动力项目）　　260.00

　　——A产品（职工薪酬项目）　　220.00

　　——A产品（制造费用项目）　　160.00

b. 回收废品残料入库价值：

借：原材料——×××　　100.00

　贷：废品损失——A产品　　100.00

c. 结转过失人赔偿款：

借:其他应收款——王某 80.00

　　贷:废品损失——A 产品 80.00

d. 结转不可修复废品的净损失:

借:生产成本——基本生产成本——A 产品(废品损失项目) 1 460.00

　　贷:废品损失——A 产品 1 460.00

采用按废品所耗定额成本计算废品成本和废品损失的方法,核算工作比较简便,有利于考核和分析废品损失和产品成本,但必须具备比较准确的定额成本资料,否则会影响成本计算的正确性。

3.5.2 停工损失的归集和分配

停工损失是指生产车间或车间内某个班组在停工期内发生的各项耗费、支出,包括停工期内支付的职工薪酬、所耗燃料及动力费,以及应负担的制造费用等。过失单位、过失人员或保险公司负担的赔款,应从停工损失中扣除。计算停工损失的时间界限,由主管企业部门规定,或由主管企业部门授权企业自行规定。为了简化核算工作,停工不满一个工作日的,可以不计算停工损失。季节性生产企业的季节性停工,是生产经营过程中的正常现象,停工期间发生的各项费用不属于停工损失,不作为停工损失核算。

发生停工的原因很多,应分别对不同情况进行处理。由于自然灾害引起的停工损失,应按规定扣除保险赔偿款后转作营业外支出;其他停工损失,如原材料、燃料动力供应不足,机器设备发生故障,以及计划减产等原因发生的停工损失,应记入产品成本。生产单位因各种原因发生停工时,车间应填列“停工报告单”,经有关部门审核无误后,作为停工损失核算的依据。单独核算停工损失的企业,应增设“停工损失”会计科目和“停工损失”成本项目。停工损失的归集和分配,是通过设置“停工损失”科目进行的,该科目应按车间和成本项目进行明细核算。根据停工报告单和各种费用分配表、分配汇总表等有关凭证,将停工期内发生、应列作停工损失的费用记入“停工损失”科目的借方进行归集,借记“停工损失”科目,贷记“原材料”、“应付职工薪酬”和“制造费用”等科目。该科目的贷方登记应由过失单位、过失人员或保险公司支付的赔款,属于自然灾害应记入营业外支出的损失,以及本月产品成本的损失,贷记“停工损失”科目,借记“其他应收款”、“营业外支出”、“生产成本”等科目。“停工损失”科目月末无余额。

为了简化核算工作,辅助生产车间一般不单独核算停工损失。不单独核算停工损失的企业,不设“停工损失”会计科目和“停工损失”成本项目。停工期间发生的属于停工损失的各项费用,分别记入“制造费用”和“营业外支出”等科目。

任务 3.6 生产成本在完工产品和在产品之间的分配

3.6.1 在产品数量的核算

3.6.1.1 在产品与完工产品的关系

在产品是指尚未最终完工,尚不能作为商品对外销售的产品。工业企业的在产品有广义在产品和狭义在产品之分。广义在产品是就整个企业而言的,它是指没有完成全部生产过程,没有作为合格产成品验收入库的产品,包括正在各个生产单位加工中的在制品和已完成一个或几个生产步骤,尚需继续加工的自制半成品,以及等待验收入库的产品、正在返修或等待返修的废品等。狭义的在产品是就某一生产单位(车间、分厂)或某一生产步骤而言的,它只指正在各生产单位或生产步骤加工中的在制品,但该生产单位或生产步骤已经完工交出的自制半成品不包括在内。在产品完成生产过程、验收合格入库以后,就称为完工产品(或称产成品)。在产品涵盖内容如图 3.8 所示。

- 在产品
  - 广义在产品
    - 生产单位正在加工的在制品
    - 尚需继续加工的自制半成品
    - 尚未验收入库的产品(包括待返修的废品)
  - 狭义在产品 —— 生产单位正在加工的在制品

图 3.8　在产品涵盖内容示意图

在产品与完工产品的关系,是指在产品与完工产品在分配基本生产成本方面的关系。通过各种要素费用、辅助生产成本、制造费用、废品损失和停工损失等各项目耗费和支出的归集与分配,企业本月发生的各种生产耗费和支出,已经全部记入各成本核算对象的基本生产成本明细分类账中。这时,登记在各基本生产成本明细分类账中的生产成本累计数(即月初在产品成本加上本月发生的生产成本)有下列三种情况:

(1)月末,本月生产的产品已全部完工,没有在产品,则生产成本累计数就是本月完工产品总成本。

(2)月末,本月投产的产品均未完工,则生产成本累计数就是月末在产品总成本。

(3)月末,本月生产的产品既有已经完工交库的产成品或自制半成品,又有正在加工的在产品。这时,需要将生产成本累计数在本月完工产品和月末在产品之间进行分配,以正确确定完工产品的实际总成本和单位成本。生产成本累计数与本月完工产品及月末在产品成本之间的关系,可以用公式表示如下:

$$\text{月初在产品成本}+\text{本月发生成本}=\text{本月完工产品成本}+\text{月末在产品成本}$$

$$\text{本月完工产品成本}=\text{月初在产品成本}+\text{本月发生成本}-\text{月末在产品成本}=\text{生产成本累计}-\text{月末在产品成本}$$

3.6.1.2　在产品收发存的日常核算

在产品数量的核算,应同时具备账面核算资料和实际盘点资料。做好在产品收发结存的日常核算工作和在产品的清查工作,既可以从账面上随时掌握在产品的动态,又可以查清在产品的实存数量,以及正确计算产品成本。因此,应该根据在产品实际盘存数量计算在产品成本。但由于在产品品种多、数量大,每月都要组织实地盘点确有困难,可根据在产品账面期末结存量计算在产品成本。车间在产品收发结存的日常核算通常是通过“在产品台账”(在产品收发存账)进行的,该账分车间并按照产品品种和在产品的名称(零部件名称)设置,提供车间各种在产品收发结存动态的业务核算资料。它是根据领料凭证、在产品内部转移凭证、产品检验凭证和产品交库凭证等原始凭证登记的,最后由车间核算人员审核汇总。“在产品台账”的格式见表 3.27 所示。

表 3.27 在产品台账

生产车间:第一车间

产品名称:A 产品 计量单位:件

2010年		摘 要	收 入		转 出			结 存	
月	日		凭证号	数量	凭证号	合格品	废品	完工	未完工
8	1	上月结转							30
	5	产品投入生产	领 1	110					140
	10	产品完工入库			收 1	100			40
		…							
	31	本月合计		660		650			40

3.6.1.3 在产品清查的核算

在产品的管理与其他存货一样,应该定期或不定期地进行清查,做到在产品账实相符,确保在产品的安全完整。根据清查实际盘点数和账面资料编制在产品"实存账存对比表",列明在产品的账面数、实有数、盘盈盘亏数以及盘亏的原因和处理意见等,对于报废和毁损的在产品还要登记残值。成本核算人员应对在产品"实存账存对比表"进行认真审核,并报给有关部门审批,同时对在产品盘盈、盘亏进行账务处理。

在产品发生盘盈时,借记"生产成本——基本生产成本"账户,贷记"待处理财产损益"账户;按照规定处理时,借记"待处理财产损益"账户,贷记"制造费用"账户,即冲减制造费用。

在产品发生盘亏和毁损时,借记"待处理财产损益"账户,贷记"生产成本——基本生产成本"账户,冲减在产品的账面价值。毁损在产品的残值,借记"原材料"、"银行存款"等账户,贷记"待处理财产损益"账户,冲减其损失。按规定处理时,应根据不同情况分别将损失从"待处理财产损益"账户的贷方转入有关科目的借方,其中准予记入产品成本的损失应转入"制造费用"账户的借方;由于自然灾害造成的非常损失并收到保险公司的保险赔款部分,记入"银行存款"账户或"其他应收款"账户的借方,其余损失记入"营业外支出"账户的借方;应由过失单位或过失人员赔偿的,记入"其他应收款"账户的借方,要求赔偿。为了正确归集和分配制造费用,在产品盘盈盘亏的账务处理,应该在制造费用结账之前进行,以便正确、及时地归集和分配制造费用。

3.6.2 生产成本在完工产品和在产品之间的分配方法

完工产品与在产品之间分配生产成本通常采用的分配方法有:不计算在产品成本法、按年初数固定计算在产品成本法、在产品按所耗原材料费用计价法、约当产量比例法、在产品按完工产品成本计算法、在产品按定额成本计价法和定额比例法等。企业应该根据在产品数量的多少、各月在产品数量变化的大小、各成本项目金额所占比重的大小以及定额管理基础的好坏等具体条件,选择既合理又较简便的分配方法。

3.6.2.1 不计算月末在产品成本法

采用该种分配方法时,月末虽然有在产品,但不计算在产品成本,将在产品成本视为零。这种分配方法适用于各月末在产品数量很小,不计算在产品成本对于完工产品成本的影响很小的产品。该种分配方法的优点是大大简化了核算工作,但在在产品数量较多时会影响完工产品成本计算正确性。

【例题3.20】 某企业2010年8月生产完工丙产品200件，因为在产品数量很少，所以采用不计算月末在产品成本法计算本月完工产品成本。通过各种要素费用、辅助生产成本、制造费用的归集与分配之后的基本生产成本明细分类账如表3.28所示。

表3.28　基本生产成本明细分类账

生产车间：×车间

产品名称：丙产品（成本计算对象）　第　页

2010年		凭证		摘　要	成　本　项　目				合　计
月	日	字	号		原材料	燃料及动力	职工薪酬	制造费用	
8	31			分配外购材料	56 000.00				56 000.00
	31			分配外购电力		10 642.00			10 642.00
	31			分配职工薪酬			26 000.00		26 000.00
	31			分配制造费用				13 850.00	13 850.00
	31			本月发生成本合计	56 000.00	10 642.00	26 000.00	13 850.00	106 492.00
	31			结转完工产品成本	56 000.00	10 642.00	26 000.00	13 850.00	106 492.00

采用不计算月末在产品成本法计算本月完工产品成本，编制“产品成本计算单”见表3.29。

表3.29　产品成本计算单

产品名称：丙产品　产量：200件　2010年8月　金额单位：元

项　目		原材料	燃料及动力	职工薪酬	制造费用	金额合计
月初在产品成本		—	—	—	—	—
本月发生成本合计（表3.28）		56 000	10 642	26 000	13 850	106 492
本月完工产品	总成本	56 000	10 642	26 000	13 850	106 492
	单位成本	280.00	53.21	130.00	69.25	532.46
月末在产品成本		—	—	—	—	—

注：单位成本＝总成本÷产量。

根据编制的“产品成本计算单”（表3.29），编制结转完工产品成本的转账凭证（会计分录代替）如下：

借：库存商品——丙产品　106 492.00

　　贷：生产成本——基本生产成本——丙产品　106 492.00

根据编制的结转完工产品成本的转账凭证（会计分录代替）和“产品成本计算单”（表3.29）登记“基本生产成本明细分类账”见表3.28所示。

3.6.2.2　*按年初数固定计算在产品成本法*

采用这种分配方法时，1～11月各月末的在产品成本都按1月初的在产品成本计算，12月末的在产品成本可根据实际情况做适当的调整后确定。这种方法适用于在产品数量较小，或者在产品数量虽大但各月之间在产品数量变动不大的产品。这种分配方法的特点是各月末

(月初、月末)在产品的成本固定不变,导致本月完工产品成本与本月发生成本相等,因而简化了成本计算工作,但当各月的在产品数量出现波动时,会影响成本计算的正确性。例如,炼铁厂、化工厂或其他有固定容器装置的在产品,数量都较稳定,可以采用这种分配方法。

【例题 3.21】 某企业 2010 年 8 月生产完工丁产品 1 000 件,因为在产品数量各月变化不大,所以采用按年初数固定计算在产品成本法计算本月完工产品成本和月末在产品成本。该企业 1 月初在产品成本为 80 000 元,其中:原材料 48 000 元,燃料及动力 11 000 元,职工薪酬 12 000 元,制造费用 9 000 元。基本生产成本明细分类账提供的本月归集成本合计为 226 000 元,其中:原材料 100 000 元,燃料及动力 51 000 元,职工薪酬 42 000 元,制造费用 33 000 元。采用按年初数固定计算在产品成本法计算本月完工产品成本和月末在产品成本,编制“产品成本计算单”,见表 3.30。

表 3.30 **产品成本计算单**

产品名称:丁产品　　产量:1 000 件　　2010 年 8 月　金额单位:元

项目		原材料	燃料及动力	职工薪酬	制造费用	金额合计
月初在产品成本		48 000.00	11 000.00	12 000.00	9 000.00	80 000.00
本月发生成本合计		100 000.00	51 000.00	42 000.00	33 000.00	226 000.00
本月完工产品	总成本	100 000.00	51 000.00	42 000.00	33 000.00	226 000.00
	单位成本	100.00	51.00	42.00	33.00	226.00
月末在产品成本		48 000.00	11 000.00	12 000.00	9 000.00	80 000.00

注:月末在产品成本=月初在产品成本。

根据编制的“产品成本计算单”(表 3.30),编制结转完工产品成本的转账凭证(会计分录代替)如下:

借:库存商品——丁产品　　226 000.00

　贷:生产成本——基本生产成本——丁产品　　226 000.00

根据编制的结转完工产品成本的转账凭证(会计分录代替)和“产品成本计算单”(表 3.30)登记基本生产成本明细分类账(略)。

3.6.2.3 *在产品成本按所耗原材料成本计算法*

在产品成本按所耗原材料成本计算法就是在计算月末在产品成本时,只将原材料项目的生产成本累计在完工产品和月末在产品之间进行分配,其他成本项目(通常称为加工成本项目)的生产成本累计完全由本月完工产品成本负担,在产品不负担这部分成本。这种分配方法适用于各月末在产品数量较大,各月末在产品数量变化也较大,同时原材料成本在全部成本中所占比重较大的产品。如造纸、酿酒等行业的产品,原材料成本占产品成本比重较大,就可以采用这种分配方法。

【例题 3.22】 某企业 2010 年 8 月生产完工丑产品 200 件,在产品 60 件,原材料是在生产开始时一次投入的(一件完工产品和一件在产品所耗的原材料是相同的),因为该产品原材料成本在产品成本中所占比重较大,所以采用在产品成本按所耗原材料成本计算法计算本月完工产品成本和月末在产品成本。这种方法一般按完工产品和在产品的数量比例分配原材料成本。丑产品通过各种要素费用、辅助生产成本、制造费用的归集与分配之后的“基本生产成本明细分类账”如表 3.31 所示。

表 3.31　　**基本生产成本明细分类账**

生产车间：×车间

产品名称：丑产品（成本计算对象）　　第　页

2010年		凭证		摘　要	成　本　项　目				合　计
月	日	字	号		原材料	燃料及动力	职工薪酬	制造费用	
8	1			月初在产品成本	8 800.00				8 800.00
	31			分配外购材料	90 000.00				90 000.00
	31			分配外购电力		2 200.00			2 200.00
	31			分配职工薪酬			5 600.00		5 600.00
	31			分配制造费用				3 200.00	3 200.00
	31			本月发生成本合计	90 000.00	2 200.00	5 600.00	3 200.00	101 000.00
	31			生产成本累计	98 800.00	2 200.00	5 600.00	3 200.00	109 800.00
	31			结转完工产品成本	76 000.00	2 200.00	5 600.00	3 200.00	87 000.00
	31			月末在产品成本	22 800.00				22 800.00

采用在产品成本按所耗原材料成本计算法计算本月完工产品成本和在产品成本，编制“产品成本计算单”，见表 3.32 所示。

表 3.32　　**产品成本计算单**

产品名称：丑产品　　2010 年 8 月　　金额单位：元

项　目		原材料	燃料及动力	职工薪酬	制造费用	金额合计
月初在产品成本(表 3.31)		8 800.00				8 800.00
本月发生成本合计(3.31)		90 000.00	2 200.00	5 600.00	3 200.00	101 000.00
生产成本累计		98 800.00	2 200.00	5 600.00	3 200.00	109 800.00
分配标准合计(件)		260				
单位成本(分配率)		380.00				
本月完工产品	产量(件)	200				200
	成　本	76 000.00	2 200.00	5 600.00	3 200.00	87 000.00
月末在产品	数量(件)	60				60
	成　本	22 800.00				22 800.00

注：分配率$=\frac{98\ 800}{200+60}=380$；完工产品成本$=200\times380=76\ 000.00$(元)；

在产品成本$=60\times380=22\ 800.00$(元)。

根据编制的“产品成本计算单”(表 3.32)，编制结转完工产品成本的转账凭证(会计分录代替)如下：

借：库存商品——丑产品　　87 000.00

　　贷：生产成本——基本生产成本——丑产品　　87 000.00

根据编制的结转完工产品成本的转账凭证(会计分录代替)和“产品成本计算单”(表

3.32),登记“基本生产成本明细分类账”(表3.31)。

3.6.2.4 约当产量比例法

约当产量比例法是将月末在产品数量按照完工程度折算为相当于完工产品的产量,即约当产量,然后按照完工产品产量与在产品的约当产量的比例分配计算完工产品成本和月末在产品成本的方法。这种分配方法适用于月末在产品数量较大、各月末在产品数量变化也较大、产品成本中原材料成本和职工薪酬等加工成本比重相差不多的产品。采用约当产量比例法计算完工产品成本和月末在产品成本可以分两步进行:一是计算在产品约当产量;二是在完工产品和月末在产品之间分配生产成本。

(1)在产品约当产量的计算

$$\text{月末在产品约当产量}=\text{月末在产品数量}\times\text{在产品完工程度}$$

比如某产品经实地盘点月末在产品的数量为600件,测算的在产品完工程度(亦称完工率、加工程度等)为50%,则该产品的月末在产品约当产量为300(600×50%)件。这说明600件在产品与300件完工产品所分配的成本是相同的。在计算月末在产品约当产量时,月末在产品的数量可以通过实地盘点或通过“在产品台账”获得,而在产品完工程度则需要测算才能获得。在产品完工程度的测算工作是比较复杂的,由于构成产品成本的各个成本项目的成本发生进度并不一定一致,所以,一般将在产品完工程度测算分为“原材料”项目和“加工费”项目分别测算。“加工费”项目包括产品成本项目中除了“原材料”项目之外的其他项目,具体包括燃料及动力、职工薪酬、制造费用和废品损失等项目。

①在产品原材料项目投料程度(一般将原材料项目的完工程度称为投料程度或投料率)的测算及约当产量计算

在产品生产过程中,如果是单步骤生产而且原材料在生产开始时一次投入,则月末在产品的原材料的投料程度为100%;如果是单步骤生产而且原材料在生产过程中是陆续均匀投入,则月末在产品的投料程度为50%(平均投料程度);如果是多步骤生产而且原材料是在生产过程中分工序投入的,则有以下两种情况:

a. 在每道工序开始时一次投入本工序所需全部原材料

在这种投料方式下,在产品投料程度的计算公式为:

$$\begin{array}{c}\text{某工序月末在}\\\text{产品投料程度}\end{array}=\frac{\text{截至该工序累计投料额}}{\text{单位完工产品应投料额}}\times 100\%$$

$$\begin{array}{c}\text{某工序月末在产品原}\\\text{材料项目约当产量}\end{array}=\begin{array}{c}\text{该工序在}\\\text{产品数量}\end{array}\times\begin{array}{c}\text{该工序月末在}\\\text{产品投料程度}\end{array}$$

$$\begin{array}{c}\text{月末在产品原材料}\\\text{项目的约当产量}\end{array}=\begin{array}{c}\text{各工序月末在产品原材}\\\text{料项目的约当产量之和}\end{array}$$

【例题3.23】 2010年8月,兴旺工厂生产的甲产品顺序经过第一、第二、第三共三道工序加工,单位产品原材料消耗定额为260元,其中第一工序投料定额为156元,第二工序投料定额为78元,第三工序投料定额为26元,原材料分别在各个工序生产开始时一次投入。该厂本月盘点确定的甲产品月末在产品数量为400件,其中第一工序180件,第二工序120件,第三工序100件。根据上述资料,甲产品在各工序的投料程度和月末在产品原材料项目约当产量的计算如表3.33所示。

表 3.33　**在产品原材料项目投料程度及约当产量计算表**

2010 年 8 月　计量单位:件

工序	月末在产品数量	单位产品投料定额	各工序投料程度计算	月末在产品原材料项目约当产量
1	180	156	156÷260×100%=60%	108
2	120	78	(156+78)÷260×100%=90%	108
3	100	26	(156+78+26)÷260×100%=100%	100
合计	400	260		316

b. 原材料在每道工序陆续均匀投入

在这种投料方式下,在产品投料程度的计算公式为:

$$\text{某工序月末在产品投料程度}=\frac{\text{截至前一工序累计投料额}+\text{本工序投料额}\times 50\%}{\text{单位完工产品应投料额}}\times 100\%$$

【例题 3.24】 仍用例题 3.23 中兴旺工厂的资料,假设原材料不是在各个工序生产开始时一次投入,而是在每道工序陆续均匀投入的,则甲产品在各工序的投料程度和月末在产品原材料项目约当产量的计算,如表 3.34 所示。

表 3.34　**在产品原材料项目投料程度及约当产量计算表**

2010 年 8 月　计量单位:件

工序	月末在产品数量	单位产品投料定额	各工序投料程度计算	月末在产品原材料项目约当产量
1	180	156	156×50%÷260×100%=30%	54
2	120	78	(156+78×50%)÷260×100%=75%	90
3	100	26	(156+78+26×50%)÷260×100%=95%	95
合计	400	260		239

注:表中的"50%"为本工序的平均投料程度。

②加工费项目完工程度的测算及约当产量计算

加工费项目完工程度一般不受投料方式的影响,不管什么投料方式,其计算方法是一样的。

$$\text{某工序月末在产品完工程度}=\frac{\text{截至前一工序累计定额工时}+\text{本工序工时定额}\times 50\%}{\text{单位完工产品工时定额}}\times 100\%$$

$$\text{某工序月末在产品加工费项目的约当产量}=\text{该工序的在产品数量}\times\text{该工序月末在产品完工程度}$$

月末在产品加工费项目的约当产量=各工序月末在产品加工费项目的约当产量之和

【例题 3.25】 兴旺工厂生产的甲产品单位产品工时定额为 520 小时,其中第一工序工时定额为 312 小时,第二工序工时定额为 156 小时,第三工序工时定额为 52 小时。该厂本月盘点确定的甲产品月末在产品数量为 400 件,其中第一工序 180 件,第二工序 120 件,第三工序 100 件。根据上述资料,甲产品在各工序的完工程度和月末在产品加工费项目约当产量的计算如表 3.35 所示。

表 3.35　　**在产品加工费项目完工程度及约当产量计算表**

2010 年 8 月　　计量单位:件

工序	月末在产品数量	单位产品工时定额	各工序投料程度计算	月末在产品加工费项目约当产量
1	180	312	312×50%÷520×100%=30%	54
2	120	156	(312+156×50%)÷520×100%=75%	90
3	100	52	(312+156+52×50%)÷520×100%=95%	95
合计	400	520		239

注:表中的"50%"为本工序的平均完工程度。

(2)在完工产品和月末在产品之间分配生产成本

采用约当产量比例法计算完工产品和月末在产品成本的计算公式如下:

$$\text{某成本项目的成本分配率}=\frac{\text{该成本项目金额}}{\text{完工产品产量}+\text{该成本项目的在产品约当产量}}$$

$$\text{完工产品某成本项目的成本}=\text{完工产品产量}\times\text{某成本项目的成本分配率}$$

$$\text{完工产品总成本}=\text{完工产品各成本项目的成本之和}$$

$$\text{在产品某成本项目的成本}=\text{该成本项目的在产品约当产量}\times\text{该成本项目的成本分配率}$$

$$\text{在产品总成本}=\text{在产品各成本项目的成本之和}$$

$$\text{或}=\text{生产成本累计}-\text{完工产品总成本}$$

由于各成本项目的成本分配率一般都不能整除,为了使完工产品的单位成本能够除尽并保留两位小数,在计算月末在产品各个成本项目的成本时应采用倒挤的算法,即:

在产品某成本项目的成本=该项目生产成本累计-完工产品该成本项目的成本

【例题 3.26】 兴旺工厂生产甲产品顺序经过第一、第二、第三共三道工序加工,2010 年 8 月完工甲产品 550 件,其中合格 540 件,不可修复废品 10 件,在产品 400 件(其中第一工序 180 件,第二工序 120 件,第三工序 100 件),按约当产量比例法计算完工产品成本和月末在产品成本,原材料分别在各个工序生产开始时一次投入,各成本项目的在产品约当产量计算结果见例题 3.23 和例题 3.25 中的表 3.33 和表 3.35。通过各种要素费用、辅助生产成本、制造费用和废品损失的归集与分配之后的"基本生产成本明细分类账"如表 3.36 所示。

表 3.36　　**基本生产成本明细分类账**

生产车间:×车间

产品名称:甲产品(成本计算对象)　　第　　页

2010 年		凭证		摘要	成本项目					合计
月	日	字	号		原材料	燃料及动力	职工薪酬	制造费用	废品损失	
8	1			月初在产品成本	8 963.00	5 328.26	6 819.88	3 112.45		24 223.59

续表

2010年		凭证		摘 要	成本项目					合 计
月	日	字	号		原材料	燃料及动力	职工薪酬	制造费用	废品损失	
	31			分配外购材料(表 3.7)	29 220.00					29 220.00
	31			分配外购电力(表 3.8)		19 642.50				19 642.50
	31			分配职工薪酬(表 3.10)			27 360.00			27 360.00
	31			分配制造费用(表 3.22)				12 865.44		12 865.44
	31			结转废品成本(表 3. 23)	531.27	204.61	285.00	134.02		1 154.09
	31			结转废品损失					1 089.10	790.92
	31			本月发生成本合计	28 688.73	19 437.89	27 075.00	12 731.42	1 089.10	89 022.14
	31			生产成本累计	37 651.73	24 766.15	33894.88	15 843.87	1 089.10	113 245.73
	31			结转完工产品成本(表 3.37)	24 294.60	17 166.60	23 495.40	10 983.60	550.80	76 696.20
	31			月末在产品成本(表 3.37)	13 357.13	7 599.55	10 399.48	4 860.27	240.12	36 549.53

采用约当产量比例法计算本月完工产品成本和在产品成本，编制"产品成本计算单"见表 3.37。

表 3.37 **产品成本计算单**

品名称:甲产品 2010 年 8 月 金额单位:元

项 目		原材料	燃料及动力	职工薪酬	制造费用	废品损失	合 计
月初在产品成本(3.36)		8 963.00	5 328.26	6 819.88	3 112.45		24 223.59
本月发生成本合计(3.36)		28 688.73	19 437.89	27 075.00	12 731.42	1 089.10	89 022.14
生产成本累计		37 651.73	24 766.15	33 894.88	15 843.87	1 089.10	113 245.73
分配标准合计(件)		856	779	779	779	779	—
单位成本(分配率)		44.99	31.79	43.51	20.34	1.40	142.03
本月完工产品	产量(件)	540	540	540	540	540	540
	成本	24 294.60	17 166.60	23 495.40	10 983.60	756.00	76 696.20
月末在产品	约当产量(件)	316	239	239	239	239	—
	成本	13 357.13	7 599.55	10 399.48	4 860.27	333.10	36 549.53

根据编制的"产品成本计算单"(表 3.37)编制结转完工产品成本的转账凭证(会计分录代替)如下：

借:库存商品——甲产品 76 696.20

贷:生产成本——基本生产成本——甲产品 76 696.20

根据编制的结转完工产品成本的转账凭证(会计分录代替)和"产品成本计算单"(表 3.37),登记"基本生产成本明细分类账"(表 3.36)。

【例题 3.27】 兴旺工厂单步骤生产乙产品，2010 年 8 月完工乙产品 400 件，在产品 60 件，按约当产量比例法计算完工产品成本和月末在产品成本，原材料在生产开始时一次投入，在产品完工程度为 50%。通过各种要素费用、辅助生产成本、制造费用的归集与分配之后的"基本生产成本明细分类账"如表 3.38 所示。

表 3.38 **基本生产成本明细分类账**

生产车间：×车间

产品名称：乙产品(成本计算对象) 第 页

2010年		凭证		摘要	成本项目				合计
月	日	字	号		原材料	燃料及动力	职工薪酬	制造费用	
8	1			月初在产品成本	10 680.00	4 299.80	4 296.00	1 717.19	20 992.99
	31			分配外购材料(表 3.7)	24 280.00				24 280.00
	31			分配外购电力(表 3.8)		13 162.50			13 162.50
	31			分配职工薪酬(表 3.10)			33 630.00		33 630.00
	31			分配制造费用(表 3.22)				15 813.91	15 813.91
	31			本月发生成本合计	24 280.00	13 162.50	33 630.00	15 813.91	86 886.41
	31			生产成本累计	34 960.00	17 462.30	37 926.00	17 531.10	107 879.40
	31			结转完工产品成本(表 3.39)	30 400.00	16 244.00	35 280.00	16 308.00	98 232.00
	31			月末在产品成本(表 3.39)	4 560.00	1 218.30	2 646.00	1 223.10	9 647.40

采用约当产量比例法计算本月完工产品成本和在产品成本，编制“产品成本计算单”见表 3.39。

表 3.39 **产品成本计算单**

产品名称：乙产品 2010年8月 金额单位：元

项目		原材料	燃料及动力	职工薪酬	制造费用	合计
月初在产品成本(表 3.38)		10 680.00	4 299.80	4 296.00	1 717.19	20 992.99
本月发生成本合计(表 3.38)		24 280.00	13 162.50	33 630.00	15 813.91	86 886.41
生产成本累计		34 960.00	17 462.30	37 926.00	17 531.10	107 879.40
分配标准合计(件)		460	430	430	430	
单位成本(分配率)		76.00	40.61	88.20	40.77	245.58
本月完工产品	产量(件)	400	400	400	400	400
	成本	30 400.00	16 244.00	35 280.00	16 308.00	98 232.00
月末在产品	约当产量(件)	60	30	30	30	
	成本	4 560.00	1 218.30	2 646.00	1 223.10	9 647.40

注：表中 460＝400＋60×100%；430＝400＋60×50%。

根据编制的“产品成本计算单”(表 3.39)编制结转完工产品成本的转账凭证(会计分录代替)如下：

借：库存商品——乙产品 98 232.00

贷：生产成本——基本生产成本——乙产品 98 232.00

根据编制的结转完工产品成本的转账凭证(会计分录代替)和“产品成本计算单”(表 3.39)，登记“基本生产成本明细分类账”(表 3.38)。

3.6.2.5 在产品按完工产品成本计算法

在产品按完工产品成本计算法是将在产品视同完工产品分配成本，也就是将在产品的完工程度视同为100%，按完工产品产量与在产品的数量的比例分配生产成本。该种分配方法简化了成本计算工作，但只适用于月末在产品已经接近完工，或者产品已经加工完毕，只是尚未验收或包装入库的产品。否则，会影响本月完工产品成本计算的正确性。

【例题3.28】 某企业丁产品2010年8月基本生产成本明细分类账提供的月初在产品成本和本月发生成本累计数为：原材料35 602元，燃料及动力8 120元，职工薪酬6 601元，制造费用7 700元。本月完工产品500件，月末在产品200件，该产品已接近完工，采用月末在产品成本按完工产品成本计算法计算完工产品成本和月末在产品成本。其计算分配结果和编制的"产品成本计算单"见表3.40所示。

表3.40 **产品成本计算单**

产品名称：丁产品　　2010年8月　　金额单位：元

项　目		原材料	燃料及动力	职工薪酬	制造费用	合　计
生产成本累计		35 602.00	8 120.00	6 601.00	7 700.00	58 023.00
分配标准合计(件)		700	700	700	700	
单位成本(分配率)		50.86	11.60	9.43	11.00	82.89
本月完工产品	产量(件)	500	500	500	500	500
	成　本	25 430.00	5 800.00	4 715.00	5 500.00	41 445.00
月末在产品	数量(件)	200	200	200	200	200
	成　本	10 172.00	2 320.00	1 886.00	2 200.00	16 578.00

根据编制的"产品成本计算单"(表3.40)编制结转完工产品成本的转账凭证(会计分录代替)如下：

借：库存商品——丁产品　　41 445.00

　　贷：生产成本——基本生产成本——丁产品　　41 445.00

根据编制的结转完工产品成本的转账凭证(会计分录代替)和"产品成本计算单"(表3.40)，登记基本生产成本明细分类账(略)。

3.6.2.6 在产品按定额成本计价法

在产品按定额成本计价法是按照预先制定的定额成本计算月末在产品成本，即月末在产品成本按其数量和单位定额成本计算。某种产品生产成本累计(月初在产品成本加本月发生生产成本)，减月末在产品的定额成本，就是完工产品成本。也就是说，每月实际生产成本脱离定额成本的差异，全部记入当月完工产品成本。这种分配方法简化了成本计算工作，但只适用于定额管理基础比较好，各项消耗定额或成本定额比较准确、稳定，而且各月在产品数量变动不大的产品，否则会影响产品成本计算的正确性。采用这种分配方法，应根据各种在产品有关定额资料以及在产品月末结存数量，计算各种月末在产品的定额成本。

$$\text{月末在产品的定额成本}=\text{月末在产品实际数量}\times\text{单位在产品原材料定额成本}+\text{月末在产品实际数量}\times\text{单位在产品工时定额}\times\text{每小时加工费成本}$$

$$\text{本月完工产品成本}=\text{生产成本累计}-\text{月末在产品的定额成本}$$

【例题3.29】 某企业丙产品2010年8月基本生产成本明细分类账提供的月初在产品成本和本月发生成本累计数为：原材料36 600元，燃料及动力9 220元，职工薪酬8 600元，制造费用 7 500 元。本月完工产品 500 件，月末在产品 200 件，该企业定额管理基础比较好，各项消耗定额或费用定额比较准确、稳定，采用在产品按定额成本计价法计算完工产品成本和月末在产品成本。丙产品单位产品原材料定额成本为 50.86 元，原材料在生产开始时一次投入（单位产品原材料定额成本就是单位在产品原材料定额成本），单位在产品工时定额为 5 小时，每小时燃料及动力费定额为 2.10 元、职工薪酬定额 3.50 元、制造费用定额 2.50 元。其计算分配结果和编制的"产品成本计算单"见表 3.41 所示。

表 3.41　　产品成本计算单

产品名称:丙产品　　产量:500 件　　2010 年 8 月　　金额单位:元

项　目	生产成本累计	月末在产品定额成本计算					本月完工产品	
		在产品数量	单位在产品原材料定额成本	单位在产品工时定额	每小时加工费成本	月末在产品定额成本	总成本	单位成本
说　明	①	②	③	④	⑤	⑥=②×③ 或 =②×④×⑤	⑦=①－⑥	⑧=⑦÷产量
原材料	36 602	200	50.86			10 172	26 430	52.86
燃料及动力	9 220	200		5	2.10	2 100	7 120	14.24
职工薪酬	8 600	200		5	3.50	3 500	5 100	10.20
制造费用	7 500	200		5	2.50	2 500	5 000	10.00
合　计	61 922					18 272	43 650	87.30

根据编制的"产品成本计算单"（表 3.41）编制结转完工产品成本的转账凭证（会计分录代替）如下：

借:库存商品——丙产品　　43 650.00

　贷:生产成本——基本生产成本——丙产品　　43 650.00

根据编制的结转完工产品成本的转账凭证（会计分录代替）和"产品成本计算单"（表 3.41），登记基本生产成本明细分类账（略）。

3.6.2.7　定额比例法

定额比例法是产品的生产成本按照完工产品和月末在产品的定额消耗量或定额成本的比例，分配计算完工产品成本和月末在产品成本的方法。其中，原材料按照原材料定额消耗量或原材料定额成本比例分配；燃料及动力、职工薪酬、制造费用等各项加工费，按定额工时的比例分配，也可以按定额成本比例分配。这种分配方法适用于定额管理基础较好，各项消耗定额或成本定额比较准确、稳定，各月末在产品数量变动较大的产品。因为这种方法将每月实际生产成本脱离定额成本的差异在完工产品与月末在产品之间按比例进行了分配，所以，与在产品按定额成本计价法比较，提高了产品成本计算的准确性。

定额比例法计算公式如下：

$$\text{本月完工产品定额消耗量(或定额成本)}=\text{本月完工产品产量}\times\text{单位完工产品消耗量定额(或定额成本)}$$

$$\text{月末在产品定额消耗量(或定额成本)}=\text{末月在产品实际数量}\times\text{单位在产品消耗量定额(或定额成本)}$$

$$\text{某成本项目成本分配率}=\frac{\text{该成本项目成本累计数}}{\left(\text{本月完工产品定额消耗量(或定额成本)}\right)+\left(\text{月末在产品定额消耗量(或定额成本)}\right)}$$

$$\text{某成本项目完工产品成本}=\text{本月完工产品定额消耗量(或定额成本)}\times\text{该成本项目成本分配率}$$

$$\text{完工产品总成本}=\text{各成本项目完工产品成本之和}$$

$$\text{某成本项目月末在产品成本}=\text{月末在产品定额消耗量(或定额成本)}\times\text{该成本项目成本分配率}$$

$$\text{或}=\text{该成本项目成本累计数}-\text{该成本项目完工产品成本}$$

（为使完工产品单位成本能够除尽且保留两位小数，一般按这个算式计算月末在产品成本。）

$$\text{月末在产品总成本}=\text{各成本项目月末在产品成本之和}$$

【例题3.30】 某企业丙产品2010年8月基本生产成本明细分类账提供的月初在产品成本为130 001元，其中：原材料69 995元，燃料及动力18 002元，职工薪酬32 002元，制造费用10 002元；本月发生成本为800 890元，其中：原材料427 600元，燃料及动力195 100元，职工薪酬100 190元，制造费用78 000元。本月完工产品500件，月末在产品200件，该企业定额管理基础比较好，各项消耗定额或费用定额比较准确、稳定，采用定额比例法计算完工产品成本和月末在产品成本。原材料按照原材料定额成本比例分配；燃料及动力、职工薪酬、制造费用等各项加工费，按定额工时的比例分配。丙产品单位产品原材料定额成本为700元，原材料在生产开始时一次投入（单位产品原材料定额成本就是单位在产品原材料定额成本），单位完工产品的工时定额为100小时，单位在产品工时定额为50小时。其计算分配结果和编制的“产品成本计算单”见表3.42所示。

表3.42　产品成本计算单

产品名称：丙产品　　产量：500件　　2010年8月　　金额单位：元

项　目		原材料	燃料及动力	职工薪酬	制造费用	合　计
月初在产品成本		69 995	18 002	32 002	10 002	130 001
本月发生成本合计		427 600	195 100	100 190	78 000	800 890
生产成本累计		497 595	213 102	132 192	88 002	930 891
分配标准合计		490 000	60 000(小时)	60 000(小时)	60 000(小时)	
分 配 率		1.015 5	3.551 7	2.203 2	1.466 7	
本月完工产品	定额成本或工时	350 000	50 000(小时)	50 000(小时)	50 000(小时)	
	实际总成本	355 425	177 585	110 160	73 335	716 505
	单位成本	710.85	355.17	220.32	146.67	1 433.01
月末在产品	定额成本或工时	140 000	10 000(小时)	10 000(小时)	10 000(小时)	
	实际成本	142 170	35 517	22 032	14 667	214 386

注：定额成本或工时计算：350 000.00＝500×700；　140 000.00＝200×700；
50 000＝500×100；10 000＝200×50。

分配标准合计计算：490 000.00＝350 000.00＋140 000.00；　60 000（小时）＝50 000＋10 000。

根据编制的“产品成本计算单”(表3.42)编制结转完工产品成本的转账凭证(会计分录代替)如下：

借:库存商品——丙产品　　716 505.00

　　贷:生产成本——基本生产成本——丙产品　　716 505.00

根据编制的结转完工产品成本的转账凭证(会计分录代替)和产品成本计算单(表3.42)，登记基本生产成本明细分类账(略)。

任务3.7　期间费用的归集与结转

前已述及，期间费用是指企业在生产经营过程中发生的，与产品生产活动没有直接联系，属于某一时期发生的直接记入当期损益的耗费和支出。期间费用包括：企业在产品销售过程中发生的各项销售费用；企业行政管理部门为组织和管理生产经营活动而发生的各项管理费用；企业为筹集生产经营所需资金而发生的财务费用。期间费用的归集与结转是指销售费用的归集与结转、管理费用的归集与结转和财务费用的归集与结转。

3.7.1　销售费用的归集与结转

销售费用是指企业在产品销售过程中发生的各项耗费与支出，以及销售机构的经营费用。它不记入产品的生产成本，不参与产品成本计算，也不存在分配问题，而是作为期间费用直接记入当期损益。销售费用的归集与结转是通过“销售费用”总账账户和所属明细账户进行归集和结转的。销售费用应按费用项目设置明细账，进行明细核算，用以反映和考核各项耗费、支出的情况。企业在销售商品过程中发生的包装费、保险费、展览费和广告费、运输费、装卸费等费用，借记“销售费用”账户，贷记“库存现金”、“银行存款”等账户。发生的为销售本企业商品而专设的销售机构的职工薪酬、业务费等经营费用，借记“销售费用”账户，贷记“应付职工薪酬”、“银行存款”、“累计折旧”等账户。月末，根据“销售费用”账户和所属明细账户借方归集的各项费用，将其实际发生额全部结转“本年利润”账户，借记“本年利润”账户，贷记“销售费用”账户。结转以后，“销售费用”账户和所属明细账户应无余额。

“销售费用明细分类账”的格式如表3.43所示。

表3.43　　**销售费用明细分类账**

明细项目：＿＿＿＿＿＿　　第　页

年		凭证		摘　要	费　用　项　目								
月	日	字	号		广告费	展览费	保险费	包装费	商品维修	运输费	装卸费	…	合计

3.7.2　管理费用的归集与结转

管理费用是指企业行政管理部门为组织和管理生产经营活动而发生的各项耗费和支出。

它不记入产品的生产成本，不参与产品成本计算，也不存在分配问题，而是作为期间费用直接记入当期损益。管理费用的归集和结转，是通过"管理费用"总账账户和所属明细分类账户进行的。管理费用应按费用项目设置明细分类账，用来反映和考核各项费用的支出情况。企业在筹建期间内发生的开办费，包括人员工资、办公费、培训费、差旅费、印刷费、注册登记费以及不记入固定资产成本的借款费用等。在实际发生时，借记本科目（开办费），贷记"银行存款"等科目；行政管理部门人员的职工薪酬，借记本科目，贷记"应付职工薪酬"科目；行政管理部门计提的固定资产折旧，借记本科目，贷记"累计折旧"科目；发生的办公费、水电费、业务招待费、聘请中介机构费、咨询费、诉讼费、技术转让费、研究费用，借记本科目，贷记"银行存款"、"研发支出"等科目；按规定计算确定的应交矿产资源补偿费、房产税、车船使用税、土地使用税，借记本科目，贷记"应交税费"科目。月末，结转管理费用时记入"管理费用"账户的贷方和"本年利润"账户的借方，结转以后，"管理费用"账户和所属明细账户应无余额。

【例题 3.31】 兴旺工厂 2010 年 8 月，归集的管理费用如表 3.44 所示（根据例题 3.5、3.6、3.9 和 3.11 中的资料登记归集的）。将管理费用转入本年利润。

表 3.44　　**管理费用明细分类账**

明细项目：________　　　　第　页

2010 年		凭证		摘　要	费用项目						
月	日	字	号		物料消耗	水电费	职工薪酬	修理费	取暖费	…	合　计
8	31			分配外购材料（表 3.7）	2 460.00						2 460.00
	31			分配外购动力（表 3.8）		225.00					225.00
	31			分配职工薪酬（表 3.10）			7 752.00				7 752.00
	31			供气、修理费（表 3.15）				4 724.56	2 985.29		7 709.85
	31			本月合计	2 460.00	225.00	7 752.00	4 724.56	2 985.29		18 146.85
				结转本年利润	2 460.00	225.00	7 752.00	4 724.56	2 985.29		18 146.85

借：本年利润　　18 146.85

　贷：管理费用　　18 146.85

根据编制的会计分录登记"管理费用明细分类账"，见表 3.44 所示。

3.7.3　财务费用的归集与结转

财务费用是指企业为筹集生产经营所需资金等而发生的筹资费用，包括利息支出（减利息收入）、汇兑损益以及相关的手续费、企业发生的现金折扣或收到的现金折扣等。财务费用不记入产品的生产成本，不参与产品成本计算，也不存在分配问题，而是作为期间费用，直接记入当期损益。财务费用的归集和结转，是通过"财务费用"总账账户和所属明细账进行的。财务费用应按费用项目设置明细账，用以反映和考核各项费用的支出情况。企业发生的财务费用，借记本科目，贷记"银行存款"、"应付利息"等科目。发生的应冲减财务费用的利息收入、汇兑损益、现金折扣，借记"银行存款"、"应付账款"等科目，贷记本科目。月末结转财务费用时记入"财务费用"科目的贷方和"本年利润"科目的借方，结转以后，"财务费用"科目及所属明细账期末无余额。

“财务费用明细分类账”的格式如表 3.45 所示。

表 3.45 财务费用明细分类账

明细项目： 第 页

年		凭证		摘要	费用项目					
月	日	字	号		利息支出	手续费	汇兑损益	现金折扣	…	合计

任务 3.8 已销产品生产成本的计算与结转

按照最新《企业会计准则》的规定，“企业应采用先进先出法、加权平均法或者个别计价法确定发出存货的实际成本”。下面以加权平均法为例说明已销产品生产成本的计算与结转。

【例题 3.32】 兴旺工厂 2010 年 8 月份的甲产品库存商品明细分类账如表 3.46 所示。

表 3.46 库存商品明细分类账

仓库：1 号库

产品名称：甲产品 计量单位：件 第×页

2010 年		凭证		摘要	收入			发出			结存		
月	日	字	号		数量	单价	金额	数量	单价	金额	数量	单价	金额
8	1			期初结存							500	139.99	69 995.00
	10			销售				200			300		
	15			完工入库	300						600		
	20			销售				500			100		
	30			完工入库	240						340		
	30			本月合计	540	142.03	76 696.20	700	141.05	98 735.00	340	141.05	47 986.20

账中的本月发出数量均是本月销售的产品数量，按照加权平均法计算本月已销产品的加权平均单位成本如下：

$$\text{加权平均单位成本}=\frac{\text{月初结存产品成本}+\text{本月完工入库产品成本}}{\text{月初结存产品数量}+\text{本月完工入库产品数量}}$$

$$=\frac{69\,995.00+76\,696.20}{500+540}\approx 141.05$$

$$\text{本月已销产品的生产成本}=\text{本月销售产品数量}\times\text{加权平均单位成本}$$

$$=700\times 141.05=98\,735.00(\text{元})$$

根据上述计算结果填制结转已销产品生产成本和主营业务成本的转账凭证（会计分录代替）如下：

借:主营业务成本　　98 735.00

　　贷:库存商品——甲产品　　98 735.00

结转本年利润时:

借:本年利润　　98 735.00

　　贷:主营业务成本　　98 735.00

任务回顾

成本核算的一般程序是指对企业在生产经营过程中发生的各项耗费、支出,按照成本核算的要求,逐步进行归集和分配,最后计算出各种产品的成本和各项期间费用的基本步骤。

根据成本核算要求和产品成本、期间费用的内容,可将成本核算的一般程序归纳为:①确定成本计算对象;②将要素费用在各个成本计算对象之间进行分配;③将归集的辅助生产成本在各个成本计算对象之间进行分配;④将归集的制造费用在各个成本计算对象之间进行分配;⑤将归集的废品损失与停工损失在各个成本计算对象之间进行分配;⑥将归集的产品生产成本在完工产品和在产品之间进行分配;⑦结转期间费用;⑧结转已销产品生产成本。

分配要素费用的一般步骤是:①明确分配对象;②确定分配标准;③计算分配率;④计算分配结果。

外购材料的分配方法有:重量分配法、定额耗用量比例分配法、定额耗用额比例法和标准品产量比例分配法(系数分配法)。外购动力分配一般按机器工时比例分配。职工薪酬一般按生产工时分配。辅助生产成本分配的方法有:直接分配法、交互分配法、代数分配法和计划成本分配法。制造费用的分配方法一般有生产工时比例法、生产工人工资比例法、机器工时比例法和按年度计划分配率分配法等。

废品损失是指企业生产的产品中出现了废品而造成的损失,包括可修复废品的修复费用和不可修复废品生产成本扣除回收的废品残料价值与应收赔款以后的数额。废品损失的核算有两种核算方法,一种是单独核算废品损失,另一种是不单独核算废品损失。停工损失是指生产车间或车间内某个班组在停工期内发生的各项耗费、支出,包括停工期内支付的职工薪酬、所耗燃料及动力费,以及应负担的制造费用等。单独核算停工损失的企业,应增设"停工损失"会计科目和"停工损失"成本项目。

在产品是指尚未最终完工,尚不能作为商品对外销售的产品。工业企业的在产品有广义在产品和狭义在产品之分。本月完工产品与月末在产品成本之间的关系,可以用公式表示如下:

月初在产品成本+本月发生成本=本月完工产品成本+月末在产品成本

完工产品与在产品之间分配生产成本通常采用的分配方法有:不计算在产品成本法、按年初数固定计算在产品成本法、在产品按所耗原材料费用计价法、约当产量比例法、在产品按完工产品成本计算法、在产品按定额成本计价法和定额比例法等。企业应该根据在产品数量的多少、各月在产品数量变化的大小、各成本项目金额所占比重的大小以及定额管理基础的好坏等具体条件,选择既合理又较简便的分配方法。期间费用结转是分别将销售费用、管理费用和财务费用归集的费用数额转入"本年利润"账户。已销产品生产成本的结转就是将已销产品的生产成本由"库存商品"账户转入"主营业务成本"账户。

任务训练

3.1 思考题

(1)什么是成本核算?

(2)如何理解成本计算对象?

(3)要素费用在各个成本核算对象之间的分配,必须注意哪些原则?

(4)分配要素费用的一般步骤有哪些?

(5)什么是制造费用?制造费用包括哪些内容?企业如何归集制造费用?

(6)分配制造费用方法有哪些?分别适用于哪种情况?

(7)辅助生产成本的分配有哪几种方法?各适用什么类型企业?

(8)简述辅助生产成本交互分配法的含义。交互分配法的要点是什么?

(9)什么是废品损失?如何确认发生的废品损失?

(10)什么是停工损失?停工损失包括的内容有哪些?

(11)在产品与完工产品的联系与区别有哪些?

(12)约当产量比例法的含义是什么?这种方法适用于什么类型的企业?

(13)在约当产量比例法的条件下,如果是单步骤生产而且原材料分别在各个工序生产开始时一次投入或每道工序陆续均匀投入时,二者在计算方法上有哪些区别?

(14)什么是生产成本的定额比例法?这种分配方法适用于什么类型企业?

(15)什么是期间费用?它包括哪些项目?各个项目的具体内容如何?

3.2 单项选择题

(1)“制造费用”账户所归集的各种间接耗费和支出(　　)。

①是产品成本的组成部分　　②不是产品成本的组成部分

③抵减“本年利润”　　④增加“本年利润”

(2)构成产品成本的各项耗费、支出,是指企业(　　)。

①生产费用和期间费用　　②生产耗费

③期间费用　　④经营管理费用

(3)下列项目中,不属于产品成本材料费用要素的是(　　)。

①仓库保管过程的材料消耗　　②生产产品消耗的配件

③生产产品领用的材料　　④直接装配在产品上的外购零部件

(4)对于月末没有在产品的企业,所归集的全部基本生产成本都是(　　)。

①本月在产品成本　　②本月期间成本

③本月完工产品的成本　　④下期在产品成本

(5)在辅助生产内部相互提供产品或劳务不多的企业,一般可采用(　　)法分配辅助生产费用。

①直接分配　　②交互分配

③代数分配　　④计划成本分配

(6)分配结果最为准确的辅助生产费用分配方法是(　　)。

①直接分配法　　②交互分配法

③代数分配法　　④计划成本分配法

(7)停工损失不包括(　　)期间发生的损失。

①大修理停工　　②季节性停工

③自然灾害停工　　④计划减产停工

(8)下列项目中属于制造费用的是(　　)。

①生产工人的计件工资　　②生产工人的计时工资

③企业管理人员工资　　④车间管理人员工资

(9)本期发生的期间费用,月末应转入(　　)账户。

①生产成本　　②制造费用

③库存商品　　④本年利润

(10)制造费用的归集和分配是通过(　　)账户进行的。

①生产成本　　②制造费用

③本年利润　　④库存商品

(11)由于自然灾害引起的停工损失,应按规定扣除保险赔偿款后转作(　　)。

①生产成本　　②制造费用

③营业外支出　　④本年利润

(12)因原材料、燃料动力供应不足等原因发生的停工损失,应记入(　　)。

①产品成本　　②制造费用

③营业外支出　　④本年利润

(13)下列辅助生产成本分配方法中,必须经过两次分配的方法是(　　)。

①直接分配法　　②交互分配法

③代数分配法　　④计划成本分配法

(14)某企业职工王小亮月标准工资为 1 212.20 元,2010 年 9 月份日历天数 30 天,出勤 17 天,双休日 10 天,请事假 1 天,请病假 2 天(按制度规定,该职工病假按 80%发工资),本月奖金、津贴等计 120 元。应付王小亮的月工资是(　　)元。

①1 090.98　　②1 167.78

③1 198.80　　④1 189.00

(15)下列项目中,不属于生产成本的项目是(　　)。

①生产工人工资　　②车间管理人员工资

③企业管理人员工资　　④生产产品而消耗的原材料

(16)"制造费用"账户(　　)。

①期末一定无余额　　②除季节性生产企业外,期末应无余额

③期末余额在贷方　　④除季节性生产企业外,期末有借方余额

(17)企业的辅助生产车间,在各个受益对象之间分配的辅助生产成本是指该生产车间(　　)。

①生产成本合计数　　②本期发生的成本

③交互分配的费用　　④管理费用

(18)废品损失中,应由过失人赔偿的款项,借记"其他应收款"或"库存现金"科目,贷记(　　)科目。

①"管理费用"　　②"制造费用"

③"废品损失"　　④"营业外支出"

(19)不可修复废品净损失,应(　　)。

①列入"管理费用"

②列入"营业外支出"

③直接抵消"本年利润"

④应由同种合格产品成本负担,即列入"生产成本——基本生产"账户

(20)下列各项目中,不记入"停工损失"项目的有(　　)。

①停工期间内所支付的生产工人的职工薪酬

②停工期间内所应负担的制造费用

③停工期间内所耗用的动力费

④季节性或修理期间的停工损失

(21)不计算月末在产品成本法的适用范围是(　　)。

①在产品数量较大，而且各月数量变化较小的产品

②各月末在产品数量很小，不计算在产品成本对于完工产品成本的影响很小的产品

③在产品数量较大，而且各月数量变化较大的产品

④在产品已经接近完工的产品

(22)采用固定在产品成本法时，其完工产品成本计算方法非常简单，1～11月份的完工产品成本就等于本月(　　)。

①制造费用发生数　　②生产成本累计数

③月初在产品成本　　④发生的生产成本

(23)采用约当产量比例法时，如果生产车间直接生产工人的职工薪酬发生的比较均衡，在产品完工程度一般按(　　)计算。

①职工薪酬占该产品生产成本的比重　　②计划比重

③百分之五十　　④百分之百

(24)下列辅助生产成本分配方法中，不在辅助生产单位之间进行分配辅助生产成本的方法是(　　)。

①直接分配法　　②交互分配法

③代数分配法　　④计划成本分配法

(25)为了保证按每个成本计算对象正确地归集生产成本，必须将应由本期产品负担的生产耗费与支出正确地在(　　)之间进行分配。

①各种产品　　②完工产品和在产品

③盈利产品与亏损产品　　④可比产品与不可比产品

(26)制造费用应分配记入(　　)账户。

①基本生产成本和辅助生产成本

②基本生产成本和期间费用

③生产成本和管理费用

④财务费用和营业费用

(27)在企业未设置"燃料及动力"成本项目的情况下，生产车间发生的直接用于产品生产的动力费用，应记入的成本项目是(　　)。

①原材料　　②职工薪酬

③废品损失　　④制造费用

(28)采用辅助生产成本的交互分配法，对外分配的费用总额是(　　)。

①交互分配前的成本

②交互分配前的成本加上交互分配转入的成本

③交互分配前成本减去交互分配转出的成本

④交互分配前的成本加上交互分配转入的成本，减去交互分配转出的成本

(29)辅助生产成本的直接分配法，是将辅助生产成本(　　)。

①直接记入基本生产成本的方法

②直接记入辅助生产成本的方法

③直接分配给辅助生产以外的各受益单位的方法

④直接分配给所有受益单位的方法

(30)辅助生产成本各种分配方法中，能分清内部经济责任、有利于实行厂内经济核算的是(　　)。

①直接分配法　　②交互分配法

③代数分配法　　④计划成本分配法

(31)辅助生产车间发生的制造费用(　　)。

①必须通过"制造费用"总账账户核算

②不必通过"制造费用"总账账户核算

③根据具体情况，可以记入“制造费用”总账账户，也可以直接记入“辅助生产成本”账户

④首先记入“辅助生产成本”账户

(32)在成本核算基础工作完成后，为便于查明辅助生产车间成本计划的完成情况，适宜采用的辅助生产成本分配方法是(　　)。

①直接分配法　　②交互分配法

③计划成本分配法　　④代数分配法

(33)辅助生产交互分配后的实际成本，应再在(　　)进行分配。

①各基本生产车间

②各受益单位之间

③辅助生产以外的受益单位之间

④各辅助生产车间

(34)下列各项中，不属于废品损失的是(　　)。

①可以降价出售的不合格产品的降价损失

②可修复废品的修复费用

③不可修复废品的生产成本扣除回收残料价值以后的损失

④生产过程中发现的不可修复废品的生产成本

3.3　多项选择题

(1)工业企业的成本计算对象，除了产品品种以外，还可以是(　　)。

①产品批次　　②产品类别

③生产步骤　　④生产时间

(2)成本计算对象，是(　　)的依据。

①开设账户　　②开设基本生产成本明细分类账

③设置成本计算单　　④设置会计机构

(3)期间费用包括(　　)。

①销售费用　　②制造费用

③管理费用　　④财务费用

(4)对要素费用的分配，一般可供选择的分配标准主要有以下三类：(　　)。

①计划类　　②成果类

③消耗类　　④定额类

(5)企业各生产单位、部门需用外购材料时，应填制发料凭证从材料仓库领取，这些发料凭证主要有(　　)。

①领料登记表　　②盘存单

③限额领料单　　④领料单

(6)辅助生产成本的分配方法通常采用(　　)。

①直接分配法　　②交互分配法

③代数分配法　　④计划成本分配法

(7)生产中的废品包括(　　)。

①生产过程中发现的废品　　②入库后发现的废品

③可修复废品　　④不可修复废品

(8)废品按其废损程度和修复价值，可分为(　　)。

①生产过程中发现的废品　　②入库后发现的废品

③可修复废品　　④不可修复废品

(9)(　　)应从停工损失中扣除。

①过失单位原因造成的损失　②过失人员原因造成的损失
③保险公司负担的赔款　④停工期内支付的职工薪酬
(10)制造费用的分配方法一般有(　　)。
①生产工时比例法　②机器工时比例法
③年度计划分配率分配法　④生产工人工资比例法
(11)下列产品损失中,不属于废品损失是(　　)。
①可修复废品的修复费用
②产品运输中的意外损失
③保管中发生的损毁产品净损失
④不可修复废品的净损失
(12)企业产品成本的核算,是通过设置(　　)账户来进行的。
①"制造费用"　②"管理费用"
③"生产成本"　④"库存商品"
(13)下列账户中,期末结转后应无余额的账户有(　　)。
①"销售费用"　②"生产成本"
③"财务费用"　④"管理费用"
(14)下列各项目中,记入"制造费用"账户的有(　　)。
①车间管理人员的职工薪酬
②停工期间内所应负担的制造费用
③车间内共同耗用的动力费
④季节性或修理期间的停工损失
(15)发生下列耗费时,可以直接借记"生产成本"的是(　　)。
①车间照明用电费　②构成产品实体的原材料
③车间管理人员工资　④车间生产人员工资
(16)辅助生产车间不设"制造费用"账户核算是因为(　　)。
①辅助生产车间数量较少
②制造费用较少
③辅助生产车间不对外提供商品
④辅助生产车间规模较小
⑤为了简化核算工作
(17)采用代数分配法分配辅助生产成本(　　)。
①能够提供正确的分配计算结果
②能够简化费用的分配计算工作
③适用于实现电算化的企业
④便于分析考核各受益单位的成本

技能实训

本章实训说明:(1)技能实训题中除所涉及的单位成本(分配率)精确度规定为0.01外,其他计算中涉及的分配率精确度规定为0.000 1(发生的生产耗费、支出在完工产品和在产品之间分配时将尾差倒挤到月末在产品中去);(2)涉及胜利机械厂的实训业务应特别注意,实训题前后的数据之间具有关联性。

技能实训题 3.1

【实训目的】 实训外购材料在各成本计算对象之间的分配方法。

【实训资料】 2010年10月,天龙机械厂生产101、102、103三种产品,本月三种产品共同耗用丙材料

50 451.52元。本月所生产三种产品的净重分别为741千克、56千克、987千克。

【实训要求】 采用重量分配法，在101、102、103三种产品之间分配丙材料金额；填制“材料耗用额分配表”(见表3.1.1)；填制相应的第×号转账凭证。

表3.1.1　　**材料耗用额分配表**

年　月　　金额单位：

产品名称	分配标准(　)	分配率(　)	分配金额
合　计			

技能实训题3.2

【实训目的】 实训外购材料在各成本计算对象之间的分配方法。

【实训资料】 2010年10月，天北机械厂生产201、202、203三种产品，本月三种产品共同耗用乙材料14 369千克，实际平均单价为88.55元/千克；本月三种产品实际投产量分别为22件、57件和91件，单位产品材料耗用量定额分别为12千克、15千克和18千克。

【实训要求】 (1)采用定额耗用量比例法在201、202、203三种产品之间分配其共同耗用的乙材料金额，即通过两种方法计算其分配额，编制“材料耗用额分配表”(方法1见表3.2.1、方法2见表3.2.2)；(2)根据方法2计算结果填制相应的第×号转账凭证。

表3.2.1　　**材料耗用额分配表(方法1)**

年　月　　金额单位：

产品名称	投产量(　)	单位产品材料耗用量定额(　)	各种产品的材料定额耗用量(　)	分配率	各种产品的材料实际耗用量(　)	材料实际单价	应分配的材料实际耗用额
说　明	①	②	③=①×②	④	⑤=③×④	⑥	⑦=⑤×⑥
合　计	—	—					

注：计算的各种产品的材料实际耗用量保留整数。

表3.2.2　　**材料耗用额分配表(方法2)**

年　月　　金额单位：

产品名称	投产量(　)	单位产品材料耗用量定额(　)	各种产品的材料定额耗用量(　)	分配率	应分配的材料实际耗用额
说　明	①	②	③=①×②	④	⑤=③×④
合　计	—	—			

注：计算的各种产品的材料定额耗用量保留整数。

技能实训题 3.3

【实训目的】 实训外购材料在各成本计算对象之间的分配方法。

【实训资料】 2010 年 10 月，胜利机械厂生产 A、B、C 三种产品，本月三种产品共同耗用甲、乙材料 176 000元；本月三种产品实际投产量分别为 30 件、10 件和 20 件；A 产品单位产品材料耗用定额为：甲材料 500 千克、乙材料 800 千克；B 产品单位产品材料耗用定额为：甲材料 400 千克、乙材料 600 千克；C 产品单位产品材料耗用定额为：甲材料 100 千克、乙材料 200 千克；甲、乙两种材料的单价分别为 40 元/千克和 85 元/千克。

【实训要求】 采用定额耗用额比例法在 A、B、C 三种产品之间分配其共同耗用的甲、乙材料金额，并填制第 20 号转账凭证。

技能实训题 3.4

【实训目的】 实训外购材料在各成本计算对象之间的分配方法。

【实训资料】 2010 年 10 月，腾飞玻璃制品厂生产 D1、D2、D3、D4、D5 系列产品五种，五种产品本月共同耗用 5 毫米玻璃 84 825 元。五种产品单位耗用 5 毫米玻璃定额分别为 0.1 平方米、0.4 平方米、1.0 平方米、0.7 平方米和 1.2 平方米；本月实际完工产量分别为 12 件、88 件、8 件、3 件和 10 件。

【实训要求】 (1)采用标准品产量法在 D1、D2、D3、D4、D5 五种产品之间分配其共同耗用的 5 毫米玻璃金额；(2)根据计算结果编制“材料耗用额分配表”(表 3.4.1)；(3)填制相应的转账凭证。

表 3.4.1 **材料耗用额分配表**

年　　月　　　　　　　　金额单位：

产品名称	投产量 (　　)	单位产品材料耗用量定额 (　　)	各种产品折合系数	标准品产量 (总系数)	分配率	应分配的材料实际耗用额
说　明	①	②	③=②÷__	④=①×③	⑤	⑥=④×⑤
合　计	—	—	—			

技能实训题 3.5

【实训目的】 实训外购材料在各成本计算对象之间的分配方法。

【实训资料】 胜利机械厂 2010 年 10 月 31 日，对本月的“领料单”进行汇总整理，其中：A 产品直接耗用甲材料 880 千克，B 产品直接耗用甲材料 436 千克，C 产品直接耗用甲材料 100 千克，A、B、C 产品共同耗用乙材料 250 千克(A、B、C 产品单位产品乙材料耗用量定额分别为 6 千克、8 千克和 3 千克)，辅助生产修理车间直接耗用甲材料 18 千克，辅助生产供气车间直接耗用甲材料 34 千克，基本生产车间一般耗用甲材料 22 千克，行政管理部门一般耗用甲材料 12 千克。本月生产 A 产品 7 件、B 产品 14 件、C 产品 2 件。采用加权平均法确定的单价为：甲材料 41.36 元/千克、乙材料 80.00 元/千克。

【实训要求】 (1)按定额耗用量比例分配 A、B、C 产品共同耗用的乙材料；(2)编制“材料耗用额分配表”(见表 3.5.1)；(3)根据资料填制第 21 号转账凭证。

表 3.5.1　　**材料耗用额分配表**

年　　月　　日　　　　金额单位：

分配对象		投产量（　）	共同耗用材料分配（　）				直接耗用材料额（　）	材料耗用额合计
			单耗定额（　）	定额耗用量（　）	分配率	分配金额		
基本生产								
	小　计							
辅助生产								
	小　计							
基本生产车间								
行政管理部门								
合　计								

技能实训题 3.6

【实训目的】 实训外购动力在各成本计算对象之间的分配方法。

【实训资料】 胜利机械厂外购电力，经查 2010 年 10 月份本厂共耗电 8 000 度，岭西变电所核定本厂每度电 0.82 元，共计 6 560.00 元。其中：直接用于产品生产耗电 6 500 度，没有分产品安装电表，厂部规定按机器工时比例分配外购电力（A 产品机器工时为 600 小时，B 产品机器工时为 320 小时，C 产品机器工时为 80 小时）；辅助生产修理车间耗电 480 度；辅助生产供气车间耗电 720 度；基本生产车间照明用电 80 度；行政管理部门照明用电 220 度。

【实训要求】 (1)计算各种产品应分配电费额；(2)编制“外购动力费分配表”（见表 3.6.1）；(3)填制第 22 号转账凭证。

表 3.6.1　　**外购动力费分配表**

年　　月　　　　金额单位：

分配对象		电　量（　）	单　价（　）	产品生产耗电分配			耗电金额合　计
				机器工时	分配率	分配金额	
基本生产							
	小　计						
辅助生产							
	小　计						
基本生产车间							
行政管理部门							
合　　计							

技能实训题 3.7

【实训目的】 实训集体计件职工薪酬的分配方法。

【实训资料】 某加工厂实行计件工资制，2010 年 10 月份赵娜、江丽、刘明伟、魏来四人共同生产 SY-8 汽车配件58个，经验收全部为合格品；生产SY-9配件3 200个，其中合格品3 189件，料废品8件，工废品3件。核定的单位产品计件单价为SY-8汽车配件25.00元、SY-9汽车配件1.55元。根据四人的工资级别和出勤天数，计算本月赵娜、江丽、刘明伟、魏来的计时工资分别为860元、960元、1 060元、1 560元。

【实训要求】 (1)计算集体计件工资总额；(2)编制"小组集体计件工资分配表"(见表3.7.1)，计算每人应得的计件工资(注：本厂规定SY-9配件工废品没有计件工资，若月工废品率超过1‰将取消本月奖金)；(3)根据资料按生产工时比例在SY-8和SY-9配件之间分配集体计件职工薪酬(本月SY-8汽车配件生产工时为150小时、SY-9配件生产工时为90小时)；(4)根据资料填制第×号转账凭证。

表3.7.1 小组集体计件工资分配表

年 月 金额单位：

姓名(分配对象)	计时工资(分配标准)	分配率	计件工资额
合 计			

技能实训题3.8

【实训目的】 实训职工薪酬的分配方法。

【实训资料】 胜利机械厂2010年10月31日，根据工资结算单整理分配本月份职工工资，其中：基本生产车间生产工人工资120 500元(按产品生产工时比例分配，A产品生产工时3 000小时、B产品生产工时1 800小时、C产品生产工时200小时)，基本生产车间管理人员工资6 580元，辅助生产车间修理生产工人工资4 866元，辅助生产车间供气生产工人工资7 320元，辅助生产车间管理人员工资3 220元，行政管理人员工资11 800元。职工福利费的提取比例为14%。

【实训要求】 (1)计算各种产品应分配的生产工人工资额；(2)根据资料编制"工资及福利费分配表"(见表3.8.1)；(3)填制第23号转账凭证。

表3.8.1 工资及福利费分配表

年 月 日 金额单位：

分配对象		生产工人工资分配			职工工资合计	职工福利费		职工工资与福利费合计
		生产工时	分配率	分配金额		比例	金额	
基本生产车间	A产品							
	B产品							
	C产品							
	小 计							
	管理人员							
辅助生产车间	修理							
	供气							
	管理人员							
行政管理人员								
合 计								

技能实训题 3.9

【实训目的】 实训辅助生产车间制造费用的分配方法。

【实训资料】 胜利机械厂 2010 年 10 月 31 日辅助生产车间为基本生产和其他部门提供修理和供气两种服务，单独设置“制造费用明细分类账”核算辅助生产车间的制造费用。月末，辅助生产车间发生的制造费用 3 670.80 元(见技能实训题 3.8)。

【实训要求】 (1)按辅助生产工人工资的比例分配辅助生产车间本月发生的制造费用(修理和供气生产工人工资额见技能实训题 3.8)，并填制“辅助生产车间制造费用分配表”(见表 3.9.1)；(2)根据表 3.9.1 资料编制结转辅助生产车间制造费用的第 24 号转账凭证；(3)根据技能实训题 3.5、3.6、3.8 资料，登记“辅助生产成本明细分类账”(见表 3.9.2、表 3.9.3)。

表 3.9.1　　**辅助生产车间制造费用分配表**

年　　月　　日　　　　金额单位：

辅助生产产品名称	生产工人工资	分配率	分配的制造费用
		—	
		—	
合　计			

表 3.9.2　　**辅助生产成本明细分类账**

产品或劳务：修理　　　　第　页

年		凭证		摘　要	成本项目				合　计
月	日	字	号		原材料	燃料及动力	职工薪酬	制造费用	

表 3.9.3　　**辅助生产成本明细分类账**

产品或劳务：供气　　　　第　页

年		凭证		摘　要	成本项目				合　计
月	日	字	号		原材料	燃料及动力	职工薪酬	制造费用	

技能实训题 3.10

【实训目的】 实训辅助生产成本的分配方法。

【实训资料】 胜利机械厂设有修理和供气两个辅助生产车间,分别提供修理和供气两种服务。

(1)2010 年 10 月 31 日,在分配结转前,"生产成本——辅助生产成本——修理"账户和"生产成本——辅助生产成本——供气"账户归集的本月辅助生产成本,见技能实训题 3.9 中的"辅助生产成本明细分类账"(见表 3.9.2 和表 3.9.3)。

(2)该厂本月辅助生产车间提供的产品和劳务供应量资料如表 3.10.1 所示。

表 3.10.1 辅助生产车间劳务供应量汇总表

2010 年 10 月

受益对象		修理工时	用数量(立方米)
辅助生产	修理		2 000
	供气	100	
基本生产车间		90	5 800
行政管理部门		10	1 200
合计		200	9 000

【实训要求】

(1)采用直接分配法分配辅助生产的修理成本和供气成本:①编制"辅助生产成本分配表(直接分配法)"(见表 3.10.2);②编制分配结转辅助生产成本的第×号转账凭证。

(2)采用交互分配法分配辅助生产的修理成本和供气成本:①采用交互分配法进行分配(要求列出第一步进行交互分配和第二步进行对外分配的计算过程);②根据交互分配和对外分配的计算结果编制"辅助生产成本分配表"(交互分配法,见表 3.10.3);③根据编制的"辅助生产成本分配表"(见表 3.10.3),编制分配结转辅助生产成本的第 25－1 号、25－2 号转账凭证;④根据编制的转账凭证登记"辅助生产成本明细分类账"(见表 3.10.4 和表 3.10.5)。

(3)采用代数分配法分配辅助生产的修理成本 8 150.96 元和供气成本 12 546.60 元(资料见表 3.10.1):①根据资料,建立二元一次方程组;②根据二元一次方程求解(此方程解保留到小数点以下五位)并编制"辅助生产成本分配表(代数分配法)"(见表 3.10.6);③根据"辅助生产成本分配表(代数分配法)"编制分配结转辅助生产成本的第×号转账凭证;④根据编制的第×号转账凭证,登记"辅助生产成本明细分类账"(用 T 型账户代替,见图 3.10.1 和图 3.10.2)。

(4)采用计划成本分配法分配辅助生产的修理成本 8 150.96 元和供气成本 12 546.60 元(假设该厂确定的计划单位成本为每修理工时 62.00 元,每立方米气 2.10 元)。要求:①编制"辅助生产成本分配表"(计划成本分配法)(见表 3.10.7);②根据"辅助生产成本分配表"(计划成本分配法)填制分配结转辅助生产成本的第×号转账凭证,并登记"辅助生产成本明细分类账"(用 T 型账户代替,见图 3.10.3 和图 3.10.4)。

(5)结转本月基本生产车间制造费用:①根据资料登记本月基本生产车间"制造费用明细分类账",并进行本月合计(见表 3.10.8;资料见技能实训题 3.5、3.6、3.8 和 3.10;提示:技能实训题 3.10 中分配转入的基本生产车间制造费用按交互分配法(见表 3.10.3)分配转入的金额为准);②按生产工时比例分配制造费用(见表 3.10.9;A、B、C 产品的生产工时资料见技能实训题 3.8.1);③根据编制的"制造费用分配表"(表 3.10.9)编制分配结转制造费用的第 26 号转账凭证;④根据第 26 号转账凭证继续登记本月基本生产车间"制造费用明细分类账"(见表 3.10.8)。

表 3.10.2　　**辅助生产成本分配表(直接分配法)**

年　　月　　　　金额单位:

项　　目		修理	供气	金额合计
辅助生产产品或劳务的总成本		8 150.96	12 546.60	20 697.56
提供给辅助生产车间以外的产品或劳务数量				
辅助生产产品或劳务成本分配率(单位成本)				
受益对象				
基本生产车间	数量			
	金额			
行政管理部门	数量			
	金额			
分配金额合计				

表 3.10.3　　**辅助生产成本分配表(交互分配法)**

年　　月　　　　金额单位:

项　　目			交互分配			对外分配		
			修理	供气	合计	修理	供气	合计
辅助生产产品或劳务的总成本			8 150.96	12 546.60	20 697.56			
辅助生产产品或劳务数量								
成本分配率(单位成本)								
受益对象								
辅助生产	修理	数量						
		金额						
	供气	数量						
		金额						
基本生产车间		数量						
		金额						
行政管理部门		数量						
		金额						
分配金额合计								

表 3.10.4　　**辅助生产成本明细分类账**

产品或劳务:修理　　　　第　　页

2010 年		凭证		摘　要	借　方					贷　方	余　额
月	日	字	号		原材料	燃料及动力	职工薪酬	制造费用	合计		
10	31	转	21	分配外购材料(实训 3.5)	744.48				744.48		744.48
	31	转	22	分配外购电力(实训 3.6)		393.60			393.60		1 138.08
	31	转	23	分配职工薪酬(实训 3.8)			5 547.24		5 547.24		6 685.32
	31	转	24	分配制造费用(实训 3.9)				1 465.64	1 465.64		8 150.96

表 3.10.5 **辅助生产成本明细分类账**

产品或劳务:供气 第 页

2010年		凭证		摘要	借方					贷方	余额
月	日	字	号		原材料	燃料及动力	职工薪酬	制造费用	合计		
10	31	转	21	分配外购材料(实训 3.5)	1 406.24				1 406.24		1 406.24
	31	转	22	分配外购电力(实训 3.6)		590.40			590.40		1 996.64
	31	转	23	分配职工薪酬(实训 3.8)			8 344.80		8 344.80		10 341.44
	31	转	24	分配制造费用(实训 3.9)				2 205.16	2 205.16		12 546.60

表 3.10.6 **辅助生产成本分配表(代数分配法)**

年 月

项目			修理	供气	金额合计
单位成本(成本分配率)					
受益对象					
辅助生产	修理	数量			
		金额			
	供气	数量			
		金额			
基本生产车间		数量			
		金额			
行政管理部门		数量			
		金额			
合计		数量			
		金额			

生产成本——辅助生产成本——修理

图 3.10.1

生产成本——辅助生产成本——供气

图 3.10.2

表 3.10.7　**辅助生产成本分配表(计划成本分配法)**

年　月　金额单位：

项目			修理	供气	金额合计
辅助生产产品或劳务的总成本					
辅助生产产品或劳务数量					
计划单位成本					
受益对象					
辅助生产	修理	实际数量			
		计划成本			
	供气	实际数量			
		计划成本			
基本生产车间		实际数量			
		计划成本			
行政管理部门		实际数量			
		计划成本			
计划成本合计					
实际成本合计＝分配前成本＋分入的计划成本					
成本差异额＝实际成本合计－计划成本合计					

生产成本——辅助生产成本——修理

图 3.10.3

生产成本——辅助生产成本——供气

图 3.10.4

表 3.10.8　**制造费用明细分类账**

明细项目：________________　第　页

2010年		凭证		摘要	费用项目								
月	日	字	号		职工薪酬	折旧费	修理费	水电费	机物料消耗	办公费	取暖费	…	合计

表 3.10.9 **制造费用分配表**

年 月 金额单位：

产品名称	生产工时	分配率	分配金额
合 计			

技能实训题 3.11

【实训目的】 实训可修复废品损失和不可修复废品损失的归集与分配。

【实训资料】 胜利机械厂 2010 年 10 月生产 A 产品 2 000 件，经验收入库发现可修复废品 5 件，不可修复废品 15 件，经修理合格验收入库合格品 1 985 件，合格品生产工时为 2 977.5 小时，不可修复废品工时为 22.5 小时，全部生产工时为 3 000 小时。按工厂规定，本月发生的 5 件可修复废品应由过失人范玉林赔偿 120.00 元，由下月工资中扣回；在修复过程中耗用乙材料 2 千克，88.55 元/千克；分配职工薪酬 234.84 元，其中：职工工资 206 元，职工福利费 28.84 元，分配制造费用 39.17 元。产生的不可修复废品按规定由过失人李忠赔偿 200.00 元，废品残料作价 86.00 元入原材料库。按所耗实际成本计算废品的生产成本，原材料是生产开始时一次投入，原材料项目的成本按合格品数量和废品数量的比例分配；其他项目的成本按生产工时比例分配。

【实训要求】

(1)根据资料按顺序编制出可修复废品损失的第 27～31 号转账凭证：①结转过失人范玉林赔偿款；②领用乙材料；③结转应付职工薪酬；④分配制造费用；⑤结转可修复废品的净损失；⑥登记废品损失明细分类账(见表 3.11.1)和 A 产品基本生产成本明细分类账(见表 3.11.2)。

(2)按不可修复废品实际生产成本归集与分配：①根据资料和 A 产品基本生产成本明细分类账(见表 3.11.2)编制“不可修复废品损失计算表”(见表 3.11.3)；②根据“不可修复废品损失计算表”(见表 3.11.3)和例题中的其他有关资料，编制结转废品损失的第 32～35 号转账凭证；③登记“废品损失明细分类账”(见表 3.11.1)和 A 产品“基本生产成本明细分类账”(见表 3.11.2)。

表 3.11.1 **废品损失明细分类账**

生产车间：

产品名称： 第 页

年		凭证		摘 要	成 本 项 目				合 计
月	日	字	号		原材料	燃料及动力	职工薪酬	制造费用	

表 3.11.2　　**基本生产成本明细分类账**

生产车间:基本生产车间

产品名称:A 产品　　　　第　页

2010 年		凭证		摘　要	成　本　项　目					合　计（元）
月	日	字	号		原材料	燃料及动力	职工薪酬	制造费用	废品损失	
10	31			承前页(小计)	166 254.80	3 198.00	82 422.00	15 669.97		267 544.77

表 3.11.3　　**不可修复废品损失计算表**

年　　月　　　　金额单位:

项　目		原材料	燃料及动力	职工薪酬	制造费用	废品损失	金额合计
合格品和废品总成本							
分配标准合计							
成本分配率							
废品	分配标准						
	成本						
合格品	分配标准						
	成本						

技能实训题 3.12

【实训目的】 实训完工产品成本和月末在产品成本的计算方法。

【实训资料】 2010 年 10 月,天龙机械厂生产的 201 产品月初在产品成本为 10 000 元,其中:原材料 5 000元,燃料及动力 1 500 元,职工薪酬 2 500 元,制造费用 1 000 元。“基本生产成本明细分类账”提供的 201 产品本月发生成本合计为 182 719.78 元,其中:原材料 121 837.72 元,燃料及动力 18 275.36 元,职工薪酬 30 459.45 元,制造费用 12 147.25 元。本月完工 5 000 件,在产品 250 件。

【实训要求】

(1)假定该厂 201 产品在产品数量各月变化不大,要求采用按年初数固定计算在产品成本法计算本月完工产品成本和月末在产品成本(见表 3.12.1)。

(2)假定该厂 201 产品原材料是在生产开始时一次投入的,而且该产品原材料成本在产品成本中所占比重较大,月初在产品成本 10 000 元全部为原材料成本,要求采用在产品成本按所耗原材料成本计算法计算本月完工产品成本和月末在产品成本(见表 3.12.2)。

表 3.12.1　　产品成本计算单

产品名称：　　产量：　　年　月　　金额单位：

项　目		原材料	燃料及动力	职工薪酬	制造费用	合　计
月初在产品成本						
本月发生成本合计						
本月完工产品	总成本					
	单位成本					
月末在产品成本						

表 3.12.2　　产品成本计算单

产品名称：　　年　月　　金额单位：

项　目		原材料	燃料及动力	职工薪酬	制造费用	合　计
月初在产品成本		10 000.00				10 000.00
本月发生成本合计						
生产成本累计						
分配标准合计（　）						
单位成本（分配率）						
本月完工产品	产量（　）					
	成本					
月末在产品	数量（　）					
	成本					

技能实训题 3.13

【实训目的】 实训按约当产量比例法计算完工产品成本和月末在产品成本。

【实训资料】 胜利机械厂 2010 年 10 月，生产的 A 产品顺序经过第一、第二、第三共三道工序加工，单位产品原材料消耗定额为 500 元，其中第一工序投料定额为 250 元，第二工序投料定额为 120 元，第三工序投料定额为 130 元。本月完工 A 产品 2 000 件，经验收入库发现可修复废品 5 件，不可修复废品 15 件，经修理验收入库合格品 1 985 件；在产品 1 000 件（其中第一工序 100 件，第二工序 350 件，第三工序 550 件）。该厂生产的 A 产品单位产品工时定额为 1.4 小时，其中第一工序工时定额为 0.5 小时，第二工序工时定额为 0.6 小时，第三工序工时定额为 0.3 小时（假定 A 产品月初在产品成本为零）。

【实训要求】 按约当产量比例法计算完工产品成本和月末在产品成本（原材料分别在各个工序生产开始时一次投入）。

（1）计算 A 产品的在产品约当产量，完成“在产品原材料项目投料程度及约当产量计算表”（见表 3.13.1）；

（2）计算 A 产品加工费项目的约当产量，完成“在产品加工费项目完工程度及约当产量计算表”（见表 3.13.2）；

（3）根据 A 产品“基本生产成本明细分类账”资料（见表 3.11.2，其中生产成本累计：原材料 165 007.89 元；燃料及动力 3 174.01 元；职工薪酬 81 803.83 元；制造费用 15 552.45 元；废品损失 2 051.70 元），编制 A 产品“成本计算单”（见表 3.13.3）；

（4）根据“产品成本计算单”（见表 3.13.3）编制结转完工产品成本的第 36 号转账凭证；

(5)继续登记“基本生产成本明细分类账”(见表 3.11.2),并结转出本月在产品期末余额。

表 3.13.1　　在产品原材料项目投料程度及约当产量计算表

年　　月　　　　计量单位:

工序	月末在产品数量	单位产品投料定额	各工序投料程度计算	月末在产品原材料项目约当产量
1				
2				
3				
合计				

表 3.13.2　　在产品加工费项目完工程度及约当产量计算表

年　　月　　　　计量单位:

工序	月末在产品数量	单位产品工时定额	各工序完工程度计算	月末在产品加工费项目约当产量
1				
2				
3				
合计				

表 3.13.3　　产品成本计算单

产品名称:　　年　　月　　　　金额单位:

项　　目		原材料	燃料及动力	职工薪酬	制造费用	废品损失	合　计
月初在产品成本		—	—	—	—	—	—
本月发生成本合计							
生产成本累计							
分配标准合计(　　)							
单位成本(分配率)							
本月完工产品	产量(件)						
	成本						
月末在产品	约当产量(　　)						
	成本						

技能实训题 3.14

【实训目的】 继续实训按约当产量比例法计算完工产品成本和月末在产品成本。

【实训资料】 见技能实训题 3.13。假设原材料不是在各个工序生产开始时一次投入,而是在每道工序陆续均匀投入。

【实训要求】 计算 A 产品在各工序的投料程度和月末在产品原材料项目的约当产量(见表 3.14.1)。

表 3.14.1 **在产品原材料项目投料程度及约当产量计算表**

年　　月　　　　　　　　　　　　　计量单位：

工序	月末在产品数量	单位产品投料定额	各工序投料程度计算	月末在产品原材料项目约当产量
1				
2				
3				
合计				

技能实训题 3.15

【实训目的】 实训在产品按完工产品成本计算法计算完工产品成本和月末在产品成本。

【实训资料】 见技能实训题 3.12 中的实训资料。

【实训要求】 假定天龙机械厂生产的 201 产品已接近完工，采用月末在产品成本按完工产品成本计算法计算完工产品成本和月末在产品成本，要求编制“产品成本计算单”（见表 3.15.1）。

表 3.15.1 **产品成本计算单**

产品名称：201 产品　　　　　　　　年　　月　　　　　　　　金额单位：

项　目		原材料	燃料及动力	职工薪酬	制造费用	合　计
生产成本累计		126 837.72	19 775.36	32 959.45	13 147.25	192 719.78
分配标准合计（ ）						
单位成本（分配率）						
本月完工产品	产量（ ）					
	成本					
月末在产品	数量（ ）					
	成本					

技能实训题 3.16

【实训目的】 实训在产品按定额成本计价法计算完工产品成本和月末在产品成本。

【实训资料】 见技能实训题 3.12 中的实训资料。

【实训要求】 假定天龙机械厂定额管理基础比较好，各项消耗定额或费用定额比较准确、稳定，要求 201 产品按定额成本计价法计算完工产品成本和月末在产品成本，编制“产品成本计算单”（见表 3.16.1）（每件 201 产品原材料定额成本为 24.00 元，原材料在生产开始时一次投入；单位 201 在产品工时定额为 2 小时，每小时燃料及动力费定额为 1.85 元、职工薪酬定额 3.12 元、制造费用定额 1.28 元）。

表 3.16.1　　**产品成本计算单**

产品名称：　　产量：　　年　月　　金额单位：

项　目	生产成本累计	月末在产品定额成本计算					本月完工产品	
		在产品数量	单位在产品原材料定额成本	单位在产品工时定额	每小时加工费成本	月末在产品定额成本	总成本	单位成本
说　明	①	②	③	④	⑤	⑥=②×③ 或=②×④×⑤	⑦=①－⑥	⑧=⑦÷产量
原材料	126 837.72							
燃料及动力	19 775.36							
职工薪酬	32 959.45							
制造费用	13 147.25							
合　计	192 719.78							

技能实训题 3.17

【实训目的】 实训在产品按定额比例法计算完工产品成本和月末在产品成本。

【实训资料】 见技能实训题 3.12 中的实训资料。

【实训要求】 假定天龙机械定额管理基础比较好，各项消耗定额或费用定额比较准确、稳定。要求：(1)采用定额比例法计算 201 完工产品成本和月末在产品成本。原材料按照原材料定额成本比例分配；燃料及动力、职工薪酬、制造费用等各项加工费，按定额工时的比例分配。201 产品单位产品原材料定额成本为 24.00 元(原材料在生产开始时一次投入)，单位 201 完工产品的工时定额为 4 小时，单位 201 在产品工时定额为 2 小时。(2)根据计算结果编制“产品成本计算单”(见表 3.17.1)。

表 3.17.1　　**产品成本计算单**

产品名称：　　产量：　　年　月　　金额单位：

项　目		原材料	燃料及动力	职工薪酬	制造费用	合　计
月初在产品成本						
本月发生成本合计						
生产成本累计						
分配标准合计						
分配率						
本月完工产品	定额成本或工时					
	实际总成本					
	单位成本					
月末在产品	定额成本或工时					
	实际成本					

技能实训题 3.18

【实训目的】 实训管理费用的归集与结转。

【实训资料】 见技能实训题3.5、3.6、3.8和技能实训题3.10(交互分配法中分配的金额)。

【实训要求】 (1)登记胜利机械厂2010年10月份"管理费用明细分类账"(见表3.18.1);(2)将本月发生的管理费用结转至本年利润账户,编制第37号转账凭证,并继续登记"管理费用明细分类账"(见表3.18.1)。

表3.18.1 **管理费用明细分类账**

明细项目:________________ 第 页

2010年		凭证		摘要	费用项目							
月	日	字	号		物料消耗	水电费	职工薪酬	修理费	取暖费	办公费	…	合计

模 块 4

产品成本计算方法概述

能力目标

学习本章的目的是掌握工业企业生产的主要类型及其对产品成本计算方法的影响，理解确定产品成本计算方法的原则，了解产品成本计算方法有哪些。学习的重点、难点是生产特点和管理要求是如何影响产品成本计算方法的。学习中应结合工业企业生产类型的实际，理解生产类型所决定的三个产品成本计算的基本方法。

分项任务

任务 4.1　生产特点和管理要求对产品成本计算方法的影响

任务 4.2　产品成本计算方法的分类

任务 4.1　生产特点和管理要求对产品成本计算方法的影响

4.1.1　确定产品成本计算方法的原则

产品成本是由产品生产过程中企业各个生产单位（车间、分厂）所发生的生产耗费和支出形成的。因此，产品成本计算方法与企业生产单位的工艺技术过程和生产组织有着紧密的联系。会计是旨在提高企业经济效益的一种管理活动，而成本计算又是会计核算方法之一。因此，产品成本计算必须满足企业管理方面的要求。这就是说，确定产品成本计算方法的原则是：必须从企业不同性质的生产类型出发，充分考虑各种类型生产经营的特点和成本管理上的要求。

企业应当根据自身的经营特点和管理要求，确定适合本企业的成本计算对象、成本项目和成本计算方法。按照《企业会计准则》关于“企业提供的会计信息应当具有可比性”的要求，成本计算对象、成本项目以及成本计算方法一经确定，不得随意变更。如需变更，应当根据管理权限，经股东大会或董事会，或经理（厂长）会议或类似机构批准，并在会计报表附注中予以说明。

4.1.2　工业企业生产的主要类型

不同部门、行业的企业生产千差万别，从工业企业来说，可以根据生产工艺过程和生产组

织的特点,划分为以下几种类型:

(1)按生产工艺过程的特点分类

工业企业的生产按照生产工艺过程的特点可以分为单步骤生产和多步骤生产两种类型。

①单步骤生产

单步骤生产,亦称简单生产,是指生产工艺过程不能间断、不可能或不需要划分为几个生产步骤的生产,如发电、采掘、化肥等工业生产。这类生产由于技术上的不可间断(如发电),或由于工作地点上的限制(如采煤),通常只能由一个企业整体进行,而不能由几个企业协作进行。

②多步骤生产

多步骤生产,亦称复杂生产,是指生产工艺过程由若干个可以间断的、分散在不同地点、分别在不同时间进行的生产步骤所组成的生产,如纺织、机械、造纸、服装等工业生产。多步骤生产按其产品的加工方式,又可分为连续式多步骤生产和装配式多步骤生产两种。连续式多步骤生产是指原材料投入生产后,要依次经过各生产步骤的连续加工,才能成为产品的生产,如纺织、钢铁等工业生产。装配式多步骤生产是指先将原材料分别在各个加工车间平行加工为零件、部件,然后再将零件、部件装配为产品的生产,如机械、车辆、仪表制造等工业生产。

(2)按生产组织特点分类

工业企业的生产按其生产组织的特点可以分为大量生产、成批生产和单件生产三种类型。

①大量生产

大量生产是指不断地重复生产相同产品的生产。在这种生产的企业或车间中,产品的品种较少,而且比较稳定,如采掘、发电、纺织、自来水、化肥的生产。

②成批生产

成批生产是指按照事先规定的产品批别和数量进行的生产。在这种生产的企业或车间中,产品品种较多,而且具有一定的重复性,如服装、机械的生产。成批生产按照产品批量的大小,又可以分为大批生产和小批生产。大批生产,由于产品批量大,往往在几个月内不断重复生产一种或几种产品,因而性质近于大量生产;小批生产,由于生产产品的批量小,一批产品一般可以同时完工,因而其性质近于单件生产。

③单件生产

单件生产类似小批生产,是指根据订货单位的要求,生产个别的、特殊的产品的生产,如重型机器制造和船舶制造等。在这种生产的企业或车间中,产品的品种多,而且很少重复。

4.1.3 生产特点和管理要求对产品成本计算方法的影响

生产类型不同,对成本进行管理的要求也不一样,而生产特点和管理要求又必然对产品成本计算产生影响。这一影响主要表现在成本计算对象、成本计算期和完工产品与在产品之间的生产成本分配三个方面。

(1)对成本计算对象的影响

成本计算对象的确定,是设置产品成本明细账、归集生产耗费和支出、计算产品成本的前提,是构成成本计算方法的主要标志,因而也是区别各种成本计算基本方法的主要标志。

单步骤生产或管理上不要求分步骤计算成本的多步骤生产,通常可以将产品的品种或产品的批别作为成本计算对象。管理上要求分步骤计算成本的多步骤生产,应将产品的品种及其所经生产步骤作为成本计算对象。从生产组织的特点看,大量大批生产的成本计算对象,可以是产品的品种，也可以是产品品种及其所经生产步骤。小批单件生产的成本计算对象，通常是产品的批别。

综上所述，在产品成本计算工作中有三种不同的成本计算对象，即产品品种、产品批别和产品生产步骤。

(2)对产品成本计算期的影响

产品成本计算既包括完工产品成本的计算也包括在产品成本的计算，一般情况下都是定期于每月月末进行的。但在不同生产类型的企业中也不完全一样，这主要决定于生产组织的特点。在大量、大批生产中，由于生产活动连续不断地进行，月末一般都有完工产品和未完工的在产品，因而产品成本计算都是定期于每月月末进行，而且与产品的生产周期不相一致。但在小批、单件生产中，每月不一定都有产品完工，完工产品成本有可能在某批或某件产品完工以后计算，因此完工产品成本的计算是不定期的，但与生产周期相一致。在这类企业中，有的采用更简化的方法，即只在有产品完工的月份才对完工产品进行成本计算，而对未完工的在产品，只以总数反映在基本生产成本二级账中，而不分产品计算在产品成本。

(3)对完工产品与在产品之间成本分配的影响

生产类型的特点，还影响到月末在进行成本计算时有没有在产品，是否需要在完工产品与在产品之间分配成本的问题。在单步骤生产中，生产过程不能间断，生产周期也短，一般没有在产品，或者在产品数量很少，因而计算产品成本时，发生的生产费用不必在完工产品与在产品之间进行分配。在多步骤生产中，是否需要在完工产品与在产品之间分配成本，在很大程度上取决于生产组织的特点。在大量、大批生产中，由于生产连续不断地进行，而且经常存在在产品，因而在计算产品成本时，就需要采用适当的方法，将生产成本在完工产品与在产品之间进行分配。在小批、单件生产中，在每批、每件产品完工前，产品成本明细账中所归集的生产成本就是在产品的成本；完工后，其所归集的生产成本就是完工产品的成本，因而不存在在完工产品与在产品之间分配生产成本的问题。

任务4.2　产品成本计算方法的分类

4.2.1　产品成本计算的基本方法

为了适应不同类型生产特点和成本管理要求，在产品成本计算工作中有着三种不同的成本计算对象：产品品种、产品批别和产品的生产步骤。因而以成本计算对象为主要标志的产品成本计算的基本方法有三种：

(1)品种法

以产品品种为成本计算对象的产品成本计算方法，称为品种法。品种法的成本计算期一般与会计报告期一致，与生产周期不一致。根据期末在产品的实际情况确定是否计算期末在产品成本。一般适用于单步骤的大量生产，如发电、采掘等；也可用于不需要分步骤计算成本的多步骤的大量、大批生产，如小型造纸厂、水泥厂等。

(2)分批法

以产品批别为成本计算对象的产品成本计算方法，称为分批法。在分批法下，由于成本计算对象是产品的批别，只有在该批产品全部完工以后，才能计算其实际总成本和单位成本，因此分批法的成本计算期是不定期的，与产品周期一致，一般不需要在完工产品和期末在产品之间分配生产费用。分批法一般适用于单件、小批的单步骤生产或管理上不要求分步骤计算产品成本的多步骤生产，如修理作业、专用工具模具制造、重型机器制造、船舶制造等。

(3)分步法

以产品生产步骤为成本计算对象的产品成本计算方法，称为分步法。采用分步法的多步骤生产企业，不可能等全部产品完工以后才计算产品成本，只能定期按月计算产品成本，成本计算期与会计报告期一致，但与生产周期不一致。分步法适用于大量、大批的多步骤生产，如纺织、冶金、机械制造等。

这三种方法之所以归属为产品成本计算的基本方法，是因为这三种方法与不同生产类型的特点和管理的要求有着直接联系，而且都是以其成本计算对象命名的，所以是计算产品实际成本必不可少的方法。在这三种方法中，无论采用哪种方法计算产品成本，最后都必须计算出各种产品的实际总成本和单位成本。按照产品品种计算产品生产成本，是产品成本计算的最一般、最起码的要求。因此，品种法是三种基本方法中最基本的方法。

4.2.2 产品成本计算的辅助方法

在实际工作中，除了上述三种产品成本计算的基本方法以外，为了解决某一个特定问题又产生了成本计算的一些辅助方法。

(1)分类法

在产品品种、规格繁多的企业中，如针织厂、灯泡厂等，为了解决成本计算对象的分类问题，产生了产品成本计算的分类法。分类法的成本计算对象是产品的类别，它需要运用品种法的原理计算出各类产品的实际总成本，再求得类内各品种的实际总成本和单位成本。因此，分类法实际上是品种法的进一步应用，是品种法的辅助方法。

(2)定额法

在定额管理工作基础好的工业企业中，为了配合和加强定额管理，加强成本控制，更有效地发挥成本计算的分析性和监督性作用，还应用一种将符合定额的成本和脱离定额的成本差异分别核算的产品成本计算方法——定额法。定额法往往要将上述三个基本方法结合起来应用，而且与生产类型的特点没有直接联系。定额法不涉及成本计算对象，只是为了加强成本管理，只要条件具备，在哪种生产类型企业都可以采用。因此，将其归为成本计算的辅助方法。

需要指出的是，产品成本计算的基本方法和辅助方法的划分，是从计算产品实际成本角度考虑的，并不是说辅助方法不重要。相反，有的辅助方法，如定额法，对于控制生产耗费、降低产品成本具有重要作用。同样，分类法在品种繁多的企业可以起到简化成本计算工作的作用。

上述产品成本计算的三种基本方法和两种辅助方法，是目前我国实际工作中广泛采用的几种主要方法。此外，在有些管理基础非常好的企业，为了向企业的决策人进行短期生产经营决策提供数据，还采用一种只计算产品的变动成本，而将固定成本直接记入当期损益的变动成本法；为了加强企业内部成本控制和分析，还采用一种只计算产品的标准成本，而将实际成本与标准成本的差异直接记入当期损益的标准成本法；为了改变将间接记入费用分配到各种产品的标准，提高产品成本计算的正确性而采用作业成本法。这些方法都是为了某种目的而采用的成本计算方法，不受企业生产类型特点的制约，只要具备条件，在哪个企业都能应用，因而同分类法和定额法一样，也应归属于成本计算的辅助方法。但这些方法实际上是管理会计的组成部分，本书就不予具体介绍了。

综上所述，可将产品成本计算方法归类如图 4.1 所示。

- 产品成本计算方法
  - 产品成本计算的基本方法
    - 品种法
    - 分批法
    - 分步法
  - 产品成本计算的辅助方法
    - 分类法
    - 定额法

图 4.1　产品成本计算方法分类图

任务回顾

确定产品成本计算方法的原则是:必须从企业不同性质的生产类型出发,充分考虑各种类型生产经营的特点和成本管理上的要求。不同部门、行业的企业生产千差万别,从工业企业来说,可以根据生产工艺过程和生产组织的特点,划分为以下几种类型:(1)工业企业的生产按照生产工艺过程的特点可以分为单步骤生产和多步骤生产两种类型;(2)工业企业的生产按其生产组织的特点可以分为大量生产、成批生产和单件生产三种类型。生产类型不同,对成本进行管理的要求也不一样,而生产特点和管理要求又必然对产品成本计算产生影响。这一影响主要表现在成本计算对象、成本计算期和完工产品与在产品之间的生产成本分配三个方面。为了适应不同类型生产特点和成本管理要求,在产品成本计算工作中有着三种不同的成本计算对象:产品品种、产品批别和产品的生产步骤。因而以成本计算对象为主要标志的产品成本计算的基本方法有品种法、分批法和分步法三种。与生产类型没有直接关系的产品成本计算辅助方法有分类法和定额法两种。

任务训练

4.1　思考题

(1)确定产品成本计算方法的原则是什么?

(2)工业企业生产的主要类型有哪些?各种类型的特点如何?

(3)生产特点和管理要求对产品成本计算方法有哪些影响?

(4)为了适应不同类型生产特点和成本管理要求,产品成本计算的基本方法有哪些?这些方法各适应什么样的生产类型?

(5)产品成本计算有哪些辅助方法?这些方法又适应什么生产类型?

4.2　单项选择题

(1)产品成本计算既包括完工产品成本的计算也包括在产品成本的计算,一般情况下都是定期于(　　)进行的。

①每月月初　　②每月月中

③每月月末　　④每年年末

(2)确定产品成本计算方法的原则是:必须从企业(　　)出发,充分考虑各类型生产经营的特点和成本管理上的要求。

①会计核算方法　　②不同的管理方式

③不同性质的生产类型　　④会计人员的素质

(3)生产工艺过程不能间断，不可能或不需要划分为几个生产步骤的生产称为(　　)。

①装配式多步骤生产　　②单步骤生产

③多步骤生产　　④连续式多步骤生产

(4)生产工艺过程由若干个可以间断的、分散在不同生产地点、分别在不同时间进行的生产步骤所组成的生产称为(　　)。

①装配式多步骤生产　　②单步骤生产

③多步骤生产　　④连续式多步骤生产

(5)以产品品种为成本计算对象的产品成本计算方法称为(　　)。

①分类法　　②品种法

③分步法　　④定额法

(6)以(　　)为成本计算对象的产品成本计算方法，称为分步法。

①批别　　②产品品种

③产品类型　　④产品生产步骤

(7)企业应当根据(　　)，确定适合本企业的成本计算对象、成本项目和成本计算方法。

①自身的经营特点和管理要求　　②企业生产规模的大小

③企业生产产品的数量　　④企业职工人数

(8)以产品品种为成本计算对象的产品成本计算方法，其成本计算期的特点是(　　)。

①不定期计算成本，与会计报告期不一致

②不定期计算成本，与生产周期一致

③定期计算成本，与会计报告期不一致

④定期按月计算成本，与会计报告期一致

(9)分批法适用的生产组织形式是(　　)。

①多步骤生产　　②大量生产

③单件、小批的单步骤生产　　④大量、大批生产

4.3　多项选择题

(1)工业企业的生产按照生产工艺过程的特点可以分为两种类型(　　)。

①装配式多步骤生产　　②单步骤生产

③多步骤生产　　④连续式多步骤生产

(2)多步骤生产按其产品的加工方式，又可分为两种(　　)。

①连续式多步骤生产　　②单步骤生产

③装配式多步骤生产　　④间断多步骤生产

(3)工业企业的生产按其生产组织的特点可以分为三种类型(　　)。

①单件生产　　②大量生产

③成批生产　　④订单生产

(4)以成本计算对象为主要标志的产品成本计算的基本方法有(　　)。

①分类法和定额法　　②分批法

③分步法　　④品种法

(5)除产品成本计算的基本方法以外，为了解决某一个特定问题而产生的成本计算的辅助方法包括(　　)。

①分类法　　②品种法

③分步法　　④定额法

(6)生产特点和管理要求对产品成本计算方法的影响，主要表现在对(　　)的影响。

①产品总成本　②成本计算对象
③产品成本计算期　④完工产品与在产品之间成本分配
(7)企业确定的成本计算对象,主要有(　　)。
①产品品种　②产品生产计划
③产品批别　④产品品种及其所经生产步骤
(8)品种法的特点是(　　)。
①以产品品种作为成本计算对象
②成本计算期一般与会计报告期一致
③适用于单步骤的大量生产
④期末有在产品时,需要在完工产品和在产品之间分配生产耗费和支出
(9)分批法的特点包括(　　)。
①以产品批别为成本计算对象
②成本计算期与产品周期一致
③成本计算期与产品周期不一致
④一般不需要在完工产品和期末在产品之间分配生产耗费和支出
(10)一般来说,企业应根据本单位(　　)等具体情况与条件来组织成本会计工作。
①企业不同性质的生产类型　②生产经营业务的特点
③会计人员的年龄　④成本管理的要求

模块 5

产品成本计算的品种法

能力目标

学习本章的目的是掌握产品成本计算品种法的计算程序和计算技能，理解品种法的特点，了解品种法的适用范围。学习的重点、难点是品种法的实例操作。学习本章时，要复习模块 3 产品成本计算的一般程序，因为，品种法的计算程序就是产品成本计算的一般程序，品种法就是对产品成本计算一般程序所介绍内容的概括和总结，所以，运用产品成本计算一般程序的原理来指导本章的学习，会得到事半功倍的效果。另外，在学习品种法实例时，要注意用品种法的计算程序指导学习，反过来，要通过实例的学习达到更深刻体会、理解和掌握品种法成本计算程序的目的。

分项任务

任务 5.1　品种法概述

任务 5.2　品种法实例

任务 5.1　品种法概述

5.1.1　品种法的特点

产品成本计算的品种法，是指以产品的品种作为成本核算对象，归集生产耗费和支出，计算产品成本的一种方法。各种产品成本计算方法最终都要计算出各种产品的实际总成本和单位成本。按照产品品种计算产品成本是成本计算的最基本的要求。因此，品种法是工业企业产品成本计算的最基本的方法。品种法和其他产品成本计算方法比较具有如下特点：

(1)以产品品种作为成本核算对象

在采用品种法计算产品成本的企业或车间里，成本计算对象就是产品品种。品种法要求按产品品种设置生产成本明细分类账和产品成本计算单。如果只生产一种产品，计算产品成本时，只需要为这一种产品开设产品成本明细分类账，账内按成本项目设立专栏或专行。在这种情况下，所发生的全部生产耗费和支出都是直接记入费用，可以直接记入该产品成本明细分类账的有关成本项目，不存在在各成本计算对象之间分配生产耗费和支出的问题。如果企业（或生产单位）生产周期较短，没有或极少有期末在产品，也不存在在完工产品和在产品之间分配生产成本的问题。如在供水、供电、采掘等生产成本的计算过程中采用的就是这种单一品种的品种法，实际工作中也称为简单法。如果是生产多种产品，产品成本明细分类账就要按照产品品种分别设置，在发生的生产耗费和支出中，能分清是哪种产品直接耗用的，可以直接记入该种产品成本明细分类账的有关成本项目；分不清是哪种产品直接耗用的则要采用适当的分配方法，在各成本计算对象之间进行分配，然后再分别记入各产品成本明细分类账的有关成本项目。

(2)成本计算定期按月进行

在大量、大批的单步骤生产中，由于是不断地重复生产一种或几种产品，不能在产品制造完工时立即计算它的成本，因而成本计算一般是定期于每月月末进行，与会计报告期一致，与产品生产周期不一致。在多步骤生产中，如采用品种法计算成本，成本计算一般也都是定期于每月月末进行。

(3)如果期末有在产品时还需要在完工产品和在产品之间分配生产成本

工业企业的成本计算一般应当按月进行。在月末计算产品成本时，如果没有在产品，或者在产品数量很少，则不需要计算月末在产品成本。在这种情况下，按产品品种开设的生产成本明细分类账中按成本项目归集的生产耗费和支出，就是该产品的实际总成本。该产品的实际总成本再除以该产品的实际产量，就等于该产品的本月实际平均单位成本。如果月末有在产品，而且数量比较多，还需要将归集在生产成本明细分类账中的生产耗费和支出，采用一定的方法，在完工产品与月末在产品之间进行分配，以便计算出完工产品的实际总成本和单位成本。

5.1.2　品种法的适用范围

(1)适用于大量、大批单步骤生产的产品。凡是大量、大批生产一种或几种产品，如发电、采掘、面粉加工等产品成本的计算，均可以采用品种法计算产品成本。

(2)适用于大量、大批的多步骤生产，但不要求分步骤计算半成品成本的产品。对于小规模的生产企业或车间所生产的产品，或者是封闭式的车间所生产的产品，或者是按流水线组织生产的产品，在管理上不要求提供各步骤的成本资料时，可以采用品种法计算产品的成本。如造纸、砖瓦、水泥、瓷器等产品成本的计算，均可以采用品种法计算产品成本。

(3)适用于企业内部的供水、供电和供气等辅助生产车间的劳务产品。企业设置的供水、供电、供气等辅助生产车间是为基本车间、企业管理部门与其他辅助生产车间提供水、电、气等劳务产品的，生产产品单一，生产过程比较简单，可采用品种法计算其生产成本。

5.1.3　品种法的成本计算程序

前面介绍的产品成本计算的一般程序就是品种法的计算程序。从这个意义上说，品种法也应是产品成本计算的最基本的方法。产品成本计算的一般程序既是品种法的成本计算程序，同时也是用品种法计算产品成本的基本原理。根据产品成本计算的一般程序绘制品种法成本计算程序图，如图5.1所示。

程序说明：

①根据确定的成本计算对象（甲产品、乙产品）开设基本生产成本明细分类账及其他相关

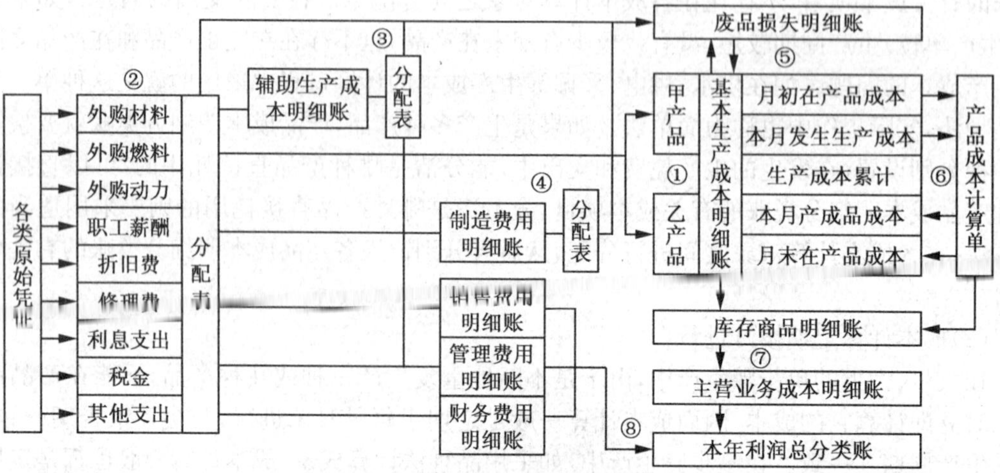

图 5.1 品种法成本计算程序图

账户。

②根据各类原始凭证编制各种要素费用分配表，并根据各种要素费用分配表填制记账凭证，据以登记相关成本、费用明细分类账。

③根据辅助生产成本明细分类账的记录编制辅助生产成本分配表，并根据辅助生产成本分配表填制记账凭证，据以登记相关成本、费用明细分类账。

④根据制造费用明细分类账的记录编制制造费用分配表，并根据制造费用分配表填制记账凭证，据以登记基本生产成本明细分类账和废品损失明细分类账。

⑤单独核算废品损失的企业，根据出现可修复废品和不可修复废品的情况核算废品损失。

⑥根据基本生产成本明细分类账的记录和产量、工时等记录，编制产品成本计算单，并根据产品成本计算单和产品入库单填制结转完工入库产品生产成本的记账凭证，据以登记基本生产成本明细分类账和库存商品明细分类账。

⑦根据产品出库单提供的产品销售数量，采用一定的方法计算产品销售成本，编制产品销售成本计算单，并根据产品销售成本计算单填制结转产品销售成本的记账凭证，据以登记库存商品明细分类账和主营业务成本明细分类账。

⑧根据各期间费用明细分类账和主营业务成本明细分类账的记录，填制记账凭证将期间费用和主营业务成本转入本年利润账户。

任务 5.2 品种法实例

(1)资料：兴华工厂设有一个基本生产车间，大量生产甲、乙两种产品，设有修理和供电两个辅助生产车间，提供修理和供电两种服务。该厂根据生产特点和成本管理的要求，对甲、乙两种产品采用品种法计算产品成本，成本计算对象确定为甲产品和乙产品，按甲产品、乙产品开设“基本生产成本明细分类账”，并设置“原材料”、“燃料及动力”、“职工薪酬”和“制造费用”四个成本项目。甲、乙产品所需原材料于生产开始时一次投入，甲、乙产品共同耗用的材料按定额耗用量比例分配。基本生产车间职工薪酬、制造费用均按生产工时比例分配。职工福利费提取比例为14%。对辅助生产车间不单独核算制造费用，归集的辅助生产成本采用直接分配法进行分配。月末，甲、乙产品采用约当产量法计算完工产品成本和月末在产品成本。该工厂固定资产原值896 250元，其中修理车间95 625元，供电车间85 625元，基本生产车间475 000元，行政管理部门240 000元。规定的固定资产月折旧率为：行政管理部门折旧率为5%，其余均为8%。该企业2010年8月份有关产品产量及成本资料如表5.1～表5.4所示。

表5.1 **月初在产品成本**

2010年8月1日　　金额单位:元

产品品种	原材料	燃料及动力	职工薪酬	制造费用	金额合计
甲产品	30 600.00	600.00	800.00	5 704.50	37 704.50
乙产品	20 000.00	500.00	5 200.00	3 098.44	28 798.44

表5.2 **产量、工时记录和单位产品材料消耗定额**

2010年8月

项　　目	甲产品	乙产品
月初在产品数量(件)	80	100
本月产品投产数量(件)	820	600
本月产品完工产量(件)	700	640
月末在产品数量(件)	200	60
本月完工产品工时(小时)	30 000	20 000
单位产品材料消耗定额(千克/件)	10	8
在产品加工费项目完工程度	50%	60%

表5.3 **辅助生产车间提供的产品和劳务资料**

2010年8月

受益部门及受益产品		产品或劳务		备　注
		修理(小时)	供电(度)	
基本生产	甲产品耗用		40 000	
	乙产品耗用		36 000	
	车间一般耗用	15 000	14 000	
辅助生产	修理		6 000	
	供电	800		
行政管理部门		5 000	10 000	
合　　计		20 800	106 000	

表 5.4 本月发生各种耗费和支出的汇总资料

金额单位:元

要素费用	原始凭证	受益部门及受益产品							金额合计
		甲产品	乙产品	共同耗用	基本车间耗用	修理耗用	供电耗用	行政管理部门耗用	
A材料	领料单	312 000	236 000		21 000	3 600	2 080	1 800	576 480
B材料	领料单			130 000	8 800	1 600	1 080	900	142 380
小 计		312 000	236 000	130 000	29 800	5 200	3 160	2 700	718 860
职工薪酬	工资结算单			125 000	7 630	6 600	5 360	8 600	153 190
折旧费	折旧费计算表				38 000	7 650	6 850	12 000	64 500
办公费	发票等				3 210			9 560	12 770
招待费	发票等							5 190	5 190
合 计		312 000	236 000	255 000	78 640	19 450	15370	38 050	954 510

(2)根据以上资料,运用品种法计算甲、乙两种产品的成本。

①开设甲产品"基本生产成本明细分类账"和乙产品"基本生产成本明细分类账",并根据表 5.1 的资料登记其月初在产品成本,如表 5.5 和表 5.6 所示。

表 5.5 基本生产成本明细分类账

生产车间:×车间

产品名称:甲产品

第 页

2010年		凭证		摘 要	成本项目				合 计
月	日	字	号		原材料	燃料及动力	职工薪酬	制造费用	
8	1			月初在产品成本	30 600.00	600.00	800.00	5 704.50	37 704.50
8	31	转	1	分配外购材料	394 000.00				394 000.00
	31	转	2	分配职工薪酬			85 500.00		85 500.00
	31	转	4	转入辅助生产费用		6 448.16			6 448.16
	31	转	5	分配制造费用				58 347.34	58 347.34
	31			本月发生成本合计	394 000.00	6 448.16	85 500.00	58 347.34	544 295.50
	31			生产成本累计	424 600.00	7 048.16	86 300.00	64 051.84	582 000.00
	31	转	6	结转完工产品成本	330 246.00	6 167.00	75 516.00	56 042.00	467 971.00
	31			月末在产品成本	94 354.00	881.16	10 784.00	8 009.84	114 029.00

表 5.6　　**基本生产成本明细分类账**

生产车间：×车间

产品名称：乙产品　　第　页

2010 年		凭证		摘　要	成　本　项　目				合　计
月	日	字	号		原材料	燃料及动力	职工薪酬	制造费用	
8	1			月初在产品成本	20 000.00	500.00	5 200.00	3 098.44	28 798.44
8	31	转	1	分配外购材料	284 000.00				284 000.00
	31	转	2	分配职工薪酬			57 000.00		57 000.00
	31	转	4	转入辅助生产费用		5 803.34			5 803.34
	31	转	5	分配制造费用				38 898.22	38 898.22
	31			本月发生成本合计	284 000.00	5 803.34	57 000.00	38 898.22	385 701.56
	31			生产成本累计	304 000.00	6 303.34	62 200.00	41 996.66	414 500.00
	31	转	6	结转完工产品成本	277 945.60	5 964.80	58 886.40	39 763.20	382 560.00
	31			月末在产品成本	26 054.40	338.54	3 313.60	2 233.46	31 940.00

②根据审核无误的领料单（表 5.4），汇总编制“原材料耗用额分配表”，如表 5.7 所示。

表 5.7　　**原材料耗用额分配表**

2010 年 8 月 31 日　　金额单位：元

分配对象		投产量（件）	共同耗用材料分配（B 材料）				直接耗用材料额（A 材料）	材料耗用额合计
			单耗定额（千克）	定额耗用量（千克）	分配率	分配金额		
基本生产	甲产品	820	10	8 200		82 000.00	312 000.00	394 000.00
	乙产品	600	8	4 800		48 000.00	236 000.00	284 000.00
	小计			13 000	10	130 000.00	548 000.00	678 000.00
辅助生产	修理					1 600.00	3 600.00	5 200.00
	供电					1 080.00	2 080.00	3 160.00
	小计					2 680.00	5 680.00	8 360.00
基本生产车间						8 800.00	21 000.00	29 800.00
行政管理部门						900.00	1 800.00	2 700.00
合　计						142 380.00	576 480.00	718 860.00

根据编制的“原材料耗用额分配表”填制转账凭证（会计分录代替）如下：

转账凭证第 1 号：

借：生产成本——基本生产成本——甲产品　　394 000.00

　　　　　　　　　　　　　　——乙产品　　284 000.00

　　生产成本——辅助生产成本——修理　　5 200.00

　　　　　　　　　　　　　　——供电　　3 160.00

　　制造费用　　29 800.00

管理费用 2 700.00

贷:原材料——A 材料 576 480.00

——B 材料 142 380.00

根据填制的第 1 号转账凭证(会计分录代替)登记“基本生产成本明细分类账”(见表 5.5 和表 5.6)、“辅助生产成本明细分类账”(见表 5.11 和表 5.12)、“制造费用明细分类账”(见表 5.14)和“管理费用明细分类账”(见表 5.18)。

③根据审核无误的工资结算单(表 5.4)、工时记录(表 5.2)和职工福利费提取比例 14%,汇总编制“职工工资及福利费分配表”,如表 5.8 所示。

表 5.8 **职工工资及福利费分配表**

2010 年 8 月 31 日 金额单位:元

分配对象		生产工人工资分配			职工工资合计	职工福利费		职工工资与福利费合计
		生产工时	分配率	分配金额		比例	金额	
基本生产	甲产品	30 000		75 000	75 000	—	10 500.00	85 500.00
	乙产品	20 000		50 000	50 000	—	7 000.00	57 000.00
	小计	50 000	2.5	125 000	125 000	—	17 500.00	142 500.00
辅助生产	修理				6 600	—	924.00	7 524.00
	供电				5 360	—	750.40	6 110.40
	小计				11 960	—	1 674.40	13 634.40
车间管理人员					7 630	—	1 068.20	8 698.20
行政部门管理人员					8 600	—	1 204.00	9 804.00
合　计					153 190.00	14%	21 446.60	174 636.60

根据编制的“职工工资及福利费分配表”填制转账凭证(会计分录代替)如下:

转账凭证第 2 号:

借:生产成本——基本生产成本——甲产品 85 500.00

——乙产品 57 000.00

生产成本——辅助生产成本——修理 7 524.00

——供电 6 110.40

制造费用 8 698.20

管理费用 9 804.00

贷:应付职工薪酬——职工工资 153 190.00

——职工福利 21 446.60

根据填制的第 2 号转账凭证(会计分录代替)登记“基本生产成本明细分类账”(见表 5.5 和表 5.6)、“辅助生产成本明细分类账”(见表 5.11 和表 5.12)、“制造费用明细分类账”(见表 5.14)和“管理费用明细分类账”(见表 5.18)。

④根据所给的固定资产原值和折旧率资料,编制“固定资产折旧费分配表”,如表 5.9 所示。

根据编制的“固定资产折旧费分配表”填制转账凭证(会计分录代替)如下:

转账凭证第 3 号：

借:生产成本——辅助生产成本——修理　　7 650.00

——供电　　6 850.00

制造费用　　38 000.00

管理费用　　12 000.00

贷:累计折旧　　64 500.00

表 5.9

固定资产折旧费分配表

2010 年 8 月 31 日　　金额单位:元

分配对象		固定资产原值	折旧率	折旧额	备　注
辅助生产	修　理	95 625	8%	7 650	
	供　电	85 625	8%	6 850	
	小　计	181 250		14 500	
基本生产车间		475 000	8%	38 000	
行政管理部门		240 000	5%	12 000	
合　　计		896 250		64 500	

根据填制的第 3 号转账凭证(会计分录代替)登记“辅助生产成本明细分类账”(见表 5.11 和表 5.12)、“制造费用明细分类账”(见表 5.14)和“管理费用明细分类账”(见表 5.18)。

⑤根据发票和转账支票存根等原始凭证(见表 5.4),编制“其他费用分配表”,如表 5.10 所示。

表 5.10

其他费用分配表

2010 年 8 月 31 日　　金额单位:元

分配对象	办公费	业务招待费	其他项目	金额合计
基本生产车间	3 210			3 210
行政管理部门	9 560	5 190		14 750
合　　计	12 770	5 190		17 960

根据编制的“其他费用分配表”填制付款凭证(会计分录代替)如下：

付款凭证第 1 号：

借:制造费用　　3 210.00

管理费用　　14 750.00

贷:银行存款　　17 960.00

根据填制的第 1 号付款凭证(会计分录代替)登记“制造费用明细分类账”(见表 5.14)和“管理费用明细分类账”(见表 5.18)。

⑥根据“辅助生产成本明细分类账”(表 5.11 和表 5.12)归集的辅助生产成本和辅助生产车间提供的产品和劳务资料(表 5.3),编制“辅助生产成本分配表”(直接分配法),如表 5.13 所示。

表 5.11 **辅助生产成本明细分类账**

产品或劳务：修理 第 页

2010年 月	日	凭证 字	号	摘要	成本项目 原材料	燃料及动力	职工薪酬	制造费用	合计
8	31	转	1	分配原材料(表5.7)	5 200				5 200
	31	转	2	分配职工薪酬(表5.8)			7 524		7 524
	31	转	3	分配折旧费用(表5.9)				7 650	7 650
	31			本月生产成本合计	5 200		7 524	7 650	20 374
	31	转	4	分配结转修理成本(直接分配法 表5.13)	5 200		7 524	7 650	20 374

表 5.12 **辅助生产成本明细分类账**

产品或劳务：供电 第 页

2010年 月	日	凭证 字	号	摘要	成本项目 原材料	燃料及动力	职工薪酬	制造费用	合计
8	31	转	1	分配原材料(表5.7)	3 160				3 160.00
	31	转	2	分配职工薪酬(表5.8)			6 110.40		6 110.40
	31	转	3	分配折旧费用(表5.9)				6 850	6 850.00
	31			本月生产成本合计	3 160		6 110.40	6 850	16 120.40
	31	转	4	分配结转供电成本(直接分配法 表5.13)	3 160		6 110.40	6 850	16 120.40

表 5.13 **辅助生产成本分配表(直接分配法)**

2010年8月

项目			修理	供电	金额合计
辅助生产产品或劳务的总成本			20 374.00	16 120.40	36 494.40
提供给辅助生产车间以外的产品或劳务数量			20 000(小时)	100 000(度)	
辅助生产产品或劳务成本分配率(单位成本)			1.018 7	0.161 204	
受益对象					
基本生产	甲产品	数量		40 000	
		金额		6 448.16	6 448.16
	乙产品	数量		36 000	
		金额		5 803.34	5 803.34
基本生产车间		数量	15 000	14 000	
		金额	15 280.50	2 256.86	17 537.36
行政管理部门		数量	5 000	10 000	
		金额	5 093.50	1 612.04	6 705.54
分配金额合计			20 374.00	16 120.40	36 494.40

根据编制的“辅助生产成本分配表”(表 5.13),编制分配结转辅助生产成本的转账凭证(会计分录代替)如下:

转账凭证第 4 号:

借:生产成本——基本生产成本——甲产品　　6 448.16

——乙产品　　5 803.34

制造费用——基本生产车间　　17 537.36

管理费用　　6 705.54

贷:生产成本——辅助生产成本——修理　　20 374.00

——供电　　16 120.40

根据填制的第 4 号转账凭证(会计分录代替)登记“基本生产成本明细分类账”(见表 5.5 和表 5.6)、“辅助生产成本明细分类账”(见表 5.11 和表 5.12)、“制造费用明细分类账”(见表 5.14)和“管理费用明细分类账”(见表 5.18)。

⑦根据“制造费用明细分类账”(表 5.14)归集的制造费用和产品生产工时资料(表 5.2),编制“制造费用分配表”,如表 5.15 所示。

表 5.14　**制造费用明细分类账**

明细项目:____________　　第　页

2010 年		凭证		摘要	费用项目								
月	日	字	号		职工薪酬	折旧费	修理费	水电费	机物料消耗	办公费	取暖费	…	金额合计
8	31	转	1	分配原材料(表 5.7)					29 800				29 800.00
		转	2	分配职工薪酬(表 5.8)	8 698.20								8 698.20
		转	3	分配折旧费用(表 5.9)		38 000							38 000.00
		付	1	分配其他费用(表 5.10)						3 210			3 210.00
		转	4	供电、修理费(表 5.13)			15 280.50	2 256.86					17 537.36
				本月合计	8 698.20	38 000	15 280.50	2 256.86	29 800	3 210			97 245.56
		转	5	分配结转制造费用(表 5.15)	8 698.20	38 000	15 280.50	2 256.86	29 800	3 210			97 245.56

表 5.15　**制造费用分配表**

2010 年 8 月　　金额单位:元

产品名称	生产工时	分配率	分配金额
甲产品	30 000	—	58 347.34
乙产品	20 000	—	38 898.22
合　计	50 000	1.944 911 2	97 245.56

根据编制的“制造费用分配表”(表 5.15),编制分配结转制造费用的转账凭证(会计分录代替)如下:

转账凭证第 5 号:

借:生产成本——基本生产成本——甲产品　　58 347.34

——乙产品　　38 898.22

贷:制造费用　　97 245.56

根据填制的第 5 号转账凭证(会计分录代替)登记“基本生产成本明细分类账”(见表 5.5

和表 5.6)和“制造费用明细分类账”(表 5.14)。

⑧根据“基本生产成本明细分类账”(表 5.5 和表 5.6)归集的成本资料和表 5.2 中提供的产量及在产品完工程度资料,采用约当产量比例法编制“产品成本计算单”,如表 5.16 和表 5.17 所示。

表 5.16 **产品成本计算单**

产品名称:甲产品 2010 年 8 月 金额单位:元

项　目		原材料	燃料及动力	职工薪酬	制造费用	合　计
月初在产品成本(表 5.1)		30 600.00	600.00	800.00	5 704.50	37 704.50
本月发生成本合计(表 5.5)		394 000.00	6 448.16	85 500.00	58 347.34	544 295.50
生产成本累计		424 600.00	7 048.16	86 300.00	64 051.84	582 000.00
分配标准合计(件)		900	800	800	800	
单位成本(分配率)		471.78	8.81	107.88	80.06	668.53
本月完工产品	产量(件)	700	700	700	700	700
	成本	330 246.00	6 167.00	75 516.00	56 042.00	467 971.00
月末在产品	约当产量(件)	200	100	100	100	
	成本	94 354.00	881.16	10 784.00	8 009.84	114 029.00

表 5.17 **产品成本计算单**

产品名称:乙产品 2010 年 8 月 金额单位:元

项　目		原材料	燃料及动力	职工薪酬	制造费用	合　计
月初在产品成本(表 5.1)		20 000.00	500.00	5 200.00	3 098.44	28 798.44
本月发生成本合计(表 5.6)		284 000.00	5 803.34	57 000.00	38 898.22	385 701.56
生产成本累计		304 000.00	6 303.34	62 200.00	41 996.66	414 500.00
分配标准合计(件)		700	676	676	676	
单位成本(分配率)		434.29	9.32	92.01	62.13	597.75
本月完工产品	产量(件)	640	640	640	640	640
	成本	277 945.60	5 964.80	58 886.40	39 763.20	382 560.00
月末在产品	约当产量(件)	60	36	36	36	
	成本	26 054.40	338.54	3 313.60	2 233.46	31 940.00

根据编制的“产品成本计算单”(表 5.16 和表 5.17)及“产成品入库单”(略),编制结转完工产品成本的转账凭证(会计分录代替)如下:

转账凭证第 6 号:

借:库存商品——甲产品　　467 971.00

　　　　　——乙产品　　382 560.00

　贷:生产成本——基本生产成本——甲产品　　467 971.00

　　　　　　　　　　　　　　——乙产品　　382 560.00

根据填制的第6号转账凭证(会计分录代替)和“产品成本计算单”(表5.16和5.17)登记“基本生产成本明细分类账”(表5.5和表5.6)。

⑨将“管理费用明细分类账”(表5.18)归集的管理费用转入“本年利润”账户。

表5.18 **管理费用明细分类账**

明细项目： 第 页

2010年		凭证		摘要	费用项目							
月	日	字	号		物料消耗	水电费	职工薪酬	修理费	折旧费	办公费	其他费用	合计
8	31	转	1	分配原材料(表5.7)	2 700							2 700.00
	31	转	2	分配职工薪酬(表5.8)			9 804					9 804.00
	31	转	3	分配折旧费用(表5.9)					12 000			12 000.00
	31	付	1	分配其他费用(表5.10)						9 560	5 190	14 750.00
	31	转	4	供电、修理费(表5.13)		1 612.04		5 093.50				6 705.54
	31			本月合计	2 700	1 612.04	9 804	5 093.50	12 000	9 560	5 190	45 959.54
				结转本年利润	2 700	1 612.04	9 804	5 093.50	12 000	9 560	5 190	45 959.54

转账凭证第7号：

借：本年利润 45 959.54

贷：管理费用 45 959.54

根据填制的第7号转账凭证(会计分录代替)，登记“管理费用明细分类账”(表5.18)。

任务回顾

产品成本计算的品种法，是指以产品的品种作为成本核算对象，归集生产耗费和支出，计算产品成本的一种方法。品种法是工业企业产品成本计算的最基本的方法。品种法和其他产品成本计算方法比较具有如下特点：(1)以产品品种作为成本核算对象；(2)成本计算定期按月进行；(3)如果期末有在产品时还需要在完工产品和在产品之间分配生产成本。品种法适用于大量、大批单步骤生产的产品，或大量、大批的多步骤生产，但不要求分步骤计算半成品成本的产品。品种法的计算程序就是产品成本计算的一般程序。品种法的核算实例。

任务训练

5.1 思考题

(1)什么是产品成本计算的品种法？

(2)品种法和其他产品成本计算方法比较具有哪些特点？

(3)产品成本计算采用品种法时，如果是生产多种产品，对产品成本明细账的设置以及对发生的生产耗费和支出的处理有哪些具体要求？

(4)简述品种法的计算程序。

5.2 单项选择题

(1)品种法要求按(　　)设置生产成本明细账和产品成本计算单。

①产品类别 ②产品数量
③产品品种 ④生产周期
(2)在多步骤生产中,如果采用品种法计算产品成本,成本计算一般(　　)进行。
①在产品生产周期结束时 ②在季末
③在年终 ④也是定期于每月月末
(3)采用品种法,生产成本明细账(包括产品成本计算单)应当按照(　　)分别开设。
①生产步骤 ②生产单位
③产品品种 ④产品类别

5.3 多项选择题

(1)品种法下的成本计算期(　　)。
①一般是定期于每月月末进行
②与会计报告期一致
③与产品生产周期一致
④与产品生产周期不一致
(2)品种法的适用范围包括(　　)。
①适用于大量、大批单步骤生产的产品
②适用于大量、大批多步骤生产的产品
③适用于企业内部的供水、供电和供气等辅助生产车间的劳务产品
④适用于大量、大批多步骤生产,但不要求分步骤计算半成品成本的产品
(3)品种法是成本计算最基本的方法,这是因为(　　)。
①品种法不要求对发生的费用进行分配
②各种方法最终都要计算出各产品品种的成本
③品种法定期按月计算成本
④品种法的成本计算程序是成本计算的最基本程序
(4)品种法的特点是(　　)。
①定期按月计算产品成本
②以产品品名作为成本计算对象
③需要采用一定的方法在各生产步骤之间分配生产费用
④如果有在产品时,需要在完工产品和期末在产品之间分配生产耗费和支出
(5)在产品成本计算过程中存在的成本计算对象有(　　)。
①产品品种 ②产品类型
③产品批别 ④产品生产步骤

技能实训

【实训说明】 (1)实训题中除所涉及的单位成本(分配率)精确度规定为0.01外,其他计算中涉及的分配率精确度规定为0.0001(月末在完工产品和在产品之间分配本月生产耗费和支出时将尾差倒挤到月末在产品中去);(2)涉及三环机械厂的实训业务应特别注意,实训题前后的数据之间具有关联性。

【实训目的】 实训产品成本计算的品种法在工业企业的具体应用及账务处理方法。

【实训资料】 三环机械厂设有一个基本生产车间,大量生产501、502两种产品,设有供气和供电两个辅助生产车间,提供供气和供电两种服务。该厂根据生产特点和成本管理要求,对501、502两种产品采用品种法计算产品成本。两种产品所需原材料于生产开始时一次投入,共同耗用的原材料按定额耗用量比例分配。基本生产车间职工薪酬、制造费用均按生产工时比例分配。职工福利费提取比例为14%。该厂对辅助生产

车间不单独核算制造费用，归集的辅助生产成本采用直接分配法进行分配。月末，501、502产品采用约当产量法计算完工产品成本和月末在产品成本。有关成本计算资料如下：

1.月初在产品成本(见表5.1.1)

表5.1.1　月初在产品成本

2010年10月1日　　金额单位:元

产品品种	原材料	燃料及动力	职工薪酬	制造费用	金额合计
501产品	10 000.00	—	1 200.00	2 662.30	13 862.30
502产品	3 200.00	—	1 000.00	902.10	5 102.10

2.产量、工时记录和单位产品材料消耗定额(见表5.1.2)

表5.1.2　产量、工时记录和单位产品材料消耗定额

2010年10月

项　　目	501产品	502产品
月初在产品数量(件)	120	800
本月产品投产数量(件)	880	700
本月产品完工产量(件)	850	1 000
月末在产品数量(件)	150	500
本月完工产品工时(小时)	800	1 200
单位产品材料消耗定额(千克/件)	8	5
在产品加工费项目完工程度	80%	50%

3.辅助生产车间提供的产品和劳务资料(见表5.1.3)

表5.1.3　辅助生产车间提供的产品和劳务资料

2010年10月

受益部门及受益产品		产品或劳务		备　注
		供气(小时)	供电(度)	
基本生产	501产品耗用		70 000	
	502产品耗用		28 000	
	车间一般耗用	28 000	13 000	
辅助生产	供气		12 000	
	供电	900		
行政管理部门		2 000	1 000	
合　　计		30 900	124 000	

4.本月发生的生产耗费、支出

(1)本月发生各种耗费和支出的汇总资料，见表5.1.4。

表 5.1.4 **本月发生各种耗费和支出的汇总资料**

要素费用	原始凭证	受益部门及受益产品							合计(元)
		501产品	502产品	共同耗用	基本车间耗用	供气耗用	供电耗用	行政管理部门耗用	
丙材料	领料单	208 000	157 000		14 000	2 400	1 386	1 200	383 986
丁材料	领料单			86 000	6 200	900	600	500	94 200
小计		208 000	157 000	86 000	20 200	3 300	1 986	1 700	478 176
职工薪酬	工资结算单			85 000	5 200	4 250	6 840	6 400	107 690
办公费※	发票等				5 790			10 320	16 110
招待费※	发票等							8 231	8 231
合计		208 000	157 000	171 000	58 190	14 090	14 566	35 651	658 497

※:办公费、招待费均以银行存款支付。

(2)该厂本月应提折旧的固定资产原值及提取比例见表 5.1.5。

表 5.1.5 **固定资产原值及提取比例表** 金额单位:元

分配对象		固定资产原值	折旧率	备注
辅助生产	供气	71 750.00	8%	综合折旧
	供电	81 750.00	8%	综合折旧
	小计	153 500.00		
基本生产车间		337 500.00	8%	综合折旧
行政管理部门		180 000.00	5%	综合折旧
合计		671 000.00		

(3)本月应摊销“长期待摊费用——修理费”6 000 元,其中:基本生产车间 2 800 元,供电车间 1 500 元,供气车间 900 元,厂部管理部门 800 元。

【实训要求】 根据以上资料,运用品种法计算该厂 501、502 两种产品成本。具体要求如下:

1. 开设 501、502 产品“基本生产成本明细分类账”(见表 5.1.6 和表 5.1.7),并登记在产品期初余额。

表 5.1.6 **基本生产成本明细分类账**

生产车间:基本生产车间

产品名称:501 产品 第 页

2010年		凭证		摘要	成本项目				合计( )
月	日	字	号		原材料	燃料及动力	职工薪酬	制造费用	

表 5.1.7　　**基本生产成本明细分类账**

生产车间：基本生产车间

产品名称：502 产品　　　　第　页

年		凭证		摘　要	成　本　项　目				合计(　)
月	日	字	号		原材料	燃料及动力	职工薪酬	制造费用	

2. 根据表 5.1.2 和表 5.1.4 资料，编制“原材料耗用额分配表”(表 5.1.8)，并填制第 20 号转账凭证，登记有关明细分类账。

表 5.1.8　　**原材料耗用额分配表**

年　月　日　　　　金额单位：

分配对象		本月投产产量(　)	共同耗用材料分配(　)				直接耗用材料额(　)	材料耗用额合计
			单耗定额(　)	定额耗用量(　)	分配率	分配金额		
基本生产	501 产品							
	502 产品							
	小　计							
辅助生产	供　气							
	供　电							
	小　计							
基本生产车间								
行政管理部门								
合　计								

表 5.1.9 **辅助生产成本明细分类账**

产品或劳务：供气 第 页

年		凭证		摘要	成本项目				合计（ ）
月	日	字	号		原材料	燃料及动力	职工薪酬	制造费用	
				分配原材料					
				分配职工薪酬					
				分配折旧费用					
				分配修理费用					
				本月生产成本合计					
				分配结转供气成本（直接分配法）					

表 5.1.10 **辅助生产成本明细分类账**

产品或劳务：供电 第 页

年		凭证		摘要	成本项目				合计（ ）
月	日	字	号		原材料	燃料及动力	职工薪酬	制造费用	
				分配原材料					
				分配职工薪酬					
				分配折旧费用					
				分配修理费用					
				本月生产成本合计					
				分配结转供电成本（直接分配法 表）					

表 5.1.11 **制造费用明细分类账**

明细项目：____________ 第 页

年		凭证		摘要	费用项目								
月	日	字	号		职工薪酬	折旧费	供气费	水电费	机物料消耗	办公费	修理费	…	合计（ ）
				分配原材料									
				分配职工薪酬									
				分配折旧费用									
				分配办公费用									
				分配修理费									
				分配供气、供电费									
				本月合计									
				分配结转制造费用									

表 5.1.12　　**管理费用明细分类账**

明细项目：　　　　　　　　　　　　　　　　　　　第　　页

年		凭证		摘　要	费用项目							
月	日	字	号		物料消耗	水电费	职工薪酬	供气费	折旧费	办公费	其他费用	合计（　）
				分配原材料								
				分配职工薪酬								
				分配折旧费用								
				分配其他费用								
				分配修理费								
				分配供气、供电费								
				本月合计								
				结转本年利润								

3.根据工资结算资料（见表5.1.2、表5.1.4），汇总编制“职工薪酬分配表”（见表5.1.13），并填制第21号转账凭证，登记有关明细分类账。

表 5.1.13　　**职工薪酬分配表**

年　月　日　　　　金额单位：

分配对象		生产工人工资分配			职工工资合计	职工福利费		职工薪酬合计
		生产工时	分配率	分配金额		比例	金额	
基本生产	501产品							
	502产品							
	小计							
辅助生产	供气							
	供电							
	小计							
车间管理人员								
行政部门管理人员								
合　计								

4.根据已知固定资产折旧相关资料（见表5.1.5），编制“固定资产折旧费分配表”（见表5.1.14），并填制第22号转账凭证，登记有关明细分类账。

表 5.1.14　　**固定资产折旧费分配表**

年　月　日　　　　金额单位：

分配对象		固定资产原值	折旧率	折旧额	备　注
辅助生产	供气				
	供电				
	小计				
基本生产车间					
行政管理部门					
合　计					

5. 根据发票和转账支票存根等原始凭证(资料见表 5.1.4)，编制“其他费用分配表”(表 5.1.15)，并填制第 10 号付款凭证，登记有关明细分类账。

表 5.1.15 **其他费用分配表**

年 月 日

金额单位：

分配对象	办公费	业务招待费	其他项目	金额
基本生产车间				
行政管理部门				
合计				

6. 摊销应由本月负担的“长期待摊费用——修理费”6 000 元，其中：基本生产车间 2 800 元，供电车间 1 500元(列入制造费用项目)，供气车间 900 元(列入制造费用项目)，厂部管理部门 800 元(列入其他费用项目)。填制第 23 号转账凭证，并登记有关明细分类账。

7. 根据“辅助生产成本明细分类账”(表 5.1.9 和表 5.1.10)归集的辅助生产成本和辅助生产车间提供的产品和劳务资料(表 5.1.3)，编制“辅助生产成本分配表”(直接分配法)，见表 5.1.16。填制第 24 号转账凭证，并登记有关明细分类账。

表 5.1.16 **辅助生产成本分配表(直接分配法)**

年 月 日

金额单位：

项目			供气	供电	金额合计
辅助生产产品或劳务的总成本					
提供给辅助生产车间以外的产品或劳务数量					
辅助生产产品或劳务成本分配率(单位成本)					
受益对象					
基本生产	501 产品	数量			
		金额			
	502 产品	数量			
		金额			
基本生产车间		数量			
		金额			
行政管理部门		数量			
		金额			
分配金额合计					

8. 根据“制造费用明细分类账”(表 5.1.11)归集的制造费用和产品生产工时资料(表 5.1.2)，编制“制造费用分配表”(表 5.1.17)。填制第 25 号转账凭证，并登记有关明细分类账。

表 5.1.17　**制造费用分配表**

年　月　　金额单位：

产品名称	生产工时	分配率	分配金额
合　计			

9. 根据"基本生产成本明细分类账"(表 5.1.6 和表 5.1.7)归集的成本资料和表 5.1.1、表 5.1.2 中提供的产量及在产品完工程度资料，采用约当产量比例法编制"产品成本计算单"(表 5.1.18 和表 5.1.19)。填制第 26 号转账凭证，并登记"基本生产成本明细分类账"(表 5.1.6 和表 5.1.7)，其他明细分类账登记从略。

表 5.1.18　**产品成本计算单**

产品名称：　　年　月　　金额单位：

项　目		原材料	燃料及动力	职工薪酬	制造费用	合　计
月初在产品成本						
本月发生成本合计						
生产成本累计						
分配标准合计(　)						
单位成本(分配率)						
本月完工产品	产量(　)					
	成本					
月末在产品	约当产量(　)					
	成本					

表 5.1.19　**产品成本计算单**

产品名称：　　年　月　　金额单位：

项　目		原材料	燃料及动力	职工薪酬	制造费用	合　计
月初在产品成本						
本月发生成本合计						
生产成本累计						
分配标准合计(　)						
单位成本(分配率)						
本月完工产品	产量(　)					
	成本					
月末在产品	约当产量(　)					
	成本					

10. 填制第 27 号转账凭证，将"管理费用明细分类账"(表 5.1.12)归集的管理费用全部转入"本年利润"账户，并登记"管理费用明细分类账"(表 5.1.12)，其他明细分类账登记从略。

产品成本计算的分批法

能力目标

学习本章的目的是掌握产品成本计算分批法的计算程序和计算技能，理解分批法的特点，了解分批法的适用范围。学习的重点是分批法实例操作。学习的难点是简化分批法的计算程序及其实例操作。学习本章时，要从分析分批法与品种法的相同点和不同点入手，把握分批法的特点。学习简化分批法时，先要深刻理解简化分批法的三个特点，熟悉简化分批法的计算程序，用程序指导实例操作的学习，会收到事半功倍的效果。

分项任务

任务 6.1　分批法概述

任务 6.2　分批法实例

任务 6.3　简化的分批法

任务 6.1　分批法概述

6.1.1　分批法的特点

产品成本计算的分批法，是指以产品的批别（单件生产为件别）作为成本核算对象，用以归集生产耗费和支出，并计算产品生产成本的方法。这种方法具有如下主要特点：

(1)以产品的批别（单件生产为件别）为成本计算对象

产品批别要根据企业组织生产的具体特点来确定。在小批和单件生产中，产品的种类和每批产品的批量，大多是根据购买单位的订单确定。按批、按件计算产品成本，往往也就是按照订单计算产品成本。因此，分批法又称订单法。但是，如果在一张订单中规定有几种产品，或虽然只有一种产品但其数量较大而又要求分批交货时，这时企业生产计划部门可以将上述订单按照产品品种划分为批别组织生产，或将同类产品划分为数批组织生产，将每批产品作为成本计算对象计算成本。如果在一张订单中只规定一件产品，但其属于大型复杂的产品，而且价值较大，生产周期较长，如大型船舶制造，也可以按照产品的组成部分分批组织生产、计算成本。如果在同一时期内，企业接到不同购货单位要求生产同一产品的几张订单，企业生产计划部门也可以将其合并为一批组织生产、计算成本。在这种情况下，分批法的成本计算对象就是企业生产计划部门签发下达的生产任务通知单，通知单内应对该批生产任务进行编号，称为产品批号或生产令号。会计部门应根据产品批号设立产品成本明细分类账。

(2)成本计算期与生产周期基本一致

为了保证各批产品成本计算的正确性，各批产品成本明细分类账的开设和结账，应与生产任务通知单的签发和结束密切配合，协调一致，即各批或各订单产品的成本总额在其完工以后(完工月份的月末)计算确定。因而完工产品成本计算是不定期的，其成本计算期与产品的生产周期基本一致，而与会计报告期不一致。

(3)一般不需要在完工产品与在产品之间分配生产成本

在小批、单件生产下，由于完工产品成本计算期与产品的生产周期基本一致，而且产品批量较小或是单件，批内产品一般都能同时完工。产品完工前，产品成本明细分类账所记录的生产成本，就是在产品成本；产品完工时，产品成本明细分类账所记录的生产成本，就是完工产品的成本。在月末计算产品成本时，已完工的产品批别，在产品完工时就计算了该批产品的总成本和单位成本；对尚未完工的产品批别，其产品成本明细分类账中所记录的生产成本，就是在产品成本。因而在月末计算产品成本时，一般不存在在完工产品与在产品之间分配生产成本的问题。

但如果批内产品有跨月陆续完工的情况，在月末计算产品成本时，一部分产品已完工，另一部分产品尚未完工，这时就有必要在完工产品与在产品之间分配生产成本，以便计算完工产品成本和月末在产品成本。如果跨月陆续完工的情况不多、月末完工产品数量占批量比重较小时，可以采用按计划单位成本、定额单位成本或近期相同产品的实际单位成本计算完工产品成本，从产品成本明细分类账中转出，剩余数额即为在产品成本。当该批产品全部完工时，还应计算该批产品的实际总成本和单位成本。但对已经转账完工产品成本，可不作账面调整，这样做的主要目的是为了计算先交货的成本。如果批内产品跨月陆续完工情况较多、月末完工产品数量占批量比重较大时，为了提高成本计算的正确性，应采用适当的方法，在完工产品与月末在产品之间分配生产成本，计算完工产品成本和月末在产品成本。

6.1.2　分批法的适用范围

分批法主要适用于小批、单件、管理上不要求分步骤计算产品成本的多步骤生产，如重型机器制造、船舶制造、精密工具仪器制造以及服装、印刷工业等。在这种生产类型的企业中，由于产品生产大多是根据购货单位的订货单组织的，因此，分批法也称订单法。具体可以分为以下几种：

①按产品批别组织生产的企业(如根据购买者订单生产的企业、经常需要变换产品种类的小型企业等)。

②提供机器设备修理等劳务的企业。

③从事新产品试制、自制设备、模具等生产任务的生产单位。

6.1.3　分批法的计算程序

分批法的计算程序，除了在按批别(单件生产为件别)设置基本生产成本明细分类账和在完工产品与在产品之间分配生产成本等方面有其特殊性外，其余方面与品种法的计算程序完全一致。因为分批法的成本计算对象是产品的批别(单件生产为件别)，所以，分批法的基本生产成本明细分类账是按批别(单件生产为件别)开设的,与品种法比较,就是将品种法的产品品种换成产品批别(单件生产为件别),按批别(单件生产为件别)归集生产耗费和支出,按批别(单件生产为件别)计算完工产品成本。某一批次产品完工后,加计该完工批别产品成本明细分类账中所归集的生产耗费和支出,求得该批完工产品的实际总成本和单位成本。月末各批未完工订单的产品成本明细分类账所归集的生产耗费和支出,就是月末在产品成本。但如果某批产品跨月完工的数量较多时,还是要采用适当方法如定额比例法、约当产量法等,将生产耗费和支出在完工产品和在产品之间进行分配,分别确定完工产品成本与月末在产品成本。

任务 6.2 分批法实例

【实例 6.1】 某工业企业根据购买单位订货单小批生产甲、乙、丙三种产品,采用分批法计算产品成本。2010 年 8 月份的生产情况和生产耗费、支出情况的资料如下:

(1)本月份生产产品的批号及完工情况

701 批号甲产品 10 台,7 月份投产,本月全部完工。

702 批号乙产品 20 台,7 月投产,本月完工 2 台,未完工 18 台。

801 批号丙产品 1 台,8 月投产,计划 12 月完工,本月未完工。

(2)生产耗费、支出情况(如表 6.1 所示)

表 6.1 生产耗费、支出情况表 单位:元

批号	产品名称	月份	原材料	燃料及动力	职工薪酬	制造费用	合计
701	甲产品	7	65 000.00	18 000.00	12 030.00	8 800.00	103 830.00
		8		12 100.00	9 080.00	6 523.00	27 703.00
702	乙产品	7	386 300.00	113 000.00	56 000.00	23 000.00	578 300.00
		8	221 333.00	89 000.00	48 000.00	20 800.00	379 133.00
801	丙产品	8	799 868.00	106 000.00	56 900.00	32 100.00	994 868.00

(3)完工产品与在产品之间的成本分配方法

701 批号甲产品,本月末产品全部完工,产品成本明细分类账中所归集的生产成本累计就是该批完工产品的实际总成本。

702 批号乙产品,本月末完工产品数量为 2 台,数量较少,为简化核算手续,完工产品按计划成本转出,每台计划成本为:原材料 50 000 元,燃料及动力 16 500 元,职工薪酬 9 600 元,制造费用 8 028 元,合计 84 128 元。

801 批号丙产品,是单件生产,本月尚未完工,产品成本明细账中所归集的生产成本累计就是该批产品的月末在产品成本。

(4)根据上述各项资料,计算各批完工产品成本,登记其产品成本明细分类账,如表 6.2 ~表 6.6 所示。

表 6.2　　**基本生产成本明细分类账**

产品批号:701　　订货单位:某工厂　投产日期:7 月 1 日

产品名称:甲产品　　产品批量:10 台　完工日期:8 月 31 日

2010 年		凭证		摘　要	成　本　项　目				合　计
月	日	字	号		原材料	燃料及动力	职工薪酬	制造费用	
7	31			本月发生生产成本	65 000.00	18 000.00	12 030	8 800.00	103 830.00
	31			本月生产成本累计	65 000.00	18 000.00	12 030	8 800.00	103 830.00
8	31			本月发生生产成本		12 100.00	9 080	6 523.00	27 703.00
	31			本月生产成本累计	65 000.00	30 100.00	21 110	15 323.00	131 533.00
	31			结转完工产品成本	65 000.00	30 100.00	21 110.00	15 323.00	131 533.00

表 6.3　　**产品成本计算单**

产品批号:701　　订货单位:某工厂　投产日期:7 月 1 日

产品名称:甲产品　　产品批量:10 台　完工日期:8 月 31 日

项　目		原材料	燃料及动力	职工薪酬	制造费用	合　计
本月生产成本累计(表 6.2)		65 000.00	30 100.00	21 110.00	15 323.00	131 533.00
本月完工产品	总成本	65 000.00	30 100.00	21 110.00	15 323.00	131 533.00
	单位成本	6 500.00	3 010.00	2 111.00	1 532.00	13 153.30

根据"产品成本计算单"(表 6.3)编制结转完工产品成本的转账凭证(会计分录代替)如下:

借:库存商品——甲产品　　131 533.00

　贷:生产成本——基本生产成本——甲产品　　131 533.00

根据编制的结转完工产品成本的转账凭证(会计分录代替)和"产品成本计算单"(表 6.3)登记"基本生产成本明细分类账"(表 6.2)。

表 6.4　　**基本生产成本明细分类账**

产品批号:702　　订货单位:某工厂　投产日期:7 月 1 日

产品名称:乙产品　　产品批量:20 台　完工日期:

2010 年		凭证		摘　要	成　本　项　目				合　计
月	日	字	号		原材料	燃料及动力	职工薪酬	制造费用	
7	31			本月发生生产成本	386 300.00	113 000.00	56 000.00	23 000.00	578 300.00
	31			本月生产成本累计	386 300.00	113 000.00	56 000.00	23 000.00	578 300.00
8	31			本月发生生产成本	221 333.00	89 000.00	48 000.00	20 800.00	379 133.00
	31			本月生产成本累计	607 633.00	202 000.00	104 000.00	43 800.00	957 433.00
	31			结转本月完工 2 件产品的计划成本	100 000.00	33 000.00	19 200.00	16 056.00	168 256.00
	31			月末在产品成本	507 633.00	169 000.00	84 800.00	27 744.00	789 177.00

表 6.5 产品成本计算单

产品批号:702 订货单位:某工厂 投产日期:7月1日

产品名称:乙产品 产品批量:20台 完工日期:

项 目	完工产量(件)	原材料	燃料及动力	职工薪酬	制造费用	合 计
计划单位成本		50 000	16 500	9 600	8 028	84 128
本月完工产品总成本	2	100 000	33 000	19 200	16 056	168 256

根据编制的"产品成本计算单"(表6.5)和"产成品入库单"(略)填制结转完工产品成本的转账凭证(会计分录代替)如下:

借:库存商品——乙产品 168 256.00

贷:生产成本——基本生产成本——乙产品 168 256.00

根据填制的结转完工产品成本的转账凭证(会计分录代替)和"产品成本计算单"(表6.5)登记"基本生产成本明细分类账"(表6.4)。

待该批产品全部完工后,再根据基本生产成本明细账的生产成本累计数额和已完工产品的计划成本合计,综合计算该批产品的实际完工产品总成本和单位成本。

由于801批号丙产品8月末尚未完工,所以,本月无须计算完工产品成本,见表6.6。

表 6.6 基本生产成本明细分类账

产品批号:801 订货单位:某工厂 投产日期:8月1日

产品名称:丙产品 产品批量:1台 完工日期:

2010年		凭证		摘 要	成 本 项 目				合 计
月	日	字	号		原材料	燃料及动力	职工薪酬	制造费用	
8	31			本月发生生产成本	799 868.00	106 000.00	56 900.00	32 100.00	994 868.00
	31			本月生产成本累计	799 868.00	106 000.00	56 900.00	32 100.00	994 868.00

任务 6.3 简化的分批法

6.3.1 简化分批法的特点

简化的分批法是将企业所有各批产品的全部生产耗费都归集在基本生产成本二级账中进行集中反映,各批次产品的明细账平时只登记原材料和生产工时,待某批产品完工时,再计算该批完工产品成本,不分批计算在产品成本,所有各批在产品的成本都集中在基本生产成本二级账中以总额形式进行反映的一种成本计算方法。这种方法也称为不分批计算在产品成本的分批法。简化的分批法具有以下主要特点:

(1)必须设置基本生产成本二级账

设置基本生产成本二级账的作用是:

①按月提供企业所有各批产品的全部产品的累计生产成本和生产工时资料。

②提供间接成本(加工费)累计分配率。

$$\text{某项间接成本(加工费)累计分配率}=\frac{\text{该项间接成本(加工费)累计生产成本}}{\text{全部产品累计生产工时}}$$

③提供所有各批产品月末在产品成本的合计金额。

(2)各批产品明细账平时只登记原材料和生产工时，不登记间接成本(加工费)和在产品成本，只有在产品完工时才按照该批完工产品累计工时和间接成本(加工费)累计分配率计算出完工产品的间接成本(加工费)，并登记入账。

$$\text{完工产品所负担的某项间接成本(加工费)}=\text{该批完工产品累计工时}\times\text{该项间接成本(加工费)累计分配率}$$

(3)不分批计算月末在产品成本。各批产品成本明细账不提供该批产品的在产品成本，各批在产品成本以总额的形式集中反映在基本生产成本的二级账中。

6.3.2　简化分批法的适用范围

在小批、单件生产的企业或车间中，如果同一月份投产的产品批数很多，有几十批甚至上百批，且月末未完工的批数也较多，如机械制造厂或修配厂就属于这种情况。在这种情况下，如果将当月发生的间接记入耗费全部分配给各批产品，而不管各批产品是否已经完工，费用分配的核算工作将非常繁重。因此，在投产批数较多，而且月末未完工产品批数也较多的企业，采用简化的分批法计算产品成本，可以大大简化产品成本计算的工作量。

6.3.3　简化分批法的成本计算程序

生产成本的归集过程与正常的分批法是一样的，所不同的是，在各批产品完工时，计算完工产品成本的程序不同。

简化的分批法计算完工批次产品成本的程序是：

(1)根据基本生产成本二级账的资料，按照上述公式计算间接成本(加工费)累计分配率。

(2)将计算的间接成本(加工费)累计分配率登记到完工批次的产品成本明细账中，并按照该批完工产品累计工时和间接成本(加工费)累计分配率计算出完工产品的间接成本(加工费)和总成本，并登记入账。

(3)汇总各完工批次的完工产品总成本，并登记在基本生产成本二级账的“本月完工产品成本”行，同时计算出所有各批产品的在产品成本合计金额，即基本生产成本二级账的“月末在产品成本”。

6.3.4　简化分批法实例

【实例 6.2】 某工业企业的生产属于小批生产，生产批别多，生产周期较长，每月末经常有大量批次的产品未完工。为了简化产品成本核算工作，采用简化的分批法计算产品成本。20××年 9 月份的生产情况和生产耗费、支出情况资料如下：

(1)本月份生产产品的批号及完工情况

701 批号甲产品 10 台，7 月份投产，本月全部完工。

801 批号乙产品 10 台，8 月投产，本月完工 4 台，未完工 6 台(按约当产量比例法计算完工产品成本和在产品成本，原材料在生产开始时一次投入，在产品完工程度为 50%)。

901 批号丙产品 5 台，9 月投产，本月均未完工。

其他批号(包括 702、703、704、705、706、707、802、803、804、805、806、807、902、903、904、

905、906、907、908、909批号)所投产的产品均未完工。由于其产品成本计算方法与901批号的丙产品相同,本实例就不一一列举了,只将其生产耗费和支出体现在基本生产成本二级账的月初、月末在产品成本和本月发生成本中。

(2)生产耗费、支出情况如表6.7所示

表6.7　　生产耗费、支出情况表

单位:元

批号	产品名称	月份	原材料	生产工时	燃料及动力	职工薪酬	制造费用	合计
701	甲产品	7	100 140.00	37 600				
		8	25 860.00	28 400				
		9	24 860.00	22 000				
801	乙产品	8	76 800.00	17 640				
		9		31759				
901	丙产品	9	68 000.00	11000				
其他批号	(略)		…	…				
基本生产成本二级账	月初在产品成本	9	2 471 000.00	795 600	708 080.00	1 280 900.00	946 760.00	5 406 740.00
	本月发生成本	9	815 000.00	1 168 400	1 059 520.00	1 861 500.00	1 410 040.00	5 146 060.00

(3)根据上述各项资料,按照简化分批法的计算程序计算各批完工产品成本(间接成本按生产工时比例分配)

①根据"基本生产成本二级账"的资料,按照公式计算间接成本(加工费)累计分配率,如表6.8所示。

表6.8　　基本生产成本二级账

生产单位:×××　　第　页

2010年 月	2010年 日	凭证 月	凭证 日	摘　要	原材料	生产工时	燃料及动力	职工薪酬	制造费用	合　计
9	1	9	1	月初在产品成本	2 471 000.00	795 600	708 080.00	1 280 900.00	946 760.00	5 406 740.00
	30		30	本月发生成本	815 000.00	1 168 400	1 059 520.00	1 861 500.00	1 410 040.00	5 146 060.00
				累　计	3 286 000.00	1 964 000	1 767 600.00	3 142 400.00	2 356 800.00	10 552 800.00
				间接成本(加工费)累计分配率			0.9	1.6	1.2	
	30		30	本月完工产品成本	181 580.00	116 228	104 605.20	185 964.80	139 473.60	661 623.60
	30		30	月末在产品成本	3 104 420.00	1 847 772	1 662 994.80	2 956 435.20	2 217 326 40	9 941 176.40

注:累计分配率计算:1 767 600.00÷1 964 000=0.9　　3 142 400.00÷1 964 000=1.6

2 356 800.00÷1 964 000=1.2

②将计算的间接成本(加工费)累计分配率登记到完工批次的产品成本明细账中,并按照该批完工产品累计工时和间接成本(加工费)累计分配率计算出完工产品应分配的间接成本(加工费)和总成本,并登记入账(表6.9、表6.10)。

表 6.9　　**基本生产成本明细分类账**

产品批号:701　　订货单位:某工厂　投产日期:7月1日

产品名称:甲产品　产品批量:10台　　完工日期:9月30日

2010年		凭证		摘　要	原材料	生产工时	燃料及动力	职工薪酬	制造费用	合　计
月	日	月	日							
7	31			本月发生	100 140.00	37 600				
	31			本月累计	100 140.00	37 600				
8	31			本月发生	25 860.00	28 400				
	31			本月累计	126 000.00	66 000				
9	30			本月发生	24 860.00	22 000				
	30			本月累计	150 860.00	88 000				
				间接成本(加工费)累计分配率			0.9	1.6	1.2	
				分配间接成本			79 200.00	140 800.00	105 600.00	
	30			本月完工产品成本	150 860.00	88 000	79 200.00	140 800.00	105 600.00	476 460.00
				单位成本	15 086.00		7 920.00	14 080.00	10 560.00	47 646.00
				转出完工产品成本	150 860.00	88 000	79 200.00	140 800.00	105 600.00	476 460.00

注:间接成本(加工费)计算:88 000×0.9=79 200.00　88 000×1.6=140 800.00

88 000×1.2=105 600.00

表 6.10　　**基本生产成本明细分类账**

产品批号:801　　订货单位:某工厂　投产日期:8月1日

产品名称:乙产品　产品批量:10台　　完工日期:

2010年		凭证		摘　要	原材料	生产工时	燃料及动力	职工薪酬	制造费用	合　计
月	日	月	日							
8	31			本月发生	76 800.00	17 640				
	31			本月累计	76 800.00	17 640				
9	30			本月发生		31 759				
	30			本月累计	76 800.00	49 399				
	30			间接成本(加工费)累计分配率			0.9	1.6	1.2	
	30			本月完工产品(4台)总成本(或工时)	30 720.00	28 228	25 405.20	45 164.80	33 873.60	135 163.60
				单位成本	7 680.00		6351.30	11291.20	8468.40	33790.90
				转出完工产品成本	30 720.00	28 228	25 405.20	45 164.80	33 873.60	135 163.60
				月末在产品	46 080.00	21 171				

注:完工产品原材料成本=76 800÷10×4=30 720(元);

完工产品工时=49 399÷(4+6×50%)×4=28 228(小时)。

表 6.11　　**基本生产成本明细分类账**

产品批号:901　　订货单位:某工厂　投产日期:9月1日

产品名称:丙产品　产品批量:5台　　完工日期:

2010年		凭证		摘　要	原材料	生产工时	燃料及动力	职工薪酬	制造费用	合　计
月	日	月	日							
9	31			本月发生	68 000.00	11 000				
	31			本月累计	68 000.00	11 000				

注:由于901批号丙产品本月没有完工产品,所以,本月不需计算完工产品成本,见表6.11。

③汇总各完工批次的完工产品总成本，编制结转完工入库产成品成本的转账凭证（会计分录代替），并登记在“基本生产成本二级账”（见表 6.8 所示）和“基本生产成本明细分类账”（见表 6.9、表 6.10 所示）。

借：库存商品——甲产品　　476 460.00
　　　　　　——乙产品　　135 163.60
　贷：生产成本——基本生产成本——701 批号产品　　476 460.00
　　　　　　　　　　　　　　　——801 批号产品　　135 163.60

任务回顾

产品成本计算的分批法，是指以产品的批别（单件生产为件别）作为成本核算对象，用以归集生产耗费和支出，并计算产品生产成本的方法。这种方法具有如下主要特点：(1)以产品的批别（单件生产为件别）为成本计算对象；(2)成本计算期与生产周期基本一致；(3)一般不需要在完工产品与在产品之间分配生产成本。分批法主要适用于小批、单件、管理上不要求分步骤计算产品成本的多步骤生产，如重型机器制造、船舶制造、精密工具仪器制造，以及服装、印刷工业等。分批法的计算程序，除了在按批别（单件生产为件别）设置基本生产成本明细分类账和在完工产品与在产品之间分配生产成本等方面有其特殊性外，其余方面与品种法的计算程序完全一致。分批法的核算实例。简化的分批法是将企业所有各批产品的全部生产耗费都归集在基本生产成本二级账中进行集中反映，各批次产品的明细账平时只登记原材料和生产工时，待某批产品完工时，再计算该批完工产品成本，不分批计算在产品成本，所有各批在产品的成本都集中在基本生产成本二级账中以总额形式进行反映的一种成本计算方法。这种方法也称为不分批计算在产品成本的分批法。简化的分批法具有以下主要特点：(1)必须设置基本生产成本二级账；(2)各批产品明细账平时只登记原材料和生产工时，不登记间接成本（加工费）和在产品成本，只有在产品完工时才按照该批完工产品累计工时和间接成本（加工费）累计分配率计算出完工产品的间接成本（加工费），并登记入账；(3)不分批计算月末在产品成本。简化分批法核算实例。

任务训练

6.1 思考题

(1)什么是产品成本计算的分批法？

(2)产品成本计算的分批法具有哪些主要特点？

(3)什么是产品成本计算的简化分批法？它与分批法的主要区别有哪些？

(4)简化的分批法的主要特点有哪些？

(5)分批法和简化的分批法各自适用于什么范围？

(6)简述简化分批法的成本计算程序。

6.2 单项选择题

(1)产品成本计算的分批法，是指以产品的(　　)作为成本核算对象。

①品名　　②类别

③生产步骤　　④批别（单件生产为件别）

(2)分批法的适用范围是(　　)。

①分步生产　　②大量生产

③小批、单件生产　　④大量、大批生产

(3)分批法的计算程序与(　　)一致。

①品种法　　②分类法

③分步法　　④定额法

(4)简化分批法的适用范围是(　　)。

①投产批数较少而且在产品批数也较少的企业

②投产批数较多而且在产品批数也较多的企业

③投产批数较多而在产品批数较少的企业

④投产批数较少而在产品批数较多的企业

(5)在小批、单件多步骤生产的情况下,如果管理上不要求分步计算产品成本,应采用的成本计算方法是(　　)。

①分批法　　②分步法

③品种法　　④定额成本法

6.3　多项选择题

(1)产品成本计算分批法的特点有:(　　)。

①成本计算期与生产周期基本一致

②与会计报告期不一致

③一般不需要在完工产品与在产品之间分配生产成本

④需要在完工产品与在产品之间分配生产成本

(2)简化分批法的特点有:(　　)。

①必须设置基本生产成本二级账

②平时不登记间接成本和在产品成本

③分批计算月末在产品成本

④不分批计算月末在产品成本

技能实训

技能实训题 6.1

【实训目的】 实训产品成本计算的分批法。

【实训资料】 2010年8月15日,腾飞模具厂收到蓝天汽车制造厂订货单一份,内列:需要小批量生产A01、A02、A03三种规格产品,数量分别为1件、50件和20件。根据客户订单情况,腾飞模具厂采用分批法计算其产品成本。10月份有关生产进度、各月的生产耗费和支出资料如下:

(1)10月份生产产品的批号及完工情况:

批号:蓝天205,生产A03产品20件,8月20日投产,本月31日全部完工。

批号:蓝天206,生产A02产品50件,9月15日投产,本月完工5件,在产品45件。

批号:蓝天207,生产A01产品1件,10月25日投产,计划2011年3月底完工。

(2)生产耗费、支出情况(见表6.1.1):

表 6.1.1　　生产耗费、支出情况表　　单位:元

批　号	产品名称	月份	原材料	燃料及动力	职工薪酬	制造费用	合计
蓝天 205	A03 产品	8	9 000	2 000	2 500	500	14 000
		9	8 900	2 100	2 200	480	13 680
		10	5 300	1 800	1 932	330	9 362
蓝天 206	A02 产品	9	7 600	5 120	3 240	420	16 380
		10	6 891	4 855	2 987	380	15 113
蓝天 207	A01 产品	10	16 200	3 000	6 000	3 000	28 200

(3)因蓝天 206 批号 A02 产品本月末完工产品数量较少,为简化核算手续,完工产品按计划成本转出,每件计划成本为:原材料 300 元,燃料及动力 200 元,职工薪酬 150 元,制造费用 20 元,合计 670 元。

【实训要求】 根据腾飞模具厂上述相关资料,计算并结转该厂 10 月份各批完工产品成本,登记其产品成本明细账。

(1)因蓝天 205 批号生产的 A03 产品 20 件全部完成,根据资料登记 A03 产品"基本生产成本明细分类账"(表 6.1.2)和编制"产品成本计算单"(表 6.1.3)。填制第 30 号转账凭证,将完工入库的 A03 产品转入"库存商品"账户,并登记 A03 产品"基本生产成本明细分类账"(表 6.1.2)。

表 6.1.2　　基本生产成本明细分类账

产品批号:　　订货单位:　　投产日期:

产品名称:　　产品批量:　　完工日期:

2010 年		凭证		摘　要	成　本　项　目				合计(　)
月	日	字	号		原材料	燃料及动力	职工薪酬	制造费用	

表 6.1.3　　产品成本计算单

产品批号:　　订货单位:　　投产日期:

产品名称:　　产品批量:　　完工日期:

项　　目		原材料	燃料及动力	职工薪酬	制造费用	合　计
本月生产成本累计						
本月完工产品	总 成 本					
	单位成本					

(2)因蓝天 206 批号生产的 A02 产品部分完工,根据资料登记 A02 产品"基本生产成本明细分类账"(表

6.1.4)和编制“产品成本计算单”(表6.1.5)。填制第31号转账凭证,将完工入库的A02产品转入“库存商品”账户,并登记A02产品“基本生产成本明细分类账”(表6.1.4)。

表6.1.4　　**基本生产成本明细分类账**

产品批号:　　订货单位:　　投产日期:

产品名称:　　产品批量:　　完工日期:

年		凭证		摘要	成本项目				合计
月	日	字	号		原材料	燃料及动力	职工薪酬	制造费用	

表6.1.5　　**产品成本计算单**

产品批号:　　订货单位:　　投产日期:

产品名称:　　产品批量:　　完工日期:

项目	完工产量(件)	原材料	燃料及动力	职工薪酬	制造费用	合计(　)

(3)因蓝天207批号生产的A01产品尚未完工,根据资料登记A01产品“基本生产成本明细分类账”(见表6.1.6)。

表6.1.6　　**基本生产成本明细分类账**

产品批号:　　订货单位:　　投产日期:

产品名称:　　产品批量:　　完工日期:

年		凭证		摘要	成本项目				合计(　)
月	日	字	号		原材料	燃料及动力	职工薪酬	制造费用	

技能实训题6.2

【实训目的】 实训产品成本计算的简化分批法。

【实训资料】 为民机械厂基本生产车间成批生产多种产品,为简化核算,采用简化的分批法进行成本计算。该厂2010年10月份有关成本计算资料如下:

(1)该厂生产情况(见表6.2.1):

表 6.2.1 **基本生产车间产品生产批次表**

2010年10月

批号	订货单位	产品名称	批量	投 产 日 期	完工数量	完 工 日 期
301	达维机械厂	BB01	20件	2010年8月15日	5	2010年11月30日
302	达维机械厂	BB02	50件	2010年9月10日		未完成
303	金龙机械厂	BB03	100件	2010年8月17日	100	2010年10月31日
304	金龙机械厂	BB04	40件	2010年9月22日		未完成
305	金龙机械厂	BB05	100件	2010年10月15日		未完成

(2)该厂生产耗费、支出情况如下(见表6.2.2):

表 6.2.2 **生产耗费、支出情况明细表** 单位:元

批号	产品名称	月份	原材料	生产工时(小时)	燃料及动力	职工薪酬	制造费用	金额合计
301	BB01	8	100 456.00	194				
		9		236				
		10		234				
302	BB02	9	76 800.00	264				
		10		248				
303	BB03	8	8 140.00	200				
		9	10 881.44	240				
		10	6 320.00	200				
304	BB04	10	1 860.00	64				
305	BB05	10	4 860.00	120				
基本生产成本二级账	月初在产品成本	10	196 277.44	1 134	18 654.00	87 789.00	16 743.56	319 464.00
	本月发生成本	10	13 040.00	866	9 520.00	21 540.00	9 040.00	53 140.00

(3)该厂生产产品的原材料投入方式,除303批号BB03产品的原材料陆续投入以外,其余批号的所有产品的原材料均在生产开始时一次投入,本月在产品完工程度均为50%。

(4)该厂发生的间接成本按生产工时比例分配。

【实训要求】 根据上述各项资料,按照简化的分批法计算各批号的完工产品成本;月末既有完工产品又有在产品的,请按约当产量比例法计算完工产品成本和在产品成本。

(1)根据该厂有关资料(见表6.2.1和表6.2.2),开设"基本生产成本二级账",并登记月初在产品成本、本月发生的生产成本等资料,计算间接成本(加工费)累计分配率(见表6.2.3)。

表 6.2.3 **基本生产成本二级账**

生产单位: 第 页

年		凭证		摘 要	原材料	生产工时(小时)	燃料及动力	职工薪酬	制造费用	合 计
月	日	字	号							
				月初在产品成本						
				本月发生成本						
				累 计						
				间接成本累计分配率						
				结转完工产品成本						
				月末在产品成本						

(2)将计算的间接成本(加工费)累计分配率登记到完工批次的产品成本明细账(见表6.2.4和表6.2.5),并按照该批完工产品累计工时和间接成本(加工费)累计分配率计算出完工产品的间接成本(加工费)和总成本。按本月全部完工产品资料,填制第15号转账凭证,并登记有关账簿("库存商品"账簿登记略,其他账簿登记见表6.2.3、表6.2.4和表6.2.5)。

表6.2.4　　**基本生产成本明细分类账**

产品批号:　　订货单位:　　投产日期:

产品名称:BB03　　产品批量:　　完工日期:

年		凭证		摘　要	原材料	生产工时(小时)	燃料及动力	职工薪酬	制造费用	合　计
月	日	字	号							
				本月发生成本						
				本月累计成本						
				本月发生成本						
				本月累计成本						
				本月发生成本						
				本月累计成本						
				间接成本(加工费)累计分配率						
				分配间接成本(加工费)						
				结转本月完工产品成本(小时)						
				单位成本						

表6.2.5　　**基本生产成本明细分类账**

产品批号:　　订货单位:　　投产日期:

产品名称:BB01　　产品批量:　　完工日期:

年		凭证		摘　要	原材料	生产工时(小时)	燃料及动力	职工薪酬	制造费用	合　计
月	日	字	号							
				本月发生成本						
				本月累计成本						
				本月发生成本						
				本月累计成本						
				本月发生成本						
				本月累计成本						
				间接成本(加工费)累计分配率						
				本月完工产品(5件)应分配间接费用(或工时)						
				结转本月完工产品(5件)总成本(或工时)						
	31			本月在产品成本(15件)						

模块 7

产品成本计算的分步法

能力目标

学习本章的目的是掌握产品成本计算分步法的计算程序和计算技能，理解分步法的特点，了解分步法的种类和适用范围。学习的重点是逐步综合结转分步法和平行结转分步法的实例操作。学习的难点是产品成本还原和平行结转分步法。学习本章时，要深刻领会逐步结转分步法和平行结转分步法的成本计算程序，然后用计算程序指导两种方法实例的学习。学习成本还原时要复习“要素费用分配的步骤”，用“要素费用分配的步骤”所蕴涵的思路指导成本还原的学习，难点就很容易攻破了。

分项任务

任务 7.1　分步法概述

任务 7.2　逐步结转分步法

任务 7.3　平行结转分步法

任务 7.1　分步法概述

7.1.1　分步法的特点

产品成本计算的分步法，是指以产品的品种及所经生产步骤作为成本计算对象，来归集生产耗费和支出，计算产品成本的一种方法。这种方法具有以下主要特点：

(1)以产品的品种及所经生产步骤作为成本计算对象

工业企业的生产按照生产工艺过程的特点可以分为单步骤生产和多步骤生产两种类型。对于管理上要求分步骤计算成本的多步骤生产，应将产品的品种及其所经生产步骤作为成本计算对象。在计算产品成本时，应按照产品的品种及所经生产步骤设立产品成本明细账。如果只生产一种产品，成本计算对象就是该种产成品及其所经过的各生产步骤，产品成本明细账应该按照产品的品种及其所经生产步骤开设。如果生产多种产品，成本计算对象则应是各种产成品及其所经过的各生产步骤，产品成本明细账应该按照每种产品的各个步骤开设。在进行成本计算时，应按步骤分品种分配和归集生产耗费和支出：单设成本项目的直接计入耗费与支出，直接计入各成本计算对象；单设成本项目的间接计入耗费与支出，分配计入各成本计算对象;不单设成本项目的生产耗费与支出,一般是先按车间、部门或者耗费用途归集为综合费用,月末再直接记入或者分配记入各成本计算对象。

需要指出的是,在实际工作中,产品成本计算的分步与产品生产步骤的划分不一定完全一致。例如,在按生产步骤设立车间(或分厂)的企业中,一般讲,分步计算成本也就是分车间(或分厂)计算成本。如果企业生产规模较大,车间(或分厂)内又分成几个生产步骤,而管理上又要求分步计算产品成本时,也可以在车间(或分厂)内再分步骤计算成本。相反,如果企业规模较小,管理上也不要求分车间(或分厂)计算产品成本,也可将几个车间合并为一个步骤计算产品成本。总之,应根据管理的要求,本着简化计算工作的原则,确定成本计算对象。

(2)成本计算定期按月进行,与产品生产周期不一致

在大量、大批的多步骤生产中,由于生产过程较长,可以间断,而且往往都是跨月陆续完工,因此,成本计算一般都是按月定期地进行,而与产品的生产周期不一致。

(3)通常需要在完工产品与在产品之间分配生产成本

由于大量、大批多步骤生产的产品往往跨月陆续完工,月末各步骤一般都存在未完工的在产品,因此,在计算成本时,还需要采用适当的分配方法(按年初数固定计算在产品成本法、在产品按所耗原材料费用计价法、约当产量比例法、在产品按完工产品成本计算法、在产品按定额成本计价法和定额比例法等),将汇集在各种产品、各生产步骤产品成本明细账中的累计生产成本,在完工产品与在产品之间进行分配,计算各产品、各生产步骤的完工产品成本和在产品成本。

(4)在各步骤之间需要结转半成品成本

由于产品生产是分步骤进行的,上一步骤生产的半成品是下一步骤的加工对象,因此,为了计算各种产品的产成品成本,还需要按照产品品种,按照不同的方法结转各步骤生产成本。也就是说,与其他成本计算方法不同,在采用分步法计算产品成本时,在各步骤之间还存在半成品成本结转问题。

7.1.2　分步法的适用范围

分步法主要适用于大量、大批生产组织形式的多步骤生产。因为在这些企业中,产品生产可以划分为若干个生产步骤进行。例如,纺织企业生产可分为纺纱、织布、印染等步骤;冶金企业生产可分为炼铁、炼钢、轧钢等步骤;机器制造企业生产可分为铸造、加工、装配等步骤;造纸企业的生产可以分为制浆、制纸等生产步骤。为了加强成本管理,不仅要求按照产品品种归集生产耗费与支出,计算其产品成本,而且要求按照产品的生产步骤归集生产耗费与支出,计算各步骤的产品成本,提供反映各种产品及其各生产步骤成本计划执行情况的信息。

7.1.3　分步法的种类

由于各个企业生产工艺过程的特点和成本管理对各步骤成本资料的要求(要不要计算半成品成本)不同,以及对简化成本计算工作的考虑,各生产步骤成本的计算与结转通常采用两种不同的方法:逐步结转和平行结转。因而,产品成本计算的分步法也就相应分为逐步结转分步法和平行结转分步法两种。逐步结转分步法,按照结转的半成品成本在下一步骤产品成本明细账中的反映方法,又分为综合结转法和分项结转法两种方法。分步法的种类如图 7.1 所示。

- 分步法
  - 逐步结转分步法
    - 逐步综合结转分步法(需要成本还原)
    - 逐步分项结转分步法
  - 平行结转分步法

图 7.1　分步法分类示意

任务 7.2　逐步结转分步法

7.2.1　逐步结转分步法的含义及适用范围

逐步结转分步法是逐步计算并结转半成品成本,直到最后生产步骤计算出完工产品成本的方法。计算各生产步骤半成品成本是这种方法的显著特征。因此,逐步结转分步法亦称为计算半成品成本分步法。

逐步结转分步法主要适用于半成品可以加工为不同产品,或者有半成品对外销售和需要考核半成品成本的企业,特别是大量、大批连续式多步骤生产企业。在这类企业中,从原材料投入生产到产品制成,中间要顺序经过几个生产步骤加工,前面各生产步骤所生产的都是半成品,只有在最后生产步骤完工的才是产成品。各生产步骤所生产的半成品,既可以转交下一生产步骤继续加工,又可以作为商品产品对外销售。例如,纺织企业生产的棉纱,可以为企业自用,继续加工成各种棉布,也可以作为商品产品,直接对外出售。在这种情况下,除了需要计算各种产成品成本外,还需要计算各生产步骤所生产的半成品成本。为了全面考核和分析各生产步骤等内部单位的生产耗费和支出情况,也需要按生产步骤计算与结转半成品成本。

7.2.2　逐步结转分步法的成本计算程序

逐步结转分步法的成本计算程序,按各步骤完工的半成品是否经过半成品库进行收发而有所不同。

7.2.2.1　半成品不通过半成品库收发的计算程序

(1)根据第一生产步骤产品成本明细账上各成本项目归集的生产耗费和支出,计算出完工的半成品成本。由于半成品直接转入下一生产步骤,第一步骤的完工半成品的成本就是第二步骤本期投入的半成品成本,所以,应根据完工的半成品成本,借记“生产成本——基本生产成本——第二步骤(某半成品)”账户,贷记“生产成本——基本生产成本——第一步骤(某半成品)”账户。

(2)第二生产步骤根据第一生产步骤转来的半成品成本,加上本步骤领用的原材料和发生的加工费用,计算出第二步骤完工的半成品成本,再转入第三步骤的产品成本明细账上。以此类推,直至最后一个生产步骤计算出产成品的生产成本。

半成品不通过仓库收发,其实物转移程序和成本结转程序(综合结转方式)如图 7.2 和图 7.3 所示(图中的完工产品成本与月末在产品成本计算是采用约当产量比例法计算的,原材料在生产开始时一次投入,在产品完工程度为 50%)。

7.2.2.2　半成品通过半成品库收发的计算程序

(1)根据第一生产步骤产品成本明细账上各成本项目归集的生产耗费和支出,计算出完工

项　目	第一步	转　移	第二步	转　移	第三步
月初在产	20		30		50
本月投产	190		180		190
本月完工	180		190		200
月末在产	30		20		40

图 7.2　半成品不通过半成品库收发实物转移程序(单位:件)

成本项目	第一步成本明细账			结　转	第二步成本明细账			结　转	第三步成本明细账		
	原材料	加工费	合计		半成品	加工费	合计		半成品	加工费	合计
月初成本	160	20	180		300	45	345		650	25	675
发生成本	1 520	370	1 890		1 800	555	2 355		2 470	195	2 665
累计	1 680	390	2 070		2 100	600	2 700		3 120	220	3 340
完工成本	1 440	360	1 800		1 900	570	2 470		2 600	200	2 800
月末成本	240	30	270		200	30	230		520	20	540

图 7.3　半成品不通过半成品库收发成本结转程序(综合结转方式)(单位:元)

的半成品成本。在半成品验收入库时,借记“自制半成品——第一步骤(某半成品)”账户,贷记“生产成本——基本生产成本——第一步骤(某半成品)”账户。

(2)第二生产步骤从半成品仓库领取第一步骤自制半成品时,借记“生产成本——基本生产成本——第二步骤(某半成品)”账户,贷记“自制半成品——第一步骤(某半成品)”账户。然后,根据第二生产步骤产品成本明细账上各成本项目归集的生产耗费和支出(包括耗用的第一步骤半成品成本),计算出第二步骤完工的半成品成本。如同第一步骤完工半成品入库与领用,进行第二步骤的会计处理。按照生产步骤的顺序,累计结转半成品成本,直至最后一个生产步骤完成,计算出产成品的生产成本。

半成品通过仓库收发,其实物转移程序和成本结转程序(综合结转方式)如图 7.4 和图 7.5所示。

项　目	第一步	转　移	第二步	转　移	第三步
月初在产	20		30		50
本月投产	190		170		170
本月完工	180		190		200
月末在产	30		10		20

自制半成品明细账	收入	发出	结存
	180	170	10

自制半成品明细账	收入	发出	结存
	180	170	10

图 7.4　半成品通过半成品库收发实物转移程序(单位:件)

成本项目	第一步成本明细账			结转	成本项目	第二步成本明细账			结转	成本项目	第三步成本明细账		
	原材料	加工费	合计			半成品	加工费	合计			半成品	加工费	合计
月初成本	160	20	180		月初成本	300	45	345		月初成本	650	25	675
发生成本	1 520	370	1 890		发生成本	1 700	540	2 240		发生成本	2 210	185	2 395
累计	1 680	390	2 070		累计	2 000	585	2 585		累计	2 860	210	3 070
完工成本	1 440	360	1 800		完工成本	1 900	570	2 470		完工成本	2 600	200	2 800
月末成本	240	30	270		月末成本	100	15	115		月末成本	260	10	270

自制半成品明细账	借方	贷方	余额
	1 800	1 700	100

自制半成品明细账	借方	贷方	余额
	2 470	2 210	260

图 7.5　半成品通过半成品库收发成本结转程序(综合结转方式)(单位:元)

7.2.3　半成品成本结转方式与分步法实例

采用逐步结转分步法,各生产步骤之间半成品成本的结转,按照半成品转入下一生产步骤产品成本明细账的反映方式不同,分为综合结转方式和分项结转方式两种。

7.2.3.1　综合结转方式与分步法实例

(1)综合结转方式的含义

综合结转方式是指各生产步骤将其所耗的上一生产步骤的半成品成本综合计入其产品成本明细账的“原材料”或“半成品”成本项目内反映的方法。即下一步耗用上一步半成品的成本,是以一个综合成本的数额记入下一步骤产品成本明细账中的“半成品”项目,而不是分别以“原材料”、“燃料及动力”、“职工薪酬”和“制造费用”等转入下一步骤产品成本明细账的相应项目之中。

(2)各步骤所耗上一步骤的半成品成本的计算

采用这种结转方式结转半成品成本时,如果半成品不通过半成品库收发,上一步骤完工的半成品成本,直接转入下一步骤产品成本明细账中的“半成品”项目,不必计算,直接转入即可;如果半成品通过半成品库收发,各步骤所耗上一步骤的半成品成本,应根据所耗半成品的实际数量乘以半成品的实际单位成本计算。各月所产半成品的实际单位成本不同,因而所耗半成品实际单位成本的计算,可根据企业的实际情况,选择使用以下方法确定:

①先进先出法。以“先入库的先发出”这一假定为前提,并根据这种假定的成本流转顺序对发出和结存的半成品进行计价。

②全月一次加权平均法。其计算公式如下:

$$加权平均单位成本=\frac{月初结存半成品的实际成本+本月入库半成品的实际成本}{月初结存半成品数量+本月入库半成品数量}$$

$$发出半成品成本=发出半成品的实际数量\times加权平均单位成本$$

(3)成本还原

采用综合结转方式时,上一生产步骤转入的自制半成品成本,综合登记在下一步骤产品生产成本明细账中的“半成品”成本项目中,虽然可以简化成本核算工作,但是在最后生产步骤计算出的产品成本中,除了本步骤发生的加工费是按原始成本项目反映的外,前面各步骤发生的各种耗费与支出，都集中在“半成品”一个成本项目中。例如图 7.3 中的第三步成本明细账中，完工产成品成本 2 800 元中“加工费”仅 200 元，这显然不符合产品成本构成的实际情况。也就是说，半成品成本的综合结转法，不能提供产成品按原始成本项目反映的成本资料，不能从整个企业的角度来考核和分析产品成本的构成。因此，为了能够从整个企业的角度来分析和考核产成品成本的构成，寻求降低产品成本的途径，必须对产成品成本中的“半成品”项目进行成本还原，以反映产成品成本原始构成的实际情况。所谓成本还原就是将最后步骤完工产成品成本构成中的“半成品”项目的成本，还原为按“原材料”、“燃料及动力”、“职工薪酬”和“制造费用”等原始成本项目反映的成本，从而反映产品成本的原始构成。

成本还原从最后一个生产步骤开始，将其所耗用的上一生产步骤自制半成品的综合成本，按照上一生产步骤所产半成品的成本构成为标准，分解还原为原始成本项目的成本，直到第一生产步骤；然后，将各生产步骤相同成本项目的成本数额加以汇总，就可以求得成本还原以后产成品的实际总成本，即按原始成本项目反映的产成品实际总成本。这一实际总成本与成本还原前产成品的实际总成本一定是相等的。也就是说，成本还原恢复了产成品成本的原始构成情况，但不会增加或减少产成品的实际总成本。其计算步骤与公式如下：

①确定要还原的半成品成本

最后生产步骤完工产成品成本中的半成品成本即为要还原的半成品成本。

②明确成本还原分配的标准

要还原的半成品成本所在步骤的前一步骤本月完工半成品成本总额及其构成即为还原分配的标准。

③计算成本还原分配率

$$\text{成本还原分配率}=\frac{\text{要还原的半成品成本}}{\text{前一步骤本月完工半成品成本总额}}$$

④半成品成本还原

$$\begin{array}{c}\text{某成本项目应分配}\\\text{的半成品还原成本}\end{array}=\begin{array}{c}\text{该成本项目的前一步骤}\\\text{本月完工数额}\end{array}\times\text{成本还原分配率}$$

【实例 7.1】 某工厂 2010 年 8 月生产乙产品按顺序经过三个步骤加工，上一个步骤完工半成品直接转入下一步继续加工，不通过半成品仓库收发。采用逐步综合结转分步法计算产品成本，月末在产品成本采用约当产量比例法计算，原材料于生产开始时一次投入，月末在产品完工程度为 50%。其产量和成本资料如图 7.2 和图 7.3 所示。按逐步综合结转分步法的计算程序计算如下：

①计算第一步完工半成品成本，并结转至第二步

根据资料编制第一步“半成品成本计算单”，如表 7.1 所示。

表 7.1　　**半成品成本计算单**

产品名称：第一步(×半成品)　　2010 年 8 月　　单位：元

项　目	原材料	加工费	合　计
月初在产品成本(图 7.3)	160.00	20.00	180.00
本月发生成本合计(图 7.3)	1 520.00	370.00	1 890.00
生产成本累计	1 680.00	390.00	2 070.00
分配标准合计(件)	210	195	

续表

项目		原材料	加工费	合计
单位成本(分配率)		8	2	10
本月完工半成品	产量(图 7.2)	180	180	
	成本	1 440.00	360.00	1 800.00
月末在产品	约当产量(件)	30	15	
	成本	240.00	30.00	270.00

根据编制的第一步"半成品成本计算单"填制转账凭证(会计分录代替):

借:生产成本——基本生产成本——第二步(×半成品)　　1 800.00

　　贷:生产成本——基本生产成本——第一步(×半成品)　　1 800.00

根据填制的转账凭证(会计分录代替)登记第一步和第二步"生产成本明细账(简化明细账)",如图 7.3 所示。

②计算第二步完工半成品成本,并结转至第三步

根据资料编制第二步"半成品成本计算单",如表 7.2 所示。

表 7.2　　半成品成本计算单

产品名称:第二步(×半成品)　　2010 年 8 月　　单位:元

项目		半成品	加工费	合计
月初在产品成本(图 7.3)		300.00	45.00	345.00
本月发生成本合计(图 7.3)		1 800.00	555.00	2 355.00
生产成本累计		2 100.00	600.00	2 700.00
分配标准合计(件)		210	200	
单位成本(分配率)		10	3	13
本月完工半成品	产量(图 7.2)	190	190	
	成本	1 900.00	570.00	2 470.00
月末在产品	约当产量(件)	20	10	
	成本	200.00	30.00	230.00

根据编制的第二步"半成品成本计算单"填制转账凭证(会计分录代替):

借:生产成本——基本生产成本——第三步(×半成品)　　2 470.00

　　贷:生产成本——基本生产成本——第二步(×半成品)　　2 470.00

根据填制的转账凭证(会计分录代替)登记第二步和第三步"生产成本明细账(简化明细账)",如图 7.3 所示。

③计算第三步完工产成品成本,并结转完工入库产品成本

根据资料编制第三步"产成品成本计算单",如表 7.3 所示。

表 7.3　　**产成品成本计算单**

产品名称:乙产品　　2010 年 8 月　　单位:元

项　目		半成品	加工费	合　计
月初在产品成本(图 7.3)		650.00	25.00	675.00
本月发生成本合计(图 7.3)		2 470.00	195.00	2 665.00
生产成本累计		3 120.00	220.00	3 340.00
分配标准合计(件)		240	220	
单位成本(分配率)		13	1	14
本月完工产成品	产量(图 7.2)	200	200	
	成本	2 600.00	200.00	2 800.00
月末在产品	约当产量(件)	40	20	
	成本	520.00	20.00	540.00

根据编制的第三步"产成品成本计算单"和"产成品入库单"(略)填制转账凭证(会计分录代替):

借:库存商品——乙产品　　2 800.00

　贷:生产成本——基本生产成本——第三步(×半成品)　　2 800.00

根据填制的转账凭证(会计分录代替)登记第三步骤"生产成本明细账"(简化明细账),见图 7.3。

【实例 7.2】 兴华工厂 2010 年 8 月生产甲产品,经过第一、第二两个基本生产车间连续加工完成,第一车间生产完工的 A 半成品交半成品库,第二车间从半成品库领用后继续加工生产出甲产品。设"自制半成品"账户核算,自制半成品明细账月初结存 A 半成品 500 件,单位成本 186 元,计 93 000 元。车间之间结转半成品的实际成本采用全月一次加权平均法计算,该工厂的成本计算采用逐步综合结转分步法,月末在产品成本采用在产品按定额成本计价法计算。2010 年 8 月份,该工厂有关产量资料、生产成本资料(来自按车间设置的基本生产成本明细账)和月末单位在产品定额成本资料如表 7.4、表 7.5 和表 7.6 所示。

表 7.4　　**产量资料**　　单位:件

项　目	一车间(第一步)	二车间(第二步)
	A 半成品	甲产品
月初在产品数量	300	350
本月投产产品数量	400	600
本月完工产品数量	500	800
月末在产品数量	200	150

表 7.5　　生产成本资料　　单位:元

成本项目		原材料	半成品	燃料及动力	职工薪酬	制造费用	合计
月初在产品成本	一车间	12 000.00		4 500.00	15 000.00	9 000.00	40 500.00
	二车间		63 000.00	3 700.00	6 300.00	4 200.00	77 200.00
本月发生成本	一车间	21 000.00		8 500.00	25 000.00	22 000.00	76 500.00
	二车间			7 200.00	16 400.00	9 600.00	33 200.00

表 7.6　　单位在产品定额成本资料　　单位:元

成本项目		原材料	半成品	燃料及动力	职工薪酬	制造费用	合计
单位在产品定额成本	一车间	40.00		15.00	50.00	30.00	135.00
	二车间		180.00	10.00	18.00	12.00	220.00

按逐步综合结转分步法的计算程序计算如下:

①计算第一车间完工A半成品成本,并结转入库

根据资料编制第一步"半成品成本计算单",如表7.7所示。

表 7.7　　半成品成本计算单

生产车间:一车间　　产品名称:A半成品　　产量:500件　　2010年8月　　单位:元

项　目		原材料	燃料及动力	职工薪酬	制造费用	合计
月初在产品成本(表7.5)		12 000.00	4 500.00	15 000.00	9 000.00	40 500.00
本月发生成本(表7.5)		21 000.00	8 500.00	25 000.00	22 000.00	76 500.00
生产成本累计		33 000.00	13 000.00	40 000.00	31 000.00	117 000.00
月末在产品	数量(件)	200	200	200	200	200
	单位定额成本	40	15	50	30	135
	成　本	8 000.00	3 000.00	10 000.00	6 000.00	27 000.00
本月完工半成品	总成本	25 000.00	10 000.00	30 000.00	25 000.00	90 000.00
	单位成本	50.00	20.00	60.00	50.00	180.00

注:本月完工半成品总成本=生产成本累计−月末在产品成本。

根据编制的第一车间"半成品成本计算单"(表7.7)和"半成品入库单"(略)填制转账凭证(会计分录代替):

借:自制半成品——A半成品　　90 000.00

　　贷:生产成本——基本生产成本——第一车间(A半成品)　　90 000.00

根据填制的转账凭证(会计分录代替)登记"自制半成品明细账",见表7.8所示。

②计算第二车间领用A半成品的成本,并转入第二车间产品成本明细账

表 7.8　　**自制半成品明细账**

产品名称:A 半成品　　规格:××　　存放地点:××　　第　页

2010 年		凭证号数	摘　要	收　入			发　出			结　存		
月	日			数量	单位成本	总成本	数量	单位成本	总成本	数量	单位成本	总成本
8	31		月初结存							500	186.00	93 000.00
	31	略	一车间完工入库	500	180.00	90 000.00				1000		
	31		二车间生产领用				600	183.00	109 800.00	400	183.00	73 200.00
	31		本月合计	500	180.00	90 000.00	600	183.00	109 800.00	400	183.00	73 200.00

根据计算结果填制转账凭证(会计分录代替):

借:生产成本——基本生产成本——第二车间(甲产品)　　109 800.00

　贷:自制半成品——A 半成品　　109 800.00

根据填制的转账凭证(会计分录代替)登记第二车间"生产成本明细账"(略)和"自制半成品明细账",见表 7.8 所示。

③计算第二车间完工甲产品成本,并结转完工入库产品成本

根据资料编制第二车间甲产品"成本计算单",如表 7.9 所示。

表 7.9　　**产品成本计算单**

生产车间:二车间　　产品名称:甲产品　　产量:800 件　　2010 年 8 月　　单位:元

项　目		半成品	燃料及动力	职工薪酬	制造费用	合　计
月初在产品成本(表 7.5)		63 000.00	3 700.00	6 300.00	4 200.00	77 200.00
本月发生成本(表 7.5)		109 800.00	7 200.00	16 400.00	9 600.00	143 000.00
生产成本累计		172 800.00	10 900.00	22 700.00	13 800.00	220 200.00
月末在产品	150	150	150	150	150	150
	180.00	10.00	18.00	12.00	220.00	220
	27 000.00	1 500.00	2 700.00	1 800.00	33 000.00	33 000
本月完工产品	145 800.00	9 400.00	20 000.00	12 000.00	187 200.00	187 200
	182.25	11.75	25.00	15.00	234.00	234.00

注:本月发生成本的"半成品"数额"109 800.00"来自"自制半成品明细账"的"发出栏";

本月完工半成品总成本=生产成本累计月末在产品成本。

根据编制的第二车间"产品成本计算单"(表 7.9)和"产成品入库单"(略)填制转账凭证(会计分录代替):

借:库存商品——甲产品　　187 200.00

　贷:生产成本——基本生产成本——第二车间(甲产品)　　187 200.00

④进行成本还原

根据题意,要还原的半成品成本为最后步骤产成品成本中的半成品成本 145 800 元(见表 7.9)。要还原的半成品成本 145 800 元所在步骤为第二步骤,所以,还原标准为第一步骤本月完工半成品成本总额及其构成(见表 7.7),即 90 000 元,其中原材料为 25 000 元,燃料及动力为 10 000 元,职工薪酬为 30 000 元,制造费用为 25 000 元。

$$成本还原分配率=\frac{145\ 800.00}{90\ 000.00}=1.62$$

原材料项目应分配的半成品还原成本＝25 000.00×1.62＝40 500.00(元)

燃料及动力项目应分配的半成品还原成本＝10 000.00×1.62＝16 200.00(元)

职工薪酬项目应分配的半成品还原成本＝30 000.00×1.62＝48 600.00(元)

制造费用项目应分配的半成品还原成本＝25 000.00×1.62＝40 500.00(元)

根据上述计算结果编制“产品成本还原计算表”，如表 7.10 所示。

表 7.10　　产品成本还原计算表

产品名称:甲产品　　产量:800 件　　2010 年 8 月　　单位:元

项　目	成本还原分配率	成本项目					
		半成品	原材料	燃料及动力	职工薪酬	制造费用	合计
还原前产品总成本		145 800.00		9 400.00	20 000.00	12 000.00	187 200.00
前一步骤本月完工半成品成本			25 000.00	10 000.00	30 000.00	25 000.00	90 000.00
半成品成本还原	1.62	145 800.00	40 500.00	16 200.00	48 600.00	40 500.00	0
还原后产品总成本		0	40 500.00	25 600.00	68 600.00	52 500.00	187 200.00
还原后产品单位成本			50.625	32.00	85.75	65.625	234.00

注:还原后产品总成本(行)＝还原前产品总成本(行)＋半成品成本还原(行)。

应当指出的是，如果产品的加工步骤是三个步骤，首先按照上述方法对产成品(三步骤)所耗前一步骤(第二步骤)的半成品成本，以第二步骤的完工半成品成本为标准进行第一次成本还原，然后再将已还原出来产成品所耗第二步骤的半成品成本，以第一步骤的完工半成品成本为标准进行第二次成本还原。然后将还原出来的相同成本项目的成本汇总相加，得出还原结果，确定产成品的原始成本构成。值得注意的是，第二次还原的对象是第一次还原出来的半成品成本，即产成品成本中所包含的第一步骤半成品成本，而不是第二步骤本月完工半成品中所耗的第一步骤的半成品成本。总之，成本还原只是对产成品成本进行的成本还原。

从上述实例可以看出，采用综合结转法可以反映各生产步骤耗用原材料、自制半成品和加工费用的水平及自制半成品和产成品的成本，有利于各个生产步骤成本的管理、控制、分析和考核，便于分清各自的生产经营效果和责任。为了反映产品成本的原始构成，加强企业综合成本的管理，需要进行成本还原，因此增加了成本计算的工作量。这种方法主要适用于分步生产、管理上又要求分别反映各生产步骤完工半成品成本的企业。

7.2.3.2　分项结转方式与分步法实例

(1)分项结转方式的含义

分项结转方式是指各生产步骤将其所耗的上一生产步骤的半成品成本，按照成本项目分项转入本生产步骤产品生产成本明细账的相应成本项目之中。如果半成品通过半成品库收发，在自制半成品明细账中，也要按照成本项目分别登记。

(2)各步骤所耗上一步骤的半成品成本的计算

采用这种结转方式结转半成品成本时，如果是半成品不通过半成品库收发，上一步骤完工的半成品成本，按照成本项目直接转入下一步骤产品成本明细账中的相应成本项目即可；如果半成品通过半成品库收发，各步骤所耗上一步骤的半成品成本，采用全月一次加权平均法分成本项目计算。其计算公式如下：

$$某成本项目加权平均单位成本=\frac{该项目月初结存实际成本+该项目本月入库实际成本}{月初结存半成品数量+本月入库半成品数量}$$

发出半成品某项目成本=发出半成品的实际数量×某成本项目加权平均单位成本

(3)第二步骤及以后步骤的产品成本明细账中的每一个成本项目都区分为“上步转入”和“本步发生”两栏(见表7.16)。这是因为，对于月末在产品成本来说，上步转入的半成品成本已经全部投入，无论哪个成本项目都应当将“上步转入”数额视同原材料在生产开始时一次投入处理，应当与本月完工半成品或产成品同等分配生产成本；“本步发生”的生产耗费与支出尚未全部投入，应当按完工程度计算在产品约当产量后，再与本月完工半成品或产成品一起分配生产成本。这样，在采用分项结转方式时，产品生产成本明细账中的每一个成本项目，都区分为上步转入成本和本步发生成本，有利于正确计算月末在产品成本。为了简化计算，如果各成本项目内不区分为上步转入成本和本步发生成本，应当在考虑这两种成本投入的不同情况以后，再确定月末在产品各成本项目的完工程度或已完成的定额工时等，正确将生产成本在本月完工产品和月末在产品之间进行分配。

【实例7.3】 振兴工厂生产丙产品，经过第一、第二两个基本生产车间连续加工完成。第一车间生产完工的B半成品交半成品库，第二车间从半成品库领用后继续加工生产出丙产品。该产品设“自制半成品”账户核算，车间之间结转半成品按实际成本采用全月一次加权平均法计算。该工厂的成本计算采用逐步分项结转分步法，月末在产品成本采用约当产量比例法计算。原材料于生产开始时一次投入，各车间在产品完工程度均为50%。2010年8月份，该工厂有关产量资料、生产成本资料(来自按车间设置的基本生产成本明细账)和自制半成品明细账月初结存资料如表7.11、表7.12和表7.13所示。

表7.11　产量资料　单位：件

项　目	一车间(第一步)	二车间(第二步)
	B半成品	丙产品
月初在产品数量	100	200
本月投产产品数量	500	300
本月完工产品数量	400	350
月末在产品数量	200	150

表7.12　生产成本资料　单位：元

成本项目		原材料		燃料及动力		职工薪酬		制造费用	
		上步转入	本步发生	上步转入	本步发生	上步转入	本步发生	上步转入	本步发生
月初在产品成本	一车间		5 000.00		1 600.00		2 400.00		2 000.00
	二车间	6 325.00		3 960.00	2 656.25	5 110.00	4 999.50	4 451.00	4 229.00
本月发生成本	一车间		15 100.00		7 150.00		9 600.00		800.00
	二车间				6 120.00		9 850.00		8 555.00

表7.13　自制半成品明细账月初结存资料　单位：元

月	日	项　目	数量(件)	原材料	燃料及动力	职工薪酬	制造费用	成本合计
8	1	月初结存	100	3 200.00	1 700.00	2 300.00	2 200.00	9 400.00

按逐步分项结转分步法的计算程序计算如下：

①计算第一车间完工B半成品成本，并结转入库

根据资料编制第一步"半成品成本计算单"如表7.14所示。

表7.14 **半成品成本计算单**

生产车间：一车间　　产品名称：B半成品　　2010年8月　　单位：元

项　目		原材料	燃料及动力	职工薪酬	制造费用	合计
月初在产品成本(表7.12)		5 000.00	1 000.00	2 400.00	2 000.00	1 100 000
本月发生成本(表7.12)		15 100.00	7 150.00	9 600.00	800.00	3 265 000
生产成本累计		20 100.00	8 750.00	12 000.00	2 800.00	43 650.00
分配标准合计(件)		600	500	500	500	
单位成本(分配率)		33.50	17.50	24.00	5.60	80.60
本月完工半成品	400	400	400	400	400	400
	13 400.00	7 000.00	9 600.00	2 240.00	32 240.00	32 240.60
月末在产品	200	100	100	100		
	6 700.00	1 750.00	2 400.00	560.00	11 410.00	11 410.60

根据编制的第一车间"半成品成本计算单"和"半成品入库单"(略)填制转账凭证(会计分录代替)：

借：自制半成品——B半成品　　32 240.00

　　贷：生产成本——基本生产成本——第一车间(B半成品)　　32 240.00

根据填制的转账凭证(会计分录代替)登记"自制半成品明细账"，如表7.15所示。

②根据自制半成品明细账的资料计算第二车间领用B半成品的成本，并转入第二车间产品成本明细账

表7.15 **自制半成品成本明细账**

产品名称：B半成品　　规格：××　　存放地点：××　　第　页

2010年		凭证		摘　要	数量(件)	成本项目				成本合计
月	日	字	号			原材料	燃料及动力	职工薪酬	制造费用	
8	1			月初结存	100	3 200.00	1 700.00	2 300.00	2 200.00	9 400.00
	31			本月第一车间交库	400	13 400.00	7 000.00	9 600.00	2 240.00	32 240.00
	31			累　计	500	16 600.00	8 700.00	11 900.00	4 440.00	41 640.00
	31			加权平均单位成本		33.20	17.40	23.80	8.88	83.28
	31			本月第二车间领用	300	9 960.00	5 220.00	7 140.00	2 664.00	24 984.00
	31			月末结存	200	6 640.00	3 480.00	4 760.00	1 776.00	16 656.00

注：加权平均单位成本计算：16 600÷500=33.20；8 700÷500=17.40；11 900÷500=23.80；4 440÷500=8.88。

本月第二车间领用半成品成本计算：300×33.20=9 960；300×17.40=5 220；300×23.80=7 140；300×8.88=2 664。

根据计算结果填制转账凭证(会计分录代替):

借:生产成本——基本生产成本——第二车间(丙产品)　　　　24 984.00

　　贷:自制半成品——B半成品　　　　　　　　　　　　　24 984.00

根据填制的转账凭证(会计分录代替)登记第二车间"生产成本明细账"(略)和"自制半成品明细账"(见表 7.15)。

③计算第二车间完工丙产品成本,并结转完工入库产品成本

根据资料编制第二车间"产品成本计算单",如表 7.16 所示。

表 7.16　　　　　　　　　　**产品成本计算单**

生产车间:二车间　　　　产品名称:丙产品　　　　2010 年 8 月　　　　单位:元

项　目		原材料		燃料及动力		职工薪酬		制造费用		合　计
		上步转入	本步发生	上步转入	本步发生	上步转入	本步发生	上步转入	本步发生	
月初在产品成本		6 325.00		3 960.00	2 656.25	5 110.00	4 999.50	4 451.00	4 229.00	31 730.75
本月本步骤发生成本					6 120.00		9 850.00		8 555.00	24 525.00
本月上步骤转入成本		9 960.00		5 220.00		7 140.00		2664.00		24 984.00
生产成本累计		16 285.00		9 180.00	8 776.25	12 250.00	14 849.50	7 115.00	12 784.00	81 239.75
分配标准合计(件)		500		500.00	425	500	425	500	425	
单位成本(分配率)		32.57		18.36	20.65	24.50	34.94	14.23	30.08	
本月完工产品	产量(件)	350		350	350	350	350	350	350	
	成本	11 399.50		6 426.00	7 227.50	8 575.00	12 229.00	4 980.50	10 528.00	61 365.50
		11 399.50		13 653.50		20 804.00		15 508.50		61 365.50
月末在产品	约当产量	150		150	75	150	75	150	75	
	成本	4 885.50		2 754.00	1 548.75	3 675.00	2 620.50	2 134.50	2 256.00	19 874.25

注:本月上步骤转入成本"上步转入"数额来自"自制半成品明细账"(表 7.15)的"本月二车间领用"行。

在产品约当产量计算:"上步转入"项目=150×100%=150;"本步发生"项目=150×50%=75。

根据编制的第二车间"产品成本计算单"(表 7.16)和"产成品入库单"(略)填制转账凭证(会计分录代替):

借:库存商品——丙产品　　　　　　　　　　　　　　61 365.50

　　贷:生产成本——基本生产成本——第二车间(丙产品)　　61 365.50

从上述实例可以看出,采用逐步分项结转法结转半成品成本,可以直接、正确地提供按原始成本项目反映的产成品成本资料,便于从整个企业角度考核和分析产品成本计划的执行情况,不需要进行成本还原。但是,这种方法的成本结转工作比较复杂,而且在各步骤完工产品成本中看不出所耗上一步骤半成品成本和本步骤加工费用的水平,不便于进行完工产品成本分析。因此,这种结转方法一般适用于管理上不要求分别提供各步骤完工产品所耗半成品成本和本步骤加工费用资料,但要求按原始成本项目反映产品成本的企业。

综上所述,逐步结转分步法的优点是:逐步结转分步法的成本计算对象是企业产成品及其各步骤的半成品,这就为分析和考核企业产品成本计划和各生产步骤半成品成本计划的执行情况,为正确计算半成品销售成本提供了信息;不论是综合结转还是分项结转,半成品成本都是随着半成品实物的转移而结转,各生产步骤产品成本明细账中的生产成本余额,反映了留存在各个生产步骤的在产品成本,因而为在产品的实物管理提供了信息。采用综合结转法结转半成品成本时,由于各生产步骤完工半成品成本或产成品成本中包括所耗上一步骤半成品成本,从而能全面反映各步骤完工半成品或产成品中所耗上一步骤半成品成本水平和本步骤加

工费用水平，有利于各步骤的成本管理；采用分项结转法结转半成品成本时，可以直接提供按原始成本项目反映的产品成本结构，满足企业分析和考核产品成本构成和水平的需要，而不必进行成本还原。但逐步结转分步法由于各个步骤之间需要结转半成品成本，下一步骤要等待上一步骤的计算结果才能继续计算，因而影响了成本计算的速度。如果采用综合结转方式，需要进行成本还原；如果采用分项结转方式，结转的核算工作量又较大。因此，应用这一方法时，必须从实际出发，根据管理要求，权衡利弊，做到既满足企业成本管理要求、提供所需的各种资料，又能简化核算工作。

任务 7.3 平行结转分步法

7.3.1 平行结转分步法的含义及适用范围

平行结转分步法是将各生产步骤应记入相同完工产成品成本的生产成本份额平行汇总，以求得完工产品成本的一种方法。平时各生产步骤都归集本步骤发生的各种耗费与支出，前一生产步骤完工的半成品转入下一生产步骤继续加工时，只转移半成品实物，不转移半成品成本。到月末再采用一定的分配方法，确定每一生产步骤应记入完工产成品成本的生产成本份额，然后汇总各步骤记入完工产成品成本的生产成本份额求得完工产品成本。可见，平行结转分步法只计算完工产成品成本，而不计算各生产步骤的半成品成本。因此，亦称不计算半成品成本的分步法。

平行结转分步法主要适用于成本管理上要求分步归集生产耗费与支出，但不要求分步计算半成品成本的企业，特别是半成品不对外销售的大量、大批装配式多步骤生产企业。当这些企业各生产步骤半成品的种类比较多，半成品对外销售的情况又很少时，采用平行结转分步法会简化和加速成本计算工作。在某些连续式多步骤生产企业，如果各生产步骤所产半成品仅供本企业下一步骤继续加工，不准备对外出售，也可以采用平行结转分步法计算产品成本。

7.3.2 平行结转分步法的特点

平行结转分步法与逐步结转分步法相比较，有以下特点：

(1)各生产步骤不计算半成品成本。各生产步骤只归集本步骤耗费的原材料、燃料及动力、职工薪酬和制造费用等，但不计算本步骤的半成品成本。

(2)各生产步骤之间不结转半成品成本。在生产过程中，上一生产步骤半成品实物转入下一生产步骤继续加工时，不论半成品是否通过仓库收发，都不通过“自制半成品”账户进行核算，即半成品成本不随同半成品实物转移而结转。

(3)各步骤归集的本步骤生产成本要在应记入本月完工产成品成本的份额与本步骤月末广义在产品之间进行分配。各生产步骤虽然不计算本步骤的半成品成本，但必须计算在本步骤所归集的生产成本总额中，有多少份额是属于本月完工产成品所耗费的，应将这部分本月完工产成品所耗费的生产成本份额记入本月完工产成品成本，余下的就是广义在产品的成本。实际上就是各步骤生产成本在本月完工产成品与本步骤广义在产品之间的分配。本月产成品就是最后步骤的完工产品；本步骤广义在产品包括尚在本步骤加工中的在制品(本步骤狭义在产品)，本步骤已经完工，但尚未最后加工完成，转移到后续步骤并正在加工的自制半成品(后续步骤的狭义在产品)，或转移到半成品仓库的自制半成品等。各生产步骤将归集的生产成本在本月完工产成品与本步骤月末广义在产品之间的分配一般采用约当产量比例法和定额比例法等。

(4)通过汇总各生产步骤应记入完工产成品成本的生产成本份额确定完工产品成本。将各步骤生产成本中应记入产成品成本的份额,平行结转、汇总计算该种产成品的总成本和单位成本。

7.3.3 平行结转分步法的成本计算程序

平行结转分步法的成本计算程序,不受各步骤完工半成品转移是否经过半成品库进行收发的影响,除遵循产品成本计算的一般程序外,重点按以下程序计算产品成本:

(1)按产成品品种设置完工产品成本汇总表,用来归集各生产步骤应记入本月完工产成品成本的生产成本份额。

(2)将各生产步骤归集的生产成本在本月完工产成品与本步骤月末广义在产品之间进行分配,以确定应记入完工产成品成本的生产成本份额。

(3)将各步骤应记入相同完工产成品成本的生产成本份额,平行结转至完工产品成本汇总表,汇总计算该种产成品的总成本和单位成本。

平行结转分步法成本计算程序如图7.6所示。

7.3.4 平行结转分步法的实例

平行结转分步法是将各生产步骤应记入相同完工产成品成本的生产成本份额平行汇总,以求得完工产品成本的一种方法。这种方法的重点是确定各步骤应记入本月完工产成品的生产成本份额,常用的方法有约当产量比例法和定额比例法等。

(1)按约当产量比例法确定各步骤应记入本月完工产成品的生产成本份额

确定各步骤应记入本月完工产成品的生产成本份额,实际上就是各步骤生产成本在本月完工产成品与本步骤广义在产品之间的分配。本月产成品就是最后步骤的完工产品;本步骤广义在产品包括尚在本步骤加工中的在制品(本步骤狭义在产品)、本步骤已经完工,但尚未最后加工完成,转移到后续步骤并正在加工的自制半成品(后续步骤的狭义在产品)或转移到半成品仓库的自制半成品。所以,采用约当产量比例法确定各步骤应记入本月完工产成品的生产成本份额时,其计算公式为:

$$\text{某成本项目的成本分配率}=\frac{\text{该成本项目月初在产品成本}+\text{该成本项目本月生产成本}}{\text{本月完工产成品产量}+\text{本月广义在产品约当产量}}$$

$$\begin{array}{c}\text{某步骤广义在}\\\text{产品约当产量}\end{array}=\begin{array}{c}\text{该步骤狭义在}\\\text{产品约当产量}\end{array}+\begin{array}{c}\text{该步骤后续步骤}\\\text{狭义在产品数量}\end{array}+\begin{array}{c}\text{该步骤后续步骤自制半成}\\\text{品库的自制半成品数量}\end{array}$$

$$\begin{array}{c}\text{某步骤某成本项目本月完}\\\text{工产成品的生产成本份额}\end{array}=\begin{array}{c}\text{本月完工产}\\\text{成品产量}\end{array}\times\begin{array}{c}\text{该步骤该成本项}\\\text{目的成本分配率}\end{array}$$

$$\begin{array}{c}\text{某步骤某成本项目}\\\text{的广义在产品成本}\end{array}=\begin{array}{c}\text{该步骤广义在}\\\text{产品约当产量}\end{array}\times\begin{array}{c}\text{该步骤该成本项}\\\text{目的成本分配率}\end{array}$$

【实例7.4】 振兴工厂生产丁产品,按顺序分三个步骤在三个车间加工,各步骤完工的自制半成品不经半成品库收发,直接转入下一步骤继续加工。管理上不要求提供各步骤的半成品成本,所以,该厂采用平行结转分步法计算产品成本。2010年8月完工丁产成品100件,各车间(各步骤)采用约当产量比例法在本月完工产成品与月末本步骤广义在产品之间分配生产成本,原材料在生产开始时一次投入,各步骤的狭义在产品完工程度均为50%。有关生产成

第一步骤 产品生产成本明细账

项 目	原材料	加工费	成本合计(元)
月初在产品成本	5 030	2 840	7 870
本月发生成本	25 000	8 920	33 920
生产成本累计	30 030	11 760	41 790
本月完工产成品成本份额	19 500	8 400	27 900
月末在产品成本(广义)	10 530	3 360	13 890

第二步骤 产品生产成本明细账

项 目	原材料	加工费	成本合计(元)
月初在产品成本		1 630	1 630
本月发生成本		7 850	7 850
生产成本累计		9 480	9 480
本月完工产成品成本份额		7 900	7 900
月末在产品成本(广义)		1 580	1 580

第三步骤 产品生产成本明细账

项 目	原材料	加工费	成本合计(元)
月初在产品成本		1 200	1 200
本月发生成本		8 751	8 751
生产成本累计		9 951	9 951
本月完工产成品成本份额		9 300	9 300
月末在产品成本(广义)		651	651

产品成本汇总表

项目	原材料	加工费	成本合计(元)
第一步份额	19 500	8 400	27 900
第二步份额		7 900	7 900
第三步份额		9 300	9 300
合计	19 500	25 600	45 100

图 7.6 平行结转分步法成本计算程序

本资料见图 7.6 中各步骤的月初在产品成本、本月发生成本，产量资料如表 7.17 所示。

表 7.17 各步骤产量资料 单位:件

项 目	第一步	转 移	第二步	转 移	第三步
月初在产	8		14		22
本月投产	110		90		92
本月完工	90		92		100
月末在产	28		12		14

根据所给资料计算产品成本，填制各步骤“产品成本计算单”和“产成品成本汇总表”如表 7.18～表 7.21 所示。

表 7.18　　**产品成本计算单**

生产车间：第一车间(第一步骤)

产品名称：丁产品　　产量：100 件　　2010 年 8 月　　单位：元

项目		原材料	加工费	合　计
月初在产品成本(图 7.6)		5 030.00	2 840.00	7 870.00
本月发生成本合计(图 7.6)		25 000.00	8 920.00	33 920.00
生产成本累计		30 030.00	11 760.00	41 790.00
分配标准合计(件)		154	140	
单位成本(分配率)		195	84	279
本月完工产成品	产量(件)	100	100	100
	成本份额	19 500.00	8 400.00	27 900.00
月末广义在产品	约当产量(件)	54	40	
	成本	10 530.00	3 360.00	13 890.00

注：广义在产品约当产量计算：

原材料项目的广义在产品约当产量＝28＋12＋14＝54(件)；

加工费项目的广义在产品约当产量＝28×50%＋12＋14＝40(件)。

表 7.19　　**产品成本计算单**

生产车间：第二车间(第二步骤)

产品名称：丁产品　　产量：100 件　　2010 年 8 月　　单位：元

项　目		原材料	加工费	合　计
月初在产品成本(图 7.6)			1 630.00	1 630.00
本月发生成本合计(图 7.6)			7 850.00	7 850.00
生产成本累计			9 480.00	9 480.00
分配标准合计(件)			120	
单位成本(分配率)			79	79
本月完工产成品	产量(件)		100	100
	成本份额		7 900.00	7 900.00
月末广义在产品	约当产量(件)		20	
	成本		1 580.00	1 580.00

注：广义在产品约当产量计算：

加工费项目的广义在产品约当产量＝12×50%＋14＝20(件)。

表 7.20　　产品成本计算单

生产车间:第三车间(第三步骤)

产品名称:丁产品　　产量:100 件　　2010 年 8 月　　单位:元

项　目		原材料	加工费	合　计
月初在产品成本(图 7.6)			1 200	1 200
本月发生成本合计(图 7.6)			8 751	8 751
生产成本累计			9 951	9 951
分配标准合计(件)			107	
单位成本(分配率)			93	93
本月完工产成品	产量(件)		100	100
	成本份额		9 300	9 300
月末广义在产品	约当产量(件)		7	
	成本		651	651

注:广义在产品约当产量计算:

加工费项目的广义在产品约当产量=14×50%=7(件)。

表 7.21　　产成品成本汇总表　　完工产量:100 件

产品名称:丁产品　　2010 年 8 月　　单位:元

车间份额	产量(件)	原材料	加工费	合　计
第一步转入份额	100	19 500.00	8 400.00	27 900.00
第二步转入份额	100		7 900.00	7 900.00
第三步转入份额	100		9 300.00	9 300.00
完工产品总成本	100	19 500.00	25 600.00	45 100.00
完工产品单位成本		195.00	256.00	451.00

根据编制的“产成品成本汇总表”和“产成品入库单”(略)填制转账凭证(会计分录代替):

借:库存商品——丁产品　　45 100.00

　贷:生产成本——基本生产成本——第一车间(丁产品)　　27 900.00

　　　　　　　　　　　　　　——第二车间(丁产品)　　7 900.00

　　　　　　　　　　　　　　——第三车间(丁产品)　　9 300.00

(2)按定额比例法确定各步骤应记入本月完工产成品的生产成本份额

如果企业的定额管理基础较好,各项消耗量定额和成本定额比较准确、稳定,各月末在产品数量变动又较大时,可按定额比例法确定各步骤应记入本月完工产成品的生产成本份额。在平行结转分步法下采用定额比例法,就是将生产成本按照完工产成品和月末广义在产品的定额消耗量或定额成本的比例进行分配。其中,原材料按照原材料定额成本比例分配;燃料及动力、职工薪酬、制造费用等各项加工费,按定额工时的比例分配。

为了便于月末广义在产品成本定额资料的取得,一般按下列公式计算月末广义在产品的定额成本和定额工时。

月末广义在产品的定额成本或定额工时＝月初广义在产品的定额成本或定额工时＋本月投入的定额成本或定额工时－本月完工产成品的定额成本或定额工时

式中“月初广义在产品的定额成本或定额工时”就是上月末的广义在产品的定额成本或定额工时，本月就不必计算了。余下的本月投入和本月完工产成品的定额成本或定额工时，因为不涉及广义在产品的计算，所以在计算上也就比较简单了。

【实例 7.5】 振兴工厂生产甲产品，按顺序分两个步骤在两个车间加工，各步骤完工的自制半成品不经半成品库收发，直接转入下一步骤继续加工。因管理上不要求提供各步骤的半成品成本，所以，该厂采用平行结转分步法计算产品成本。2010 年 8 月完工甲产成品 280 件，由于该工厂的定额管理基础较好，各项消耗量定额和成本定额比较准确、稳定，所以，各车间（各步骤）采用定额比例法在本月完工产成品与月末本步骤广义在产品之间分配生产成本。原材料按照原材料定额成本比例分配，燃料及动力、职工薪酬、制造费用等各项加工费按定额工时比例分配。有关产量资料、生产成本资料和有关定额资料如表 7.22、表 7.23 和表 7.24 所示。

表 7.22　　**各步骤产量资料**　　单位：件

项　目	一车间（第一步）	二车间（第二步）
月初在产品数量	50	10
本月投产产品数量	500	460
本月完工产品数量	460	280
月末在产品数量	90	190

表 7.23　　**生产成本资料**　　单位：元

成本项目		原材料	燃料及动力	职工薪酬	制造费用	合　计
月初广义在产品成本	一车间	16 180.00	5 250.00	10 830.00	8 700.00	40 960.00
	二车间		10 200.00	14 000.00	17 080.00	41 280.00
本月发生成本	一车间	27 020.00	9 150.00	13 170.00	10 500.00	59 840.00
	二车间		14 600.00	20 400.00	20 520.00	55 520.00

表 7.24　　**甲产品定额资料**　　单位：元

生产车间	月初广义在产品		本月投入		本月完工产成品		
	定额材料总额	定额工时总数	定额材料总额	定额工时总数	单位产品材料定额	单位产品工时定额	产量（件）
一车间定额	15 000.00	5 200	25 000.00	7 600	50.00	30	280
二车间定额		6 500		9 500		40	280

根据所给资料计算产品成本，填制各步骤“产品成本计算单”和“产成品成本汇总表”，如表 7.25、表 7.26 和表 7.27 所示。

表 7.25 产品成本计算单

生产车间:第一车间(第一步)

产品名称:甲产品 产量:280 件 2010 年 8 月 单位:元

项　目	原材料		定额工时	燃料及动力	职工薪酬	制造费用	成本合计
	定额成本	实际成本					
月初广义在产品成本	15 000.00	16 180.00	5 200	5 250.00	10 830.00	8 700.00	40 960.00
本月发生成本	25 000.00	27 020.00	7 600	9 150.00	13 170.00	10 500.00	59 840.00
生产成本累计	40 000.00	43 200.00	12 800	14 400.00	24 000.00	19 200.00	100 800.00
分配率		1.08		1.125	1.875	1.5	
本月产成品成本份额	14 000.00	15 120.00	8 400	9 450.00	15 750.00	12 600.00	52 920.00
月末广义在产品成本	26 000.00	28 080.00	4 400	4 950.00	8 250.00	6 600.00	47 880.00

注:分配率计算:43 200÷40 000=1.08;14 400÷12 800=1.125;24 000÷12 800=1.875;19 200÷12 800=1.5。

本月产成品定额计算:产成品原材料定额成本=280×50=14 000.00;

产成品定额工时=280×30=8 400。

月末广义在产品定额计算:月末广义在产品原材料定额成本=40 000−14 000=26 000.00;

月末广义在产品定额工时=12 800−8 400=4 400。

注意事项:在计算"成本合计"时,不要将原材料定额成本和定额工时加计在内。

表 7.26 产品成本计算单

生产车间:第二车间(第二步)

产品名称:甲产品 产量:280 件 2010 年 8 月 单位:元

项　目	原材料		定额工时	燃料及动力	职工薪酬	制造费用	成本合计
	定额成本	实际成本					
月初广义在产品成本			6 500	10 200.00	14 000.00	17 080.00	41 280.00
本月发生成本			9 500	14 600.00	20 400.00	20 520.00	55 520.00
生产成本累计			16 000	24 800.00	34 400.00	37 600.00	96 800.00
分配率				1.55	2.15	2.35	
本月产成品成本份额			11 200	17 360.00	24 080.00	26 320.00	67 760.00
月末广义在产品成本			4 800	7 440.00	10 320.00	11 280.00	29 040.00

注:分配率计算:24 800÷16 000 =1.55;34 400÷16 000=2.15;37 600÷16 000 =2.35;

本月产成品定额计算:产成品定额工时=280×40=11 200;

月末广义在产品定额计算:月末广义在产品定额工时=16 000−11 200=4 800。

注意事项:在计算"成本合计"时,不要将定额工时加计在内。

表 7.27　　**产成品成本汇总表**

产品名称：甲产品　　完工产量：280 件　　单位：元

项　目	产量(件)	原材料	燃料及动力	职工薪酬	制造费用	成本合计
第一步转入份额	280	15 120.00	9 450.00	15 750.00	12 600.00	52 920.00
第二步转入份额	280		17 360.00	24 080.00	26 320.00	67 760.00
完工产品总成本	280	15 120.00	26 810.00	39 830.00	38 920.00	120 680.00
完工产品单位成本		54.00	95.75	142.25	139.00	431.00

根据编制的“产成品成本汇总表”和“产成品入库单”(略)填制转账凭证(会计分录代替)：

借:库存商品——甲产品　　120 680.00

　　贷:生产成本——基本生产成本——第一车间(甲产品)　　52 920.00

　　　　　　　　　　　　　　　——第二车间(甲产品)　　67 760.00

综上所述,平行结转分步法与逐步结转分步法相比较,其优点是:由于平行结转分步法各步骤之间不需要结转半成品成本,所以各步骤可同时计算产品成本,从而可以简化和加速成本计算工作;平行结转分步法,一般是按成本项目平行结转、汇总各步骤成本中应记入产成品成本的份额,因而能够直接提供按原始成本项目反映的产成品成本结构,不必进行成本还原。但是,采用这一方法,各步骤不计算也不结转半成品成本,因而不能提供各步骤半成品成本信息及各步骤所耗上一步骤半成品成本信息,因而不能全面地反映各步骤生产耗费与支出的水平,不利于各步骤的成本管理。

任务回顾

产品成本计算的分步法,是指以产品的品种及所经生产步骤作为成本计算对象,来归集生产耗费和支出,计算产品成本的一种方法。这种方法具有以下主要特点:①以产品的品种及所经生产步骤作为成本计算对象;②成本计算定期按月进行,与产品生产周期不一致;③通常需要在完工产品与在产品之间分配生产成本;④逐步结转分步法在各步骤之间需要结转半成品成本。分步法主要适用于大量、大批生产组织形式的多步骤生产。

产品成本计算的分步法分为逐步结转分步法和平行结转分步法两种。逐步结转分步法,按照结转的半成品成本在下一步骤产品成本明细账中的反映方法,又分为综合结转和分项结转两种方法。逐步结转分步法是逐步计算并结转半成品成本,直到最后生产步骤计算出完工产成品成本的方法。计算各生产步骤半成品成本是这种方法的显著特征。因此,逐步结转分步法亦称计算半成品成本分步法。逐步结转分步法的成本计算程序,按各步骤完工的半成品是否经过半成品库进行收发不同分为半成品不通过半成品库收发和半成品通过半成品库收发两种计算程序。

采用逐步结转分步法,各生产步骤之间半成品成本的结转,按照半成品转入下一生产步骤产品成本明细账的反映方式不同,分为综合结转方式和分项结转方式两种。综合结转方式是指各生产步骤将其所耗的上一生产步骤的半成品成本综合记入其产品成本明细账的“原材料”或“半成品”成本项目内反映的方法。综合结转方式需要进行成本还原。成本还原就是将最后步骤完工产品成本构成中的“半成品”项目的成本,还原为按“原材料”、“燃料及动力”、“职工薪酬”和“制造费用”等原始成本项目反映的成本,从而反映产品成本的原始构成。分项结转方式是指各生产步骤将其所耗的上一生产步骤的半成品成本，按照成本项目分项转入本生产步骤产品成本生产明细账的相应成本项目之中。如果半成品通过半成品库收发，在自制半成品明细账中也要按照成本项目分别登记。

平行结转分步法是将各生产步骤应记入相同完工产成品成本的生产成本份额平行汇总，以求得完工产品成本的一种方法。这种方法的重点是确定各步骤应记入本月完工产成品的生产成本份额，常用的方法有约当产量比例法和定额比例法等。

任务训练

7.1 思考题

(1)什么是产品成本计算的分步法？这种方法具有哪些主要特点？

(2)分步法的适用范围有哪些？

(3)简述逐步结转分步法的含义。逐步结转分步法主要适用于什么类型的企业？逐步结转分步法的优、缺点有哪些？

(4)什么是产品成本计算的平行结转分步法？其适用范围有哪些？

(5)平行结转分步法与逐步结转分步法相比较，有哪些特点？

(6)简述平行结转分步法的成本计算程序。

7.2 单项选择题

(1)分步法主要适用于(　　)生产组织形式的多步骤生产。

①大量、小批生产　　②小量、大批生产

③小量、小批生产　　④大量、大批生产

(2)逐步结转分步法的成本计算程序，按各步骤完工的半成品是否经过(　　)而有所不同。

①实物转移程序　　②成本结转程序

③半成品库进行收发　　④半成品成本计算

(3)采用“逐步综合结转分步法”时需要成本还原，其还原标准是：要还原的半成品成本所在步骤的(　　)。

①前一步骤本月完工半成品成本总额及其构成

②本步骤本月完工半成品成本总额及其构成

③下一步骤本月完工半成品成本定额及其构成

④计划完工半成品成本总额及其构成

(4)半成品成本都是随着半成品实物的转移而结转的成本计算方法是(　　)。

①分步法　　②逐步结转分步法

③分批法　　④平行结转分步法

(5)不计算各生产步骤的半成品成本的分步法是指(　　)分步法。

①分项结转　　②综合结转

③逐步结转　　④平行结转

(6)分步法中需要进行成本还原的成本计算方法是(　　)。

①分项结转　　②平行结转

③逐步结转　　④综合结转

(7)成本还原是将(　　)成本中的自制半成品项目的成本还原为原始成本项目的成本。

①自制半成品　　②半成品

③在产品　　　　　　　　④产成品(完工产品成本)

(8)成本还原必须从(　　)生产步骤开始。

①最初一个　　　　　　　②最后一个

③其中一个　　　　　　　④每一个

(9)(　　)企业中,必须采用逐步结转分步法。

①没有自制半成品的

②有自制半成品对外销售的

③有自制半成品直接交给下一个生产步骤的

④不计算各生产步骤的半成品成本的

7.3 多项选择题

(1)产品成本计算的分步法,具有的主要特点包括(　　)。

①以产品的品种及所经生产步骤作为成本计算对象

②成本计算定期按月进行,与产品生产周期不一致

③通常需要在完工产品与在产品之间分配生产耗费和支出

④在各步骤之间需要结转半成品成本

(2)由于各个企业生产工艺过程的特点和成本管理对各步骤成本资料的要求不同,产品成本计算的分步法通常采用(　　)两种不同的方法。

①逐步结转分步法　　　　②分项结转分步法

③平行结转分步法　　　　④综合结转分步法

(3)分步法中能够直接反映产成品成本的原始构成项目的成本计算方法是(　　)。

①逐步结转分步法　　　　②逐步综合结转分步法

③逐步分项结转分步法　　④平行结转分步法

(4)采用分步法,计算各步骤半成品成本是(　　)的需要。

①成本计算　　　　　　　②成本控制

③对外销售　　　　　　　④全面考核和分析成本计划完成情况

(5)广义的在产品包括(　　)。

①尚在本步骤加工中的在产品

②转入各半成品库的半成品

③已从半成品库转到以后各步骤进一步加工、尚未最后制成的半成品

④全部加工中的在产品和半成品

技能实训

技能实训题 7.1

【实训目的】 实训产品成本计算的逐步结转分步法(综合结转方式)及其账务处理方法(不要求成本还原)。

【实训资料】 2010 年 10 月,蓝天模具厂生产的 SS-8 产品顺序经过第一车间、第二车间和第三车间三个基本生产车间进行加工,第一车间完工产品为 SS001 半成品,完工后全部交给第二车间继续加工;第二车间完工产品为 SS002 半成品,完工后全部交给第三车间继续加工;第三车间完工产品为 SS-8 产成品。以上车间的半成品不通过半成品仓库收发,SS-8 产品原材料在第一车间生产开始时一次投入,各车间的工资薪酬和制造费用发生比较均衡,月末在产品完工程度均为 50%。2010 年 10 月该厂成本资料如下:

(1)生产数量资料(见表 7.1.1)

表 7.1.1 **生产数量资料**

产品名称:SS8 产成品 2010 年 10 月 单位:件

项 目	第一车间	第二车间	第三车间
产品名称	SS001 半成品	SS002 半成品	SS-8 产品
月初在产品数量	40	50	100
本月投入或上步转入数量	200	200	240
本月完工转入下步或交库数量	220	240	300
月末在产品数量	20	50	40

(2)生产成本资料明细表(见表 7.1.2)

表 7.1.2 **生产成本资料明细表**

产品名称:SS8 产成品 2010 年 10 月 单位:

成本项目	第一车间成本明细账			第二车间成本明细账			第三车间成本明细账		
	SS001 半成品			SS002 半成品			SS-8 产成品		
	原材料	加工费	合计	原材料	加工费	合计	原材料	加工费	合计
月初成本	201.50	150.00	351.50	699.00	214.25	913.25	1 987.00	502.40	2 489.40
发生成本	2 006.50	1 793.50	3 800.00		6000.00			50 000.00	
累计	2 208.00	1 943.50	4 151.50						
完工成本									
月末成本									

【实训要求】 根据资料采用逐步结转分步法(综合结转方式),计算 SS-8 产成品及 SS001 半成品、SS002 半成品成本(月末在产品成本按约当产量法计算)。根据编制的第一、第二车间的“半成品成本计算单”(见表 7.1.3 和表 7.1.4),第三车间“产品成本计算单”(见表 7.1.5),填制第 25、26、27 号转账凭证,并完成“生产成本资料明细表”(代替简化“产品生产成本明细账”,见表 7.1.2)。

表 7.1.3 **半成品成本计算单**

车间: 产品名称: 年 月 单位:

项 目		原材料	加工费	合 计
月初在产品成本				
本月发生成本合计				
生产成本累计				
分配标准合计				
单位成本(分配率)				
本月完工产成品	产量			
	成本			
月末在产品	约当产量( )			
	成本			

表 7.1.4　**半成品成本计算单**

车间：　　　　　产品名称：　　　　年　月　　　　　　　　　　　　　　单位：

项　目		原材料	加工费	合　计
月初在产品成本				
本月发生成本合计				
生产成本累计				
分配标准合计				
单位成本(分配率)				
本月完工半成品	产量			
	成本			
月末在产品	约当产量(　)			
	成本			

表 7.1.5　**产品成本计算单**

车间：　　　　　产品名称：　　　　年　月　　　　　　　　　　　　　　单位：

项　目		原材料	加工费	合　计
月初在产品成本				
本月发生成本合计				
生产成本累计				
分配标准合计(　　)				
单位成本(分配率)				
本月完工成品	产量			
	成本			
月末在产品	约当产量(　)			
	成本			

技能实训题 7.2

【实训目的】 实训产品成本计算的逐步结转分步法(综合结转方式)(要求成本还原)。

【实训资料】 佰亿机械厂生产 H8 产品，该产品顺次经过第一、第二两个基本生产车间加工完成。第一车间生产完工的 H7 半成品交半成品库管理，第二车间从半成品库领用后继续加工生产出 H8 产品。该厂设立“自制半成品——H7”账户核算自制半成品(H7 半成品明细账月初结存 40 台，单位成本 214.50 元；存放地点：南 2 号库)。车间之间半成品结转按实际成本采用全月一次加权平均法计算。该机械厂的成本计算采用逐步综合结转分步法，要求成本还原。月末在产品成本采用在产品按定额成本计价法计算。

2010 年 10 月份，该工厂有关产量资料、生产成本资料和月末单位在产品定额成本资料见表 7.2.1、表 7.2.2和表 7.2.3。

表 7.2.1 **产量资料** 单位：台

项　目	一车间	二车间
	H7 半成品	H8 产成品
月初在产品数量	20	30
本月投产产品数量	40	70
本月完工产品数量	50	80
月末在产品数量	10	20

表 7.2.2 **生产成本资料** 单位：元

成本项目		原材料	半成品	燃料及动力	职工薪酬	制造费用	合　计
月初在产品成本	一车间	2 500.00		500.00	800.00	200.00	4 000.00
	二车间		3 038.00	600.00	1 000.00	220.00	4 858.00
本月发生成本	一车间	5 400.00		1 200.00	1 700.00	500.00	8 800.00
	二车间			2 500.00	7 500.00	900.00	10 900.00

表 7.2.3 **单位在产品定额成本资料** 单位：元

成本项目		原材料	半成品	燃料及动力	职工薪酬	制造费用	合　计
单位在产品定额成本	一车间	130.00		28.00	42.00	12.00	212.00
	二车间		180.00	32.00	86.00	10.00	308.00

【实训要求】 按逐步综合结转分步法计算程序计算产品成本(要求成本还原)。

(1)计算第一车间完工 H7 半成品成本，完成“半成品成本计算单”(见表 7.2.4)。

表 7.2.4 **半成品成本计算单**

生产车间：　　　　产品名称：　　　　产量：　　　　年　月　　　　单位：

项　目		原材料	燃料及动力	职工薪酬	制造费用	合计
月初在产品成本						
本月发生成本						
生产成本累计						
月末在产品	数量(　　)					
	单位定额成本					
	成本					
本月完工半成品	总成本					
	单位成本					

(2)根据编制的第一车间“半成品成本计算单”和“半成品入库单”(略)，填制第 45 号转账凭证，并登记“自制半成品明细账”(见表 7.2.5)。

表 7.2.5　**自制半成品明细账**

产品名称：　规格：××　存放地点：　第×页

年		凭证号数	摘　要	收　入			发　出			结　存		
月	日			数量	单位成本	总成本	数量	单位成本	总成本	数量	单位成本	总成本
			月初结存									
			一车间完工入库									
			二车间生产领用									
			本月合计									

(3)计算第二车间领用 H7 半成品的成本，填制第 46 号转账凭证，并登记"自制半成品明细账"(见表 7.2.5)和第二车间"产品成本明细账"(略)。

(4)根据资料编制第二车间 H8"产品成本计算单"，如表 7.2.6 所示，填制第 47 号转账凭证(有关账簿登记从略)。

表 7.2.6　**产品成本计算单**

生产车间：　产品名称：　产量：　年　月　单位：

项　目		半成品	燃料及动力	职工薪酬	制造费用	合计
月初在产品成本						
本月发生成本						
生产成本累计						
月末在产品	数量(　　)					
	单位定额成本					
	成本					
本月完工成品	总成本					
	单位成本					

(5)对 H8 产成品中的"半成品"项目金额进行成本还原，并填制"产品成本还原计算表"(表 7.2.7)。

表 7.2.7　**产品成本还原计算表**

产品名称：　产量：　年　月　单位：

项　目	成本还原分配率	成 本 项 目					
		半成品	原材料	燃料及动力	职工薪酬	制造费用	合计
还原前产品总成本							
前一步骤本月完工半成品成本							
半成品成本还原							
还原后产品总成本							
还原后产品单位成本							

技能实训题 7.3

【实训目的】 实训产品成本计算的逐步结转分步法(分项结转方式)。

【实训资料】 三星模具厂生产 M88 产品，经过第一、第二两个基本生产车间连续加工完成。第一车间生产完工的 M77 半成品交半成品库(存放 3 号库)，第二车间从半成品库领用后继续加工生产出 M88 产品。该产品设“自制半成品”账户核算，车间之间结转半成品的实际成本采用全月一次加权平均法计算。该工厂的成本计算采用逐步分项结转分步法，月末在产品成本采用约当产量比例法计算。原材料于生产开始时一次投入，各车间在产品完工程度均为 50%。

2010 年 10 月份，该工厂有关成本资料如下：

(1)产量资料(见表 7.3.1)

表 7.3.1 **产量资料** 单位：台

项　目	一车间(第一步)	二车间(第二步)
	M77 半成品	M88 产品
月初在产品数量	20	10
本月投产产品数量	30	70
本月完工产品数量	40	65
月末在产品数量	10	15

(2)生产成本资料(见表 7.3.2)

表 7.3.2 **生产成本资料** 单位：元

成本项目		原材料		燃料及动力		职工薪酬		制造费用	
		上步转入	本步发生	上步转入	本步发生	上步转入	本步发生	上步转入	本步发生
月初在产品成本	一车间		4 000.00		1 800.00		6 000.00		3 200.00
	二车间	2 000.00		900.00	800.00	3 000.00	3 000.00	1 800.00	1 200.00
本月发生成本	一车间		6 000.00		2 700.00		8 985.00		4 450.00
	二车间				5 120.00		21 850.00		855.00

(3)“自制半成品明细账”月初结存资料(见表 7.3.3)

表 7.3.3 **自制半成品明细账月初结存资料** 单位：元

月	日	项　目	数量(件)	原材料	燃料及动力	职工薪酬	制造费用	成本合计
10	1	月初结存	40	160.00	150.00	530.00	12.00	852.00

【实训要求】 按逐步分项结转分步法计算该企业的生产成本。

(1)根据资料计算第一车间完工 M77 半成品成本，编制第一车间“半成品成本计算单”(见表 7.3.4 所示)。

表 7.3.4 **半成品成本计算单**

生产车间： 产品名称： 年 月 单位：

项　目	原材料	燃料及动力	职工薪酬	制造费用	合计
月初在产品成本					
本月发生成本					
生产成本累计					

续表

项　目		原材料	燃料及动力	职工薪酬	制造费用	合计
分配标准合计(　)						
单位成本(分配率)						
本月完工半成品	产量(　)					
	成本					
月末在产品	约当产量(　)					
	成本					

(2)根据编制的第一车间"半成品成本计算单"和"半成品入库单"(略)填制第 7 号转账凭证，并登记"自制半成品明细账"，见表 7.3.5 所示。

表 7.3.5　　自制半成品明细账

产品名称：　　规格：××　　存放地点：　　第　页

年		凭证		摘　要	数量(　)	成本项目				成本合计
月	日	字	号			原材料	燃料及动力	职工薪酬	制造费用	
				月初结存						
				本月第一车间交库						
				累　计						
				加权平均单位成本						
				本月第二车间领用						
				月末结存						

(3)根据"自制半成品明细账"资料，计算第二车间领用 M77 半成品的成本金额，并填制第 8 号转账凭证，登记"自制半成品明细账"(表 7.3.5)。

(4)根据资料编制第二车间 M88"产品成本计算单"(见表 7.3.6)，并填制第 9 号转账凭证，有关明细分类账登记从略。

表 7.3.6　　产品成本计算单

生产车间：　　产品名称：　　年　月　　单位：元

项　目		原材料		燃料及动力		职工薪酬		制造费用		合　计
		上步转入	本步发生	上步转入	本步发生	上步转入	本步发生	上步转入	本步发生	
月初在产品成本										
本月本步骤发生成本										
本月上步骤转入成本										
生产成本累计										
分配标准合计(　)										
单位成本(分配率)										
本月完工产品	产量(　)									
	成本									
月末在产品	约当产量									
	成本									

技能实训题 7.4

【实训目的】 实训产品成本计算的平行结转分步法(本月完工产品与月末本步骤广义在产品之间分配采用约当产量比例法)。

【实训资料】 腾飞机械生产 A555 产品,按顺序在三个车间进行加工,各车间完工的自制半成品不经半成品库收发,直接转入下一车间继续加工。管理上不要求提供各车间的半成品成本。2010 年 10 月完工 A555 产品 200 台,各车间采用约当产量比例法在本月完工产品与月末本步骤广义在产品之间分配生产成本原材料在生产开始时一次投入。各车间的狭义在产品完工程度均为 50%

2010 年 10 月,该厂有关生产成本资料如下:

(1)各车间产量资料,见表 7.4.1。

表 7.4.1 各车间产量资料 单位:件

项目	第一车间	第二车间	第三车间
月初在产品数量	16	28	44
本月投产数量	220	180	184
本月完工产品数量	180	184	200
月末在产品数量	56	24	28

(2)月初第一～第三车间"产品生产成本明细账"(简化)资料,表 7.4.2～表 7.4.4 。

表 7.4.2 第一车间 产品生产成本明细账 单位:元

项目	原材料	加工费	成本合计
月初在产品成本	3 516.00	1 408.00	4 924.00
本月发生成本	12 500.00	4 472.00	16 972.00
生产成本累计	16 016.00	5 880.00	21 896.00
本月完工产成品成本份额			
月末在产品成本(广义)			

表 7.4.3 第二车间 产品生产成本明细账 单位:元

项目	原材料	加工费	成本合计
月初在产品成本		839.20	839.20
本月发生成本		920.00	920.00
生产成本累计		1 759.20	1 759.20
本月完工产成品成本份额			
月末在产品成本(广义)			

表 7.4.4 第三车间 产品生产成本明细账 单位:元

项目	原材料	加工费	成本合计
月初在产品成本		1 835.70	1 835.70
本月发生成本		1 920.00	1 920.00

续表

项　目	原材料	加工费	成本合计
生产成本累计		3 755.70	3 755.70
本月完工产成品成本份额			
月末在产品成本(广义)			

【实训要求】

(1)根据所给资料计算产品成本，填制各车间“产品成本计算单”和“产成品成本汇总表”，见表7.4.5～表7.4.8所示。

表7.4.5　　　　**产品成本计算单**

生产车间：

产品名称：　　　产量：　　　　　年　月　　　　　单位：

项　目		原材料	加工费	合　计
月初在产品成本				
本月发生成本合计				
生产成本累计				
分配标准合计(　)				
单位成本(分配率)				
本月完工成品	产量(　)			
	成本份额			
月末广义在产品	约当产量(　)			
	成本			

表7.4.6　　　　**产品成本计算单**

生产车间：

产品名称：　　　产量：　　　　　年　月　　　　　单位：

项　目		原材料	加工费	合　计
月初在产品成本				
本月发生成本合计				
生产成本累计				
分配标准合计(　)				
单位成本(分配率)				
本月完工成品	产量(　)			
	成本份额			
月末广义在产品	约当产量(　)			
	成本			

表 7.4.7 **产品成本计算单**

生产车间：

产品名称： 产量： 年 月 单位：

项目		原材料	加工费	合计
月初在产品成本				
本月发生成本合计				
生产成本累计				
分配标准合计( )				
单位成本(分配率)				
本月完工产品	产量( )			
	成本份额			
月末广义在产品	约当产量( )			
	成本			

表 7.4.8 **产成品成本汇总表**

产品名称： 完工产量： 单位：

项目	产量( )	原材料	加工费	合计
第一车间转入份额				
第二车间转入份额				
第三车间转入份额				
完工产品总成本				
完工产品单位成本				

(2)根据编制的"产成品成本汇总表"(表 7.4.8)和"产成品入库单"(略)填制转账凭证,并登记各车间"产品生产成本明细账"(简化明细账代替,见表 7.4.2、表 7.4.3 和表 7.4.4)。

技能实训题 7.5

【实训目的】 实训产品成本计算的平行结转分步法(本月完工产品与月末本步骤广义在产品之间分配采用定额比例法)。

【实训资料】 五环机床厂生产 H60 产品,按顺序分两个车间进行加工,第一车间完工的自制半成品不经半成品库收发,直接转入第二车间继续加工。管理上不要求各车间提供半成品成本,所以该厂采用平行结转分步法计算产品成本。2010 年 10 月完工 H60 产品 10 台。各车间采用定额比例法在本月完工产品与月末本步骤广义在产品之间分配生产成本。原材料费用按照原材料定额成本比例分配;燃料及动力、职工薪酬、制造费用等各项加工费,按定额工时比例分配。

2010 年 10 月有关成本资料如下:

(1)各车间产量资料见表 7.5.1。

表 7.5.1　**各车间产量资料**　单位:台

项　目	第一车间	第二车间
月初在产品数量	2	3
本月投产产品数量	8	9
本月完工产品数量	9	10
月末在产品数量	1	2

(2)生产成本资料见表 7.5.2。

表 7.5.2　**生产成本资料**　单位:元

成本项目		原材料	燃料及动力	职工薪酬	制造费用	合　计
月初广义在产品成本	一车间	7 605.00	3 260.00	9 880.00	8 500.00	29 245.00
	二车间		8 200.00	7 300.00	7 200.00	22 700.00
本月发生生产成本	一车间	24 000.00	12 150.00	33 170.00	35 500.00	104 820.00
	二车间		24 600.00	21 500.00	21 000.00	67 100.00

(3)H60 产品定额资料见表 7.5.3。

表 7.5.3　**H60 产品定额资料**　单位:元

生产车间	月初广义在产品		本月投入		本月完工产品		
	定额材料总额	定额工时总数	定额材料总额	定额工时总数	单位产品材料定额	单位产品工时定额	产量(台)
一车间定额	6 000.00	200	30 000.00	950	3 000.00	95	10
二车间定额		600		200		72	10

【实训要求】

(1)根据所给资料计算 H60 产品成本,填制各车间"产品成本计算单"和"产成品成本汇总表",见表 7.5.4、表 7.5.5 和表 7.5.6 所示。

表 7.5.4　**产品成本计算单**

生产车间:

产品名称:　　产量:　　年　月　　单位:

项　目	原材料		定额工时	燃料及动力	职工薪酬	制造费用	成本合计
	定额成本	实际成本					
月初广义在产品成本							
本月发生成本							
生产成本累计							
分配率							
本月产成品成本份额							
月末广义在产品成本							

表 7.5.5　　产品成本计算单

生产车间：

产品名称：　　产量：　　年　月　　单位：

项　目	原材料		定额工时	燃料及动力	职工薪酬	制造费用	成本合计
	定额成本	实际成本					
月初广义在产品成本							
本月发生成本							
生产成本累计							
分配率							
本月产成品成本份额							
月末广义在产品成本							

表 7.5.6　　产成品成本汇总表

产品名称：　　完工产量：　　单位：

项　目	产量（　）	原材料	燃料及动力	职工薪酬	制造费用	成本合计
第一车间转入份额						
第二车间转入份额						
完工产品总成本						
完工产品单位成本						

(2)根据编制的“产成品成本汇总表”（见表 7.5.6）和“产成品入库单”（略）填制转账凭证，有关明细分类账登记从略。

模块 8

产品成本计算的分类法

能力目标

学习本章的目的是掌握产品成本计算分类法的计算程序和计算技能，基本掌握副产品的成本计算方法，理解分类法的特点，了解分类法的适用范围。学习的重点是分类法的实例操作。学习的难点是类完工产品总成本在类内各种产品之间的分配。学习本章时，首先要复习产品成本计算的品种法和要素费用分配步骤及要素费用分配方法中的“标准品产量比例分配法”，因为，分类法实际上就是品种法的变型，在求某类完工产品总成本时所运用的就是品种法的原理，就是将成本计算对象由“某种产品”改为“某类产品”，其余的计算过程都和品种法一样。在进行类内的产品成本分配时，所运用的就是要素费用的分配步骤及要素费用分配方法中的“标准品产量比例分配法”。

分项任务

任务 8.1　分类法概述
任务 8.2　分类法实例
任务 8.3　副产品成本计算

任务 8.1　分类法概述

8.1.1　分类法的特点

产品成本计算的分类法，是以产品的类别作为成本计算对象来归集生产耗费与支出的一种产品成本计算方法。即先计算出各类完工产品成本，然后再在类内产品之间进行成本分配，进而计算出类内各种产品成本。分类法是产品成本计算的辅助方法，与前述产品成本计算方法比较具有以下特点：

(1)以产品的类别作为成本计算对象

在产品品种、规格繁多的企业中，为了解决成本计算对象过多而使成本计算工作量加大的问题，将产品性质、用途、生产工艺或原材料消耗等方面相同或相近的品种归为一类产品，将类别作为成本计算对象，运用品种法的原理计算出各类产品的实际总成本，再求得类内各品种的实际总成本和单位成本。因此，分类法实际上是品种法的进一步应用，是品种法的辅助方法。为使采用分类法计算的产品成本准确、合理，要注意产品分类的合理性。分类过少，类内产品过多，会影响计算结果的准确性；分类过细，类内产品很少，则会加大成本计算的工作量，失去分类法的意义。

(2)各类总成本要进一步在类内产品之间进行分配

按类别计算出各类产品成本以后，还应选择适当方法(一般采用标准产量法)，将各类总成本在本类内不同品种、规格产品之间进行分配，计算出各品种、规格产品的实际总成本和单位成本。为使类内产品成本的分配合理、准确，选定的分配标准应是与各种产品成本的发生有比较密切联系的，即体现产品成本分配中的受益原则。

8.1.2 分类法的适用范围

分类法主要适用于产品品种、规格繁多，并且可以按照一定要求和标准划分类别的企业或企业的生产单位。在一些工业企业中，生产的产品品种、规格繁多，若按产品的品种、规格归集生产耗费和支出，计算产品成本，则成本计算工作极为繁重。在这种情况下，为了简化成本计算工作，可将不同品种、规格的产品按照一定标准进行归类，采用分类法来计算产品成本。同类产品、联产品以及副产品的成本计算等，都可以采用分类法。同类产品是指产品的结构、性质、用途以及使用的原材料、生产工艺过程等大体相同，但规格和型号不一的产品。例如不同瓦数的灯泡，不同规格的无线电原件等。联产品是指企业利用相同的原材料，在同一生产过程中同时生产出的几种使用价值不同，但具有同等地位的主要产品。如炼焦企业在同一生产过程中生产出来的焦炭和煤气；炼油企业在生产过程中将原油加工提炼，生产出来的汽油、煤油和柴油等。副产品是指企业在生产主要产品的过程中，附带生产出的一些非主要产品，如洗煤生产中产生的煤泥，制皂生产中产生的甘油等。

8.1.3 分类法成本计算程序

(1)根据产品结构、所耗用原材料、工艺技术过程等不同，将产品划分为若干类别。

(2)按照产品的类别设置生产成本明细账，按照产品成本计算的一般程序归集产品的生产耗费与支出，计算各类完工产品的总成本。

(3)选择合理的分配标准，将各类完工产品总成本在类内的各种产品之间进行分配，计算每类产品内各种产品的总成本和单位成本。

类内各种不同规格型号产品之间成本的分配，各成本项目可以采用同一分配标准；也可以按照成本项目的性质，分别采用不同的分配标准。一般原材料成本项目可以按标准产量比例法进行分配；燃料及动力、职工薪酬和制造费用等加工费成本项目可以按定额工时比例分配。前已述及，标准品产量比例分配法是将各种产品的实际产量按照预定的折合系数折算为标准品产量(总系数)，以标准品产量(总系数)为分配标准来分配原材料成本的一种方法。这种方法亦称系数分配法。采用标准产量比例分配法时，首先要在类内产品中选择一种产量大、生产稳定、规格适中的产品作为标准产品，企业可以根据单位产品的耗用量定额、定额成本、售价以及产品的体积、面积、长度和质量等来计算各种产品的折合系数，标准产品的折合系数为1，然后计算出标准产品产量(总系数)，进而计算出类内各种产品应分配的原材料成本。分类法成本计算程序如图8.1所示。

A 类　产品生产成本明细账

项目	原材料	加工费	成本合计(元)
月初在产品成本	22 000	3 076	25 076
本月发生成本	214 400	28 080	242 480
生产成本累计	236 400	31 156	267 556
本月完工产成品成本	214 400	28 080	242 480
月末在产品成本	22 000	3 076	25 076

A 类内各种产品成本计算单

项目	原材料	加工费	成本合计(元)
A 类完工产品	214 400	28 080	242 480
甲产品	64 000	8 640	72 640
乙产品	112 000	16 200	128 200
丙产品	38 400	3 240	41 640
合 计	214 400	28 080	242 480

B 类　产品生产成本明细账

项目	原材料	加工费	成本合计(元)
月初在产品成本	650	25	675
本月发生成本	2 210	185	2 395
生产成本累计	2 860	210	3 070
本月完工产成品成本	2 600	200	2 800
月末在产品成本	260	10	270

图 8.1　分类法成本计算程序

说明:计算各种产品成本应该也包括其完工产品成本和在产品成本,为了简化计算,一般只计算各种完工产品成本,而在产品成本不再进行具体计算。

任务 8.2　分类法实例

【实例 8.1】 某企业生产的甲、乙、丙三种产品的结构,所需原材料和工艺过程基本相同,合并为一类(A 类),采用分类法计算成本。A 类产品在产品数量较大,但各月之间在产品数量变动不大,因而,月末在产品成本按年初数固定计算在产品成本法计算。类内各种产品之间分配成本的标准为:原材料成本按各种产品的标准品产量分配,标准品产量的折合系数按各种产品的售价确定,A 类产品中甲产品的产量稳定且规格适中,所以,以甲产品为标准品;其他成本项目的成本按定额工时比例分配。2010 年 8 月有关产品产量、售价、单位产品工时定额和生产成本的资料见表 8.1 和表 8.2 所示。

表 8.1　　A 类产品的产量、售价和工时定额资料

产品名称	产量(件)	单位产品售价(元)	单位产品工时定额
甲产品	4 000	25.00	2
乙产品	5 000	35.00	3
丙产品	3 000	20.00	1

表 8.2 **A 类产品生产成本资料** 单位:元

成本项目	原材料	燃料及动力	职工薪酬	制造费用	合 计
月初在产品成本	22 000.00	980.00	1 200.00	896.00	25 076.00
本月发生成本	214 400.00	8 320.00	10 400.00	9 360.00	242 480.00

根据上述资料,按照分类法的计算程序计算产品成本,登记 A 类产品"基本生产成本明细分类账",完成"折合系数计算表"和"A 类产品内各种产品成本计算单",如表 8.3、表 8.4 和表 8.5 所示。

表 8.3 **基本生产成本明细分类账**

产品名称:A 类产品 第 页

年		凭证		摘 要	成本项目				合 计
月	日	字	号		原材料	燃料及动力	职工薪酬	制造费用	
8	1			月初在产品成本	22 000.00	980.00	1 200.00	896.00	25 076.00
	31			本月发生成本	214 400.00	8 320.00	10 400.00	9 360.00	242 480.00
	31			生产成本累计	236 400.00	9 300.00	11 600.00	10 256.00	267 556.00
	31			本月完工产品成本	214 400.00	8 320.00	10 400.00	9 360.00	242 480.00
	31			月末在产品成本	22 000.00	980.00	1 200.00	896.00	25 076.00

注:月末在产品成本按年初数固定计算在产品成本法计算,月末在产品成本=月初在产品成本。

表 8.4 **折合系数计算表** 单位:元

产品名称	单位产品售价	算 式	折合系数
甲产品(标准产品)	25.00	25.00÷25.00	1
乙产品	35.00	35.00÷25.00	1.4
丙产品	20.00	20.00÷25.00	0.8

表 8.5 **A 类产品内各种产品成本计算单**

2010 年 8 月 单位:元

产品名称	产量(件)	折合系数	标准品产量	工时定额	定额总工时	原材料	燃料及动力	职工薪酬	制造费用	完工产品	
										总成本	单位成本
分配率						16.00	0.32	0.40	0.36		
甲产品	4 000	1	4 000	2	8 000	64 000.00	2 560.00	3 200.00	2 880.00	72 640.00	18.16
乙产品	5 000	1.4	7 000	3	15 000	112 000.00	4 800.00	6 000.00	5 400.00	128 200.00	25.64
丙产品	3 000	0.8	2 400	1	300	38 400.00	960.00	1 200.00	1 080.00	41 640.00	13.88
A 类产品成本			13 400		26 000	214 400.00	8 320.00	10 400.00	9 360.00	242 480.00	

注:各种产品的标准品产量=各种产品的产量×折合系数。

各种产品的定额总工时=各种产品的实际产量×工时定额。

分配率的计算：214 400÷13 400＝16；8 320÷26 000＝0.32；

10 400÷26 000＝0.4；9 360÷26 000＝0.36。

各种产品的原材料＝各种产品的标准品产量×原材料分配率。

各种产品的燃料及动力＝各种产品的定额总工时×燃料及动力分配率。

各种产品的职工薪酬＝各种产品的定额总工时×职工薪酬分配率。

各种产品的制造费用＝各种产品的定额总工时×制造费用分配率。

各种产品的总成本等于各种产品的原材料、燃料及动力、职工薪酬与制造费用之和。

各种产品的单位成本＝各种产品的总成本÷各种产品的产量。

根据编制的“A类产品内各种产品成本计算单”(见表8.5)和“产成品入库单”(略)填制结转完工产品成本的转账凭证(会计分录代替)如下：

借：库存商品——甲产品　　72 640.00

——乙产品　　128 200.00

——丙产品　　41 640.00

贷：生产成本——基本生产成本——A类产品　　242 480.00

根据填制的结转完工产品成本的转账凭证(会计分录代替)和“A类产品内各种产品成本计算单”(表8.5)登记“基本生产成本明细分类账”(见表8.3)。

采用分类法计算产品成本，领料单、工时记录等原始凭证和原始记录，可以只按产品类别填列，在各种要素费用分配表中可以只按产品类别分配要素费用，产品成本明细账可以只按产品类别开设，从而不仅能简化成本计算工作，而且能够在产品品种、规格繁多的情况下，分类掌握产品成本的情况。但是，由于在类内各种产品成本的计算中，不论是原材料项目还是加工费项目，都是按一定的分配标准按比例进行分配的，因此，计算结果有一定的假定性。

任务8.3　副产品成本计算

8.3.1　副产品成本计算概述

有些工业企业，在生产主要产品的过程中，还会附带生产出一些非主要产品，这些非主要产品可称为副产品。例如，在原油加工过程中产生的渣油、石油焦；制皂生产过程中产生的甘油等。副产品虽然不是企业的主要产品，但也有经济价值。副产品有的可以直接对外销售，有的经过适当加工以后，也可以对外销售。因此，应当正确计算副产品成本。为了简化核算工作，对副产品可以不单独计算成本，而采用与分类法相类似的方法计算成本，即将副产品与主产品合为一类开设生产成本明细账，归集它所发生的各项生产耗费与支出，计算该类产品的总成本；然后，将副产品按照一定的方法计价，从总成本中扣除(一般是在总成本的原材料项目中扣除)，以扣除后的成本作为主产成品的成本。副产品的计价，主要有两种方法：一是按照副产品的售价减去销售税金和销售利润(按正常利润率计算)以后的余额计价；一是按企业制定的副产品计划(或定额)成本计价。

有的副产品与主产品分离后，还需要单独进行加工。例如，在制皂过程中产生的含有甘油的盐水，在与主产品分离后，还要加入某些辅助材料，经进一步加工，才能生产出甘油。在这种情况下，还应根据副产品加工生产的特点和管理的要求单独计算成本。

8.3.2 分离后可以直接出售副产品的成本计算

副产品与主产品分离后，不需要进行任何加工，就可以直接出售时，可以按照产品的售价减去销售税金和销售利润后的余额计价，作为副产品成本从主副产品总成本中的原材料项目中扣除。

【实例 8.2】 某厂 2010 年 8 月，在生产乙产品（主要产品）的同时，附带生产出 B 产品（副产品）。本月生产的 2 000 千克乙产品已全部完工，没有月末在产品。乙产品生产成本明细账归集的生产成本累计为 881 000 元，其中，原材料 420 000 元，燃料及动力 121 000 元，职工薪酬 190 000 元，制造费用 150 000 元。本月附带生产 B 产品 200 千克，售价为 90 元/千克，销售环节应交税金 4.50 元/千克，同类产品正常销售利润率为 10%。B 产品成本从原材料项目中扣除。根据上述资料，B 产品（副产品）和乙产品（主要产品）成本计算如下：

①B 产品（副产品）成本：

单位产品成本＝90－4.50－90×10%＝76.50（元）

总成本＝76.50×200＝15 300（元）

②乙产品（主要产品）成本计算单如表 8.6 所示。

表 8.6 **产品成本计算单**

产品名称：乙产品　　产量：2 000 千克　　2010 年 8 月　　单位：元

项　目	原材料	燃料及动力	职工薪酬	制造费用	合　计
生产成本累计	420 000.00	121 000.00	190 000.00	150 000.00	881 000.00
结转本月完工 B 产品（副产品）成本	15 300.00				15 300.00
本月完工乙产品（主产品）总成本	404 700.00	121 000.00	190 000.00	150 000.00	865 700.00
本月完工乙产品（主产品）单位成本	202.35	60.50	95.00	75.00	432.85

根据编制的"产品成本计算单"（表 8.6）和"产成品入库单"（略）填制结转完工产品成本的转账凭证（会计分录代替）如下：

借：库存商品——乙产品（主产品）　　865 700.00
　　　　　　——B 产品（副产品）　　15 300.00
　贷：生产成本——基本生产成本——乙产品　　881 000.00

8.3.3 分离后需进一步加工才能出售副产品的成本计算

副产品与主产品分离以后，如果副产品需要进一步加工后才能出售，这就相当于将副产品作为进一步加工的原料，进而加工出新的产品对外出售。在这种情况下，副产品成本一般以固定的单价计价从主产品的原材料项目中扣除，或者按照计划单位成本计价，从主副产品总成本中扣除。在这种情况下，不仅要为主产品设置生产成本明细账和产品成本计算单，而且还要为以副产品为原料而加工出的新产品设置生产成本明细账和产品成本计算单。

【实例 8.3】 假设上例 B 副产品在与主产品分离后，只能作为丙产品的原料，即尚需进一步加工为丙产品才能出售。根据丙产品生产成本明细账的记录，在进一步对 B 副产品的加工过程中耗费原材料 500 元，燃料及动力 100 元，职工薪酬 800 元，应负担制造费用 600 元。将 200 千克 B 副产品进一步加工后，生产的丙产品本月实际产量为 100 千克，月末无在产品。B

副产品按固定单价76.50元计价，从主产品（乙产品）的原材料项目中扣除。根据上述资料，完成的乙产品"成本计算单"和丙产品"成本计算单"如表8.6和表8.7所示。

表8.7　　**产品成本计算单**

产品名称：丙产品　　产量：100千克　　2010年8月　　单位：元

项　目	原材料	燃料及动力	职工薪酬	制造费用	合　计
结转本月原料（B副产品）成本	15 300.00				15 300.00
本月发生进一步加工成本	500.00	100.00	800.00	600.00	2 000.00
生产成本累计	15 800.00	100.00	800.00	600.00	17 300.00
本月完工产品总成本	15 800.00	100.00	800.00	600.00	17 300.00
本月完工产品单位成本	158.00	1.00	8.00	6.00	173.00

根据乙产品"成本计算单"（表8.6）结转B副产品的成本时填制转账凭证（会计分录代替）如下：

借：生产成本——基本生产成本——丙产品　　15 300.00

　　贷：生产成本——基本生产成本——乙产品　　15 300.00

根据编制的"产品成本计算单"（表8.6、表8.7）和"产成品入库单"（略）填制结转完工产品成本的转账凭证（会计分录代替）如下：

借：库存商品——乙产品　　865 700.00

　　　　　　——丙产品　　17 300.00

　　贷：生产成本——基本生产成本——乙产品　　865 700.00

　　　　　　　　　　　　　　　　——丙产品　　17 300.00

【实例8.4】　某工厂2010年8月在生产甲产品时产生A副产品，A副产品再由本生产车间继续加工为乙产品后再出售。由于乙产品加工处理的时间不长，加工费不多，不单独设置生产成本明细账，全部生产耗费与支出都在甲产品成本明细账中归集。本月甲产品生产成本明细账中归集的生产成本累计为991 400元，其中，原材料520 200元，燃料及动力110 100元，职工薪酬210 700元，制造费用150 400元，月末无在产品。乙产品成本按计划成本计价，从甲产品成本中扣除。2010年8月生产完工甲产品2 000千克，附带生产的乙产品为200千克，乙产品计划单位成本为65元，其中，原材料（A副产品）38元，燃料及动力8.50元，职工薪酬13.50元，制造费用5元。根据上述资料，完成乙产品"成本计算单"和甲产品"成本计算单"，如表8.8和表8.9所示。

表8.8　　**产品成本计算单**

产品名称：乙产品　　产量：200千克　　2010年8月　　单位：元

项　目	原材料（A副产品）	燃料及动力	职工薪酬	制造费用	合　计
计划单位产品成本	38.00	8.50	13.50	5.00	65.00
本月完工产品成本	7 600.00	1 700.00	2 700.00	1 000.00	13 000.00

注：本月完工产品成本＝产量×计划单位产品成本。

表 8.9　　　　　　　　　　　　**产品成本计算单**

产品名称:甲产品　　　　产量:2 000 千克　　　　2010 年 8 月　　　　单位:元

项　目	原材料	燃料及动力	职工薪酬	制造费用	合　计
生产成本累计	520 200.00	110 100.00	210 700.00	150 400.00	991 400.00
结转本月完工乙产品成本(表 8.8)	7 600.00	1 700.00	2 700.00	1 000.00	13 000.00
本月完工甲产品(主产品)总成本	512 600.00	108 400.00	208 000.00	149 400.00	978 400.00
本月完工甲产品(主产品)单位成本	256.30	54.20	104.00	74.70	489.20

根据编制的"产品成本计算单"(表 8.8、表 8.9)和"产成品入库单"(略)填制结转完工产品成本的转账凭证(会计分录代替)如下:

借:库存商品——甲产品　　　　978 400.00

　　　　　　——乙产品　　　　13 000.00

　贷:生产成本——基本生产成本——甲产品　　　　991 400.00

任务回顾

产品成本计算的分类法,是以产品的类别作为成本计算对象来归集生产耗费与支出的一种产品成本计算方法。即先计算出各类完工产品成本,然后再在类内产品之间进行成本分配,进而计算出类内各种产品成本。分类法是产品成本计算的辅助方法,与前述产品成本计算方法比较具有以下特点:(1)以产品的类别作为成本计算对象;(2)各类总成本要进一步在类内产品之间进行分配。分类法主要适用于产品品种、规格繁多,并且可以按照一定要求和标准划分类别的企业或企业的生产单位。同类产品、联产品以及副产品的成本计算等,都可以采用分类法。有些工业企业,在生产主要产品的过程中,还会附带生产出一些非主要产品,这些非主要产品可称为副产品。为了简化核算工作,对副产品可以不单独计算成本,而采用与分类法相类似的方法计算成本,即将副产品与主产品合为一类开设生产成本明细账,归集它所发生的各项生产耗费与支出,计算该类产品的总成本;然后,将副产品按照一定的方法计价,从总成本中扣除(一般是在总成本的原材料项目中扣除),以扣除后的成本作为主产成品的成本。副产品的计价,主要有两种方法:一是按照副产品的售价减去销售税金和销售利润(按正常利润率计算)以后的余额计价;一是按企业制定的副产品计划(或定额)成本计价。

任务训练

8.1　思考题

(1)什么是产品成本计算的分类法?它具有哪些特点?

(2)简述分类法成本计算的程序。

(3)什么是联产品?什么是副产品?副产品与主产品分离后的处理方法有几种?

8.2　单项选择题

(1)产品成本计算的分类法,是以产品的(　　)作为成本计算对象来归集生产耗费与支出的一种成本计算方法。

①品种　②生产步骤　③批别　④类别

(2)分类法主要适用于(　　)的企业或企业的生产单位。

①产品品种、规格不多,并且不能按照一定要求和标准划分类别

②产品品种、规格繁多,并且可以按照一定要求和标准划分类别

③产品品种、规格繁多

④产品品种、规格不多

(3)有些工业企业,在生产主要产品的过程中,还会附带生产出一些非主要产品,这些非主要产品可称为(　　)。

①主产品　②副产品　③联产品　④等级品

(4)企业利用相同的原材料,在同一生产过程中,同时生产出的几种使用价值不同,但具有同等地位的主要产品称为(　　)。

①主产品　②副产品　③联产品　④废品

(5)产品成本计算采用分类法时,应当按照(　　)设置成本明细分类账。

①产品品种　②产品生产步骤　③产品批别　④产品类别

8.3　多项选择题

(1)采用分类法分配生产费用时,类内各种不同规格型号产品之间成本的分配,各成本项目(　　)。

①可以采用同一分配标准

②不可以采用同一分配标准

③也可以按照成本项目的性质,分别采用不同的分配标准

④不可以按照成本项目的性质,分别采用不同的分配标准

(2)采用分类法时,可将(　　)等方面相同或相近的品种归为一类产品。

①产品性质、用途　②生产工艺或原材料消耗

③销售价格　④产品体积

(3)副产品成本的确定,主要有(　　)等方法。

①按照副产品的售价减去销售税金和销售利润以后的余额计价

②按副产品实际成本计价

③按照副产品的售价计价

④按企业制定的副产品计划(或定额)成本计价

技能实训

技能实训题 8.1

【实训目的】 实训产品成本计算的分类法。

【实训资料】 为民晶体管厂生产的 LM7805、LM7806、LM7809、LM7812、LM7815 五种集成稳压元件的结构以及所需原材料和加工工艺过程基本相同,合并为 LM 类,采用分类法计算其产品成本。月末 LM 类在产品成本按年初数固定计算在产品成本法计算。类内各种产品之间分配成本的标准为:原材料成本按各种产品的标准品产量分配;标准品产量的折合系数按各种产品的售价确定。LM 类产品中 LM7809 产品的产量稳定,确定为标准品。其他成本项目的成本按定额工时比例分配。

2010 年 10 月,为民晶体管厂有关产品产量、售价、单位产品工时定额和生产成本的资料见表 8.1.1 和表 8.1.2所示。

表 8.1.1 **LM类产品的产量、售价和工时定额资料**

产品名称	产量(支)	单位产品售价(元)	单位产品工时定额
LM7805	3 000	0.70	0.01
LM7806	5 000	0.90	0.01
LM7809	10 000	1.00	0.02
LM7812	8 000	1.50	0.03
LM7815	2 000	2.00	0.04

表 8.1.2 **生产成本资料**

成本项目	原材料	燃料及动力	职工薪酬	制造费用	金额合计
月初在产品成本	1 500.00	100.00	200.00	100.00	1 900.00
本月发生成本	5 494.40	828.40	1 398.40	358.72	8 079.92

【实训要求】

(1)根据上述资料,按照分类法的计算程序计算产品成本,登记LM类产品"基本生产成本明细分类账"(见表8.1.3)。

表 8.1.3 **基本生产成本明细分类账**

产品名称: 第 页

年		凭证		摘要	成本项目				合计(元)
月	日	字	号		原材料	燃料及动力	职工薪酬	制造费用	

(2)完成"折合系数计算表"(见表8.1.4)。

表 8.1.4 **折合系数计算表** 单位:

产品名称	单位产品售价	算式	折合系数

(3)完成"LM类产品内各种产品成本计算单"(见表8.1.5,表内折合系数和单位成本精确度为0.01)。

表 8.1.5　　**LM类产品内各种产品成本计算单**

年　月　　单位：

产品名称	产量( )	折合系数	标准品产量	工时定额	定额总工时	原材料	燃料及动力	职工薪酬	制造费用	完工产品	
										总成本	单位成本
分配率											

(4)根据编制的"LM类产品内各种产品成本计算单"(表8.1.5)和"产成品入库单"(略)填制结转完工产品成本的第7号转账凭证。

(5)根据第7号转账凭证和"LM类产品内各种产品成本计算单"(表8.1.5)登记"基本生产成本明细分类账"(表8.1.3)。

技能实训题 8.2

【实训目的】 实训副产品成本的计算方法。

【实训资料】 某厂2010年10月，在生产甲产品的同时，附带生产出A副产品(A副产品与甲产品分离后，不需要进行任何加工，即可以直接出售)。本月生产的500千克甲产品已全部完工，月末没有在产品。

(1)本月附带生产A副产品资料：本月附带生产10千克，售价为180.00元/千克，销售环节应交税金9.00元/千克，同类产品正常销售利润率为15%。A副产品成本从原材料项目中扣除。

(2)甲产品生产成本资料见表8.2.1。

表 8.2.1　　**甲产品生产成本资料**　　单位：元

成本项目	原材料	燃料及动力	职工薪酬	制造费用	金额合计
月初在产品成本	1 550.00	1 100.00	1 200.00	1 250.00	5 100.00
本月发生成本	5 600.00	1 800.00	1 300.00	1 666.00	10 366.00

【实训要求】

(1)根据上述资料，计算A产品(副产品)成本，并完成甲产品"产品成本计算单"(见表8.2.2)。

表 8.2.2　　**产品成本计算单**

产品名称：甲产品　　产量：　　年　月　　单位：

项　目	原材料	燃料及动力	职工薪酬	制造费用	金额合计
月初在产品成本					
本月发生成本					
生产成本累计					
结转本月完工A副产品成本					
本月完工甲产品总成本					
本月完工甲产品单位成本					

(2)根据甲产品“成本计算单”(见表 8.2.2)和“产成品入库单”(略)填制结转完工产品成本的转账凭证。

技能实训题 8.3

【实训目的】 继续实训副产品成本的计算方法。

【实训资料】 见技能实训题 8.2。假定该厂生产的 A 副产品与甲产品分离后,需要进行加工成 A01 产品后才可出售。根据 A01 产品生产成本明细账的记录,在对 A 副产品进行加工中的耗费支出共计 540.00 元,其中原材料 100 元,燃料及动力 200 元,职工薪酬 190.00 元,应负担制造费用 50.00 元。将 10 千克 A 副产品进一步加工后,生产的 A01 产品本月实际产量为 20 千克,月末无在产品。A 副产品按固定单价 144.00 元计价,从主产品(甲产品)的原材料项目中扣除。

【实训要求】

(1)根据资料完成“产品成本计算单”(见表 8.3.1)。

表 8.3.1 **产品成本计算单**

产品名称:A01 产品 产量: 年 月 单位:

项　目	原材料	燃料及动力	职工薪酬	制造费用	合　计
结转本月原料(B 副产品)成本					
本月发生进一步加工成本					
生产成本累计					
本月完工产品总成本					
本月完工产品单位成本					

(2)按顺序编制出相应的会计分录:

①将 A 副产品成本结转至 A01 产品成本。

②根据编制的“产品成本计算单”(表 8.2.2、表 8.3.1)和“产成品入库单”(略)结转完工甲产品和 A01 产品成本。

产品成本计算的定额法

能力目标

学习本章的目的是掌握产品成本计算定额法的计算程序和计算技能,理解定额法的特点,了解定额法的适用范围。学习的重点是定额法的实例操作。学习的难点是对脱离定额差异和定额变动差异的理解以及两者的计算方法。学习本章时,要从理解定额成本、脱离定额差异、材料成本差异(复习原材料按计划成本核算的内容)和定额变动差异等几个概念入手,学会各种差异的计算方法,进而把握"实际成本=定额成本±脱离定额差异±材料成本差异±定额变动差异"这个关系式,在此基础上进一步学习定额法实例。

分项任务

任务 9.1　定额法概述
任务 9.2　定额法实例

任务 9.1　定额法概述

9.1.1　定额法的特点

产品成本计算的定额法是将产品的定额管理与成本核算有机结合起来,以产品定额为基础,结合产品实际成本与定额成本之间产生的各种差异,来计算产品实际成本的方法。因此,它是一种成本核算与成本管理紧密结合的方法。与其他成本核算方法相比较,定额法的主要特点有:

(1)以事先制定产品的定额成本,作为成本控制的目标和成本核算的基础。

前面所介绍的产品成本计算的品种法、分批法、分步法和分类法,都是按照其生产耗费与支出的实际发生额进行核算的,没有事先制定产品的定额成本,因此,不能及时提供实际成本与定额成本之间产生的差异,不利于更好地加强成本定额管理,不能及时对产品成本进行控制和管理,不能更有效地发挥成本核算对于节约费用、降低成本的作用。而产品成本计算的定额法,是把产品成本的计划、控制、核算和分析结合在一起,事先制定产品的定额成本,并作为成本控制的目标。因此,产品成本计算的定额法有利于加强成本管理,有效克服了上述几种成本计算方法的弱点。

(2)在生产耗费和支出发生的当时,就将符合定额的耗费、支出与发生的差异分别核算,以加强对成本差异的日常核算、分析和控制。

(3)月末,在定额成本的基础上,加减各种成本差异,计算产品的实际成本,为成本的定期考核和分析提供数据。

采用定额法计算产品成本时,实际成本的计算公式如下:

$$\text{实际成本}=\text{定额成本}\pm\text{脱离定额差异}\pm\text{材料成本差异}\pm\text{定额变动差异}$$

9.1.2 定额法的适用范围

定额法是为了加强成本管理,进行成本控制而采用的一种成本管理与成本核算相结合的方法,它不是成本计算的基本方法,与企业生产类型没有直接联系。定额法主要适用于定额管理制度比较健全,定额管理基础工作比较好,产品生产已经定型,各项消耗定额比较准确、稳定的企业。由于该种方法与企业生产类型没有直接联系,所以,这种方法可以与品种法、分批法、分步法等基本方法结合起来使用。

9.1.3 定额法的计算程序

产品成本计算的定额法除了按产品成本计算的一般程序归集生产耗费与支出外,还应遵循以下特有程序:

(1)制定单位产品定额成本

定额成本是指根据企业现行材料消耗定额、工时定额、费用定额以及其他有关资料计算的一种成本控制目标。采用定额法计算产品成本,必须首先制定产品的原材料、工时等消耗定额,并根据各项消耗定额和原材料计划单价、计划小时职工薪酬率(计划每小时生产工人薪酬)、计划小时制造费用率(计划每小时制造费用)等资料,计算产品的各成本项目定额和单位产品的定额成本。单位产品的各成本项目定额计算公式如下:

$$\text{单位产品原材料(或燃料、动力)定额}=\text{单位产品的原材料(或燃料、动力)消耗量}\times\text{原材料(或燃料、动力)计划单价}$$

$$\text{单位产品职工薪酬定额}=\text{单位产品生产工时定额}\times\text{计划小时职工薪酬率}$$

$$\text{单位产品制造费用定额}=\text{单位产品生产工时定额}\times\text{计划小时制造费用率}$$

产品定额成本一般由计划部门、技术部门和财会部门共同制定。由于产品生产工艺过程的特点不同,定额成本的制定程序也不尽相同。产品零部件不多的企业,一般是先制定零件定额成本,再汇总制定部件和产品的定额成本;若产品的零部件较多,为简化计算,也可以直接根据零部件的原材料消耗定额、工时消耗定额以及职工薪酬、制造费用计划分配率计算部件定额成本,再汇总计算整个产品的定额成本,或根据零部件定额卡等有关资料直接计算确定单位产品的定额成本。制定单位产品定额成本一般通过编制"单位产品定额成本计算表"来进行。

【例题 9.1】 新华工厂生产甲产品,产品生产已经定型,各项消耗定额比较准确、稳定,而且定额管理制度比较健全,定额管理基础工作比较好,为加强成本管理,甲产品的成本计算采用定额法。甲产品由 101、102 两个零件组装而成,为简化产品定额成本计算,2010 年 8 月 1

日，根据零部件消耗定额直接制定产品定额成本，其单位产品定额成本计算表如表9.1所示。

表9.1　　**单位产品定额成本计算表**

产品名称：甲产品　　2010年8月1日

所用零部件名称	原材料定额				工时定额（小时）
	消耗材料名称	消耗定额（千克）	计划单价（元）	金 额（元）	
A零件	101材料	6	35.00	210.00	10
B零件	102材料	8	30.50	244.00	12
装　配					3
合　计				454.00	25

各成本项目定额							单位产品定额成本
原材料	职工薪酬			制造费用			
	工时定额	计划职工薪酬率	金　额	工时定额	计划制造费用率	金　额	
454.00	25	8.50	212.50	25	5.50	137.50	804.00

（2）计算脱离定额差异

脱离定额差异是指产品生产过程中实际发生的各项耗费、支出脱离现行定额的差异。

①原材料脱离定额差异的计算

从含义来看，原材料脱离定额差异的计算公式为：

$$\text{原材料脱离定额差异}=\sum\left(\text{原材料实际耗用量}\times\text{原材料实际单价}-\text{原材料定额消耗量}\times\text{原材料实际单价}\right)$$

从计算公式可以看出，原材料脱离定额差异是由原材料耗用量和原材料单价两个因素决定的，其中包括材料价格差异，即材料成本差异。但在实际工作中，为了便于产品成本的分析和考核，一般单独计算产品成本应负担的材料成本差异。这里所说的原材料脱离定额差异实际上是指原材料实际耗用量与原材料定额耗用量不同而产生的原材料成本差异，其计算公式为：

$$\begin{aligned}\text{原材料脱离定额差异}&=\sum\left(\text{原材料实际耗用量}\times\text{原材料计划单价}-\text{原材料定额消耗量}\times\text{原材料计划单价}\right)\\&=\sum\left(\text{原材料实际耗用额（按计划价格计算）}-\text{原材料定额耗用额}\right)\\&=\sum\left((\text{原材料实际耗用量}-\text{原材料定额消耗量})\times\text{原材料计划单价}\right)\end{aligned}$$

原材料的计划单价是事先确定的，不必按月计算，那么，计算脱离定额差异的重点就是计算原材料实际耗用量和原材料定额消耗量。

$$\text{本月原材料的实际耗用量}=\text{本月原材料的领用量}+\text{车间月初原材料盘存量}-\text{车间月末原材料盘存量}$$

式中的本月原材料的领用量可以根据领料单汇总计算，原材料月初、月末盘存量可通过月末实地盘点获得。

$$\text{本月原材料的实际耗用额（按计划价格计算）}=\sum(\text{本月原材料的实际耗用量}\times\text{原材料计划单价})$$

$$\text{本月原材料定额耗用额}=\text{本月完工产品的原材料定额成本}+\text{月末在产品的原材料定额成本}-\text{月初在产品的原材料定额成本}$$

$$\text{或}=(\text{本月完工产品产量}+\text{月末在产品约当产量}-\text{月初在产品约当产量})\times\text{单位产品原材料定额成本}$$

$$=\text{本月产品投产量}\times\text{原材料消耗量定额}\times\text{原材料计划单价}$$

其中：

$$\text{本月完工产品的原材料定额成本}=\text{本月完工产品产量}\times\text{单位产品原材料定额成本}$$

$$\text{月初(月末)在产品原材料定额成本}=\text{月初(月末)在产品约当产量}\times\text{单位产品原材料定额成本}$$

【例题 9.2】 承上例(例题 9.1)，新华工厂 2010 年 8 月生产完工甲产品 500 件，月初在产品 10 件，本月投产 510 件，月末在产品 20 件。原材料在生产开始时一次投入，根据领料单汇总结果，本月实际领用 A 材料3 100千克、B 材料4 000千克，生产车间月初余料中 A 材料 160 千克、B 材料 130 千克，生产车间月末余料中 A 材料 80 千克、B 材料 200 千克。生产成本明细账月初在产品定额成本中的原材料成本为 4 540 元，其单位产品定额成本资料如表 9.1 所示。本月发生的原材料脱离定额差异计算如下：

本月原材料的实际耗用额(按计划价格计算) =(3 100+160−80)×35.00+(4 000+130−200)×30.50

=3 180×35.00+3 930×30.50

=111 300.00+119 865.00=231 165.00(元)

本月原材料定额耗用额 =500×454.00+20×100%×454.00−4 540.00

=227 000.00+9 080.00−4 540.00

=231 540.00(元)

本月原材料脱离定额差异 =231 165.00−231 540.00

=−375.00(元)

根据上述资料及计算结果填制"原材料脱离定额差异计算表"，如表 9.2 所示。

表 9.2 **原材料脱离定额差异计算表**

产品名称:甲产品　　投产量:510 件　　2010 年 8 月　　单位:元

材料名称	计量单位	计划单价	定额耗用额			计划价格实际耗用额(计划成本)		脱离定额差异		差异原因
			消耗定额	定额消耗量	金　额	实际耗用量	金　额	消耗量差异	成本差异	
A材料	千克	35.00	6	3 060	107 100.00	3 180	111 300.00	+120	+4 200.00	
B材料	千克	30.50	8	4 080	124 440.00	3 930	119 865.00	−150	−4575.00	
合计					231 540.00		231 165.00		−375.00	

注:A 材料定额消耗量=510×6=3 060;B 材料定额消耗量=510×8=4 080。

A 材料计划实际耗用额(计划成本)= 3 180×35.00=111 300.00。

B 材料计划实际耗用额(计划成本)= 3 930×30.50=119 865.00。

②职工薪酬脱离定额差异计算

职工薪酬脱离定额差异的计算方法，因工资制度的不同而有所区别。在计件工资制下，生产工人的薪酬为直接记入费用，在计件单价不变时，按计件单价支付的生产工人薪酬就是职工薪酬定额，没有脱离定额的差异。因此，在计件工资制下，脱离定额的差异往往只指因工作条件变化而在计件单价之外支付的工资、津贴、补贴等。企业应当将符合定额的职工薪酬，反映在产量记录中，脱离定额的差异应当单独设置职工薪酬补付单等凭证，并经过一定的审批手续。在计时工资制下，生产工人薪酬一般为间接记入费用，其脱离定额的差异不能在平时分产品（成本核算对象）计算，只有在月末确定本月实际职工薪酬总额和产品生产总工时以后，才能计算。有关计算公式如下：

$$\text{职工薪酬脱离定额差异}=\text{本月实际职工薪酬总额}-\text{本月定额职工薪酬总额}$$

$$=\text{本月实际生产工时}\times\text{实际小时职工薪酬率}-\text{本月定额生产工时}\times\text{计划小时职工薪酬率}$$

$$\text{本月定额生产工时}=\text{本月完工产品的定额工时}+\text{月末在产品的定额工时}-\text{月初在产品的定额工时}$$

$$\text{或}=(\text{本月完工产品产量}+\text{月末在产品约当产量}-\text{月初在产品约当产量})\times\text{单位产品工时定额}$$

【例题 9.3】　承上例（例题 9.1、例题 9.2），新华工厂 2010 年 8 月，生产甲产品的实际工时记录为12 273小时，实际发生的职工工资为94 739元，计提的职工福利费为13 263.40元。本月发生的职工薪酬脱离定额差异计算如下：

$$\text{本月定额生产工时}=(500+20\times50\%-10\times50\%)\times25=12\ 625$$

$$\text{本月职工薪酬脱离定额差异}=(94\ 739+13\ 263.40)-12\ 625\times8.50$$

$$=108\ 002.40-107\ 312.50=+689.90(\text{元})$$

根据上述资料及计算结果填制“职工薪酬脱离定额差异计算表”，如表 9.3 所示。

表 9.3　　**职工薪酬脱离定额差异计算表**

2010 年 8 月　　单位：元

产品名称	定额职工薪酬			实际职工薪酬			脱离定额差异	
	定额生产工时	计划职工薪酬率	金　额	实际生产工时	实际职工薪酬率	金　额	工时差异	成本差异
甲产品	12 625	8.50	107 312.50	12 273	8.80	108 002.40	−352	+689.90
合　计	12 625	8.50	107 312.50	12 273	8.80	108 002.40	−352	+689.90

注：实际职工薪酬率＝108 002.40÷12 273＝8.80。

③制造费用脱离定额差异的计算

制造费用一般属于间接记入费用，应先按生产车间汇集，月末分配记入各种产品成本。其脱离定额的差异不能在平时分产品计算，只有在月末确定实际制造费用总额以后，才能计算。有关计算公式如下：

$$\text{制造费用脱离定额差异}=\text{本月实际制造费用总额}-\text{本月定额制造费用总额}$$

$$=\text{本月实际生产工时}\times\text{实际小时制造费用率}-\text{本月定额生产工时}\times\text{计划小时制造费用率}$$

【例题 9.4】 承上例(例题 9.1、例题 9.2 和例题 9.3),新华工厂 2010 年 8 月甲产品实际负担的制造费用为66 274.20元。制造费用脱离定额差异计算表如表 9.4 所示。

表 9.4 制造费用脱离定额差异计算表

2010 年 8 月 单位:元

产品名称	定额制造费用			实际制造费用			脱离定额差异	
	定额生产工时	计划制造费用率	金 额	实际生产工时	实际制造费用率	金 额	工时差异	成本差异
甲产品	12 625	5.50	69 437.50	12 273	5.40	66 274.20	−352	−3 163.30
合 计	12 625	5.50	69 437.50	12 273	5.40	66 274.20	−352	−3 163.30

注:定额制造费用=12 625×5.50=69 437.50;

实际制造费用率=66 274.20÷12 273=5.40。

(3)计算材料成本差异

材料成本差异是指由于原材料实际单价与原材料计划单价不同而产生的原材料实际耗用额与定额耗用额之间的差异。其计算公式为:

$$\text{材料成本差异额}=\sum\left(\text{原材料实际耗用量}\times\text{原材料实际单价}-\text{原材料实际耗用量}\times\text{原材料计划单价}\right)$$

$$=\sum\left(\text{原材料实际耗用量}\times\text{原材料计划单价}\right)\times\text{材料成本差异率}$$

$$\text{材料成本差异率}=\frac{\text{材料成本差异额}}{\text{原材料实际耗用量}\times\text{原材料计划单价(即原材料计划成本)}}\times 100\%$$

按这个公式计算材料成本差异额时,如果在一种产品同时耗用多种材料的情况下,计算的工作量太大,所以,一般按下列公式计算材料成本差异额:

$$\text{材料成本差异额}=\sum\left(\text{原材料的定额耗用额(定额成本)}\pm\text{原材料脱离定额差异}\right)\times\text{材料成本差异率}$$

【例题 9.5】 承接例题 9.1 和例题 9.2,假定 A 材料的实际单价为 34.50 元,B 材料的实际单价为 30 元。其材料成本差异额分别按两个公式计算如下:

① $$\text{材料成本差异额}=(3\,180\times34.50+3\,930\times30)-(3\,180\times35+3\,930\times30.50)$$

$$=(109\,710+117900)-(111\,300+119\,865)$$

$$=227\,610-231\,165=-3\,555.00\text{(元)}$$

② $$\text{材料成本差异率}=\frac{-3\,555}{231\,165}\times100\%=-1.537\,86\%$$

$$\text{材料成本差异额}=(231\,540-375)\times(-1.537\,862\%)=-3\,555.00\text{(元)}$$

(4)计算定额变动差异

定额变动差异是指由于修订定额使新旧定额有所不同，而产生的月初在产品按旧定额计算的定额成本与按新定额计算的定额成本之间的差异。它是定额自身变动的结果，与生产耗费、支出的节约与超支无关。企业年度内修订定额一般在月初进行。在有定额变动的月份，本月投入产品定额成本是按新定额计算的，只有月初在产品定额成本是按旧定额计算的。因此，定额变动差异是指月初在产品账面定额成本（按旧定额计算的）与按新定额计算的定额成本之间的差异。其计算公式如下：

$$\text{月初在产品定额变动差异额}=\sum\left(\text{月初在产品约当产量}\times\text{单位产品旧定额成本}-\text{月初在产品约当产量}\times\text{单位产品新定额成本}\right)$$

按这个公式计算定额变动差异额时，如果在一种产品同时耗用多种材料的情况下，计算的工作量太大，所以，一般按下列公式计算定额变动差异额：

$$\text{月初在产品定额变动差异额}=\text{按旧定额计算的月初在产品定额成本}\times\left(1-\text{定额变动系数}\right)$$

$$\text{定额变动系数}=\frac{\text{单位产品新定额成本（或工时定额）}}{\text{单位产品旧定额成本（或工时定额）}}$$

【例题 9.6】 新华工厂 2010 年 8 月末在产品数量 20 件（见例题 9.2），单位产品的原材料定额成本为 454 元（见表 9.1），2010 年 9 月 1 日，将单位产品的原材料定额成本修订为 431.30 元。则 2010 年 9 月 1 日月初在产品脱离定额差异额分别按两个公式计算如下：

$$\text{月初在产品定额变动差异额}=20\times100\%\times454.00-20\times100\%\times431.30=+454.00\text{（元）}$$

$$\text{定额变动系数}=\frac{431.30}{454.00}=0.95$$

$$\text{月初在产品定额变动差异额}=20\times100\%\times454.00\times(1-0.95)=+454.00\text{（元）}$$

（5）在完工产品和月末在产品之间分配各种成本差异

月末，企业应将月初结转和本月发生的脱离定额差异、材料成本差异和定额变动差异分别汇总，按照完工产品的定额成本和月末在产品的定额成本的比例（定额比例法），在完工产品和月末在产品之间进行分配。

（6）计算完工产品的实际总成本和单位成本

以本月完工产品的定额成本为基础，加上或减去各项成本差异，计算出完工产品的实际总成本，实际总成本再除以总产量，即为完工产品的实际单位成本。

任务 9.2　定额法实例

【例题 9.7】 新华工厂生产甲产品，采用定额法计算产品成本。2010 年 9 月生产完工甲产品 500 件，月初在产品 20 件，本月投产 510 件，月末在产品 30 件。原材料在生产开始时一次投入，在产品完工程度为 50%。9 月 1 日对旧定额进行了修订。原材料按计划成本核算，材料成本差异率为 0.15%。产品实际生产成本和各种成本差异采用定额比例法在完工产品与在产品之间进行分配。有关单位产品新旧定额成本资料、月初在产品成本资料、本月发生的生产成本资料如表 9.5、表 9.6 和表 9.7 所示。

表 9.5　　单位产品新、旧定额成本资料

产品名称：甲产品　　2010 年 9 月 1 日　　单位：元

月份	各成本项目定额							单位产品定额成本
	原材料	职工薪酬			制造费用			
		工时定额	计划职工薪酬率	金额	工时定额	计划制造费用率	金额	
8	454.00	25	8.50	212.50	25	5.50	137.50	804.00
9	431.30	22.5	8.50	191.25	22.5	5.40	121.50	744.05

表 9.6　　甲产品成本明细账月初在产品成本

2010 年 9 月 1 日　　单位：元

项　目	原材料			职工薪酬		制造费用		实际成本
	定额成本	脱离定额差异	材料成本差异	定额成本	脱离定额差异	定额成本	脱离定额差异	
月初在产品成本	9 080.00	＋45.40	－13.69	2 125.00	＋127.50	1 375.00	－55.00	12 684.21

表 9.7　　本月发生的生产成本资料　　单位：元

项　目	原材料（计划成本）	职　工　薪　酬	制　造　费　用
本月发生生产成本	222 203.49	100 393.50	60 911.92

（1）根据上述资料计算各种成本差异和本月完工产品与月末在产品的定额成本如下：

①计算脱离定额差异：

原材料脱离定额差异 ＝222 203.49－（500＋30×100%－20×100%）×431.30

＝222 203.49－219 963.00＝＋2 240.49（元）

职工薪酬脱离定额差异 ＝100 393.50－（500＋30×50%－20×50%）×191.25

＝100 393.50－96 581.25＝＋3 812.25（元）

制造费用脱离定额差异 ＝60 911.92－（500＋30×50%－20×50%）×121.50

＝60 911.92－61 357.50＝－445.58（元）

②计算材料成本差异：

材料成本差异 ＝（219 963.00＋2 240.49）×（－0.15%）＝－333.31（元）

③计算定额变动差异：

原材料定额变动差异 $=9\,080\times(1-\dfrac{431.30}{454.00})=+454.00$（元）

职工薪酬定额变动差异 $=2\,125\times(1-\dfrac{191.25}{212.50})=+212.50$（元）

制造费用定额变动差异 $=1\ 375\times(1-\frac{121.50}{137.50})=+160.00$(元)

④计算本月完工产品定额成本：

原材料定额成本 $=500\times431.30=215\ 650.00$(元)

职工薪酬定额成本 $=500\times191.25=95\ 625.00$(元)

制造费用定额成本 $=500\times121.50=60\ 750.00$(元)

⑤计算月末在产品定额成本：

原材料定额成本 $=30\times100\%\times431.30=12\ 939.00$(元)

职工薪酬定额成本 $=30\times50\%\times191.25=2\ 868.75$(元)

制造费用定额成本 $=30\times50\%\times121.50=1\ 822.50$(元)

(2)根据上述计算结果填制甲产品“成本计算单”，如表 9.8 所示。

表 9.8　　**产品成本计算单**

产品名称：甲产品　　单位：元　第　页

项目		成本项目										实际成本
		原材料				职工薪酬			制造费用			
		定额成本	定额变动差异	脱离定额差异	材料成本差异	定额成本	定额变动差异	脱离定额差异	定额成本	定额变动差异	脱离定额差异	
月初在产品	旧定额成本	9 080.00		+45.40	−13.69	2 125.00		+127.50	1 375.00		−55.00	12 684.21
	定额调整	−454.00	+454.00			−212.50	+212.50		−160.00	+160.00		0
	新定额成本	8 626.00	+454.00	+45.40	−13.69	1 912.50	+212 50	+127.50	1 215.00	+160.00	−55.00	12 684.21
本月发生		219 963.00		+2 240.49	−333.31	96 581.25		+3 812.25	61 357.50		−445.58	383 175.60
累计		228 589.00	+454.00	+2 285.89	−347.00	98 493.75	+212.50	+3 939.75	62 572.50	+160.00	−500.58	395 859.81
差异分配率			+0.001 986	+0.01	−0.001 5		+0.002 157	+0.04		+0.002 557	−0.008	
本月完工产品成本		215 650.00	+428.28	+2 156.50	−323.48	95 625.00	+206.26	+3 825.00	60 750.00	+155.34	−486.00	377 986.90
月末在产品成本		12 939.00	+25.72	+129.39	−23.52	2 868.75	+6.24	+114.75	1 822.50	+4.66	−14.58	17 872.91

注：①计算新定额成本时，要注意定额变动差异的方向，如本题中新定额原材料成本＝9 080.00－454.00＝8 626.00(元)，而定额变动差异为＋454.00 元，与定额调整的方向相反。

②差异分配率计算：＋0.001 986＝＋454.00÷228 589.00；＋0.01＝＋2 285.89÷228 589.00；
0.001 5＝347.00÷228 589.00；＋0.002 157＝＋212.50÷98 493.75；
＋0.04＝＋3 939.75÷98 493.75；＋0.002 557＝＋160.00÷62 572.50；
0.008＝500.58÷62 572.50。

根据编制的“产品成本计算单”(表 9.8)和“产成品入库单”(略)填制结转完工产品成本的转账凭证(会计分录代替)如下：

借：库存商品——甲产品　　377 986.90

　　贷：生产成本——基本生产成本——甲产品　　377 986.90

任务回顾

产品成本计算的定额法是将产品的定额管理与成本核算有机结合起来，以产品定额为基础，结合产品实际成本与定额成本之间产生的各种差异，来计算产品实际成本的方法。因此，它是一种成本核算与成本管理紧密结合的方法。与其他成本核算方法相比较，定额法的主要特点有：①以事先制定产品的定额成本，作为成本控制的目标和成本核算的基础；②在生产耗费和支出发生的当时，就将符合定额的耗费、支出与发生的差异分别核算，以加强对成本差异的日常核算、分析和控制；③月末，在定额成本的基础上，加减各种成本差异，计算产品的实际成本，为成本的定期考核和分析提供数据。采用定额法计算产品成本时，实际成本的计算公式是：实际成本＝定额成本±脱离定额差异±材料成本差异±定额变动差异。

定额法主要适用于定额管理制度比较健全，定额管理基础工作比较好，产品生产已经定型，各项消耗定额比较准确、稳定的企业。由于该种方法与企业生产类型没有直接联系，所以，这种方法可以与品种法、分批法、分步法等基本方法结合起来使用。

产品成本计算的定额法除了按产品成本计算的一般程序归集生产耗费与支出外，还应遵循以下特有程序：

(1)制定单位产品定额成本

(2)计算脱离定额差异

①原材料脱离定额差异的计算

$$\text{原材料脱离定额差异}=\sum\left(\text{原材料实际耗用量}\times\text{原材料计划单价}-\text{原材料定额消耗量}\times\text{原材料计划单价}\right)$$

②职工薪酬脱离定额差异计算

$$\text{职工薪酬脱离定额差异}=\text{本月实际生产工时}\times\text{实际小时职工薪酬率}-\text{本月定额生产工时}\times\text{计划小时职工薪酬率}$$

③制造费用脱离定额差异的计算

$$\text{制造费用脱离定额差异}=\text{本月实际生产工时}\times\text{实际小时制造费用率}-\text{本月定额生产工时}\times\text{计划小时制造费用率}$$

(3)计算材料成本差异

$$\text{材料成本差异额}=\sum\left(\text{原材料的定额耗用额(定额成本)}\pm\text{原材料脱离定额差异}\right)\times\text{材料成本差异率}$$

(4)计算定额变动差异

$$\text{月初在产品定额变动差异额}=\text{按旧定额计算的月初在产品定额成本}\times\left(1-\text{定额变动系数}\right)$$

任务训练

9.1 思考题

(1)什么是产品成本计算的定额法？

(2)与其他成本核算方法相比较，定额法的主要特点有哪些？

(3)简述产品成本计算定额法的适用范围。

(4)产品成本计算的定额法除了按产品成本计算的一般程序归集生产耗费与支出外，还应遵循哪些特有程序？

(5)什么是脱离定额差异？

(6)什么是材料成本差异？怎样计算材料成本差异额和差异率？

(7)什么是定额成本？定额成本是如何制定的？

(8)什么是定额变动差异？怎样计算定额变动差异？

9.2　单项选择题

(1)产品成本计算的定额法，一般是按照(　　)归集生产耗费、支出和计算成本的。

①品种　　②类别

③步骤　　④批别

(2)采用定额法计算产品成本的主要目的是(　　)。

①适应企业生产工艺特点　　②适应企业生产组织特点

③计划成本计算工作　　④满足企业成本管理需要

(3)假定月初在产品定额变动差异额是正数，说明(　　)。

①产品定额成本提高了　　②产品定额成本降低了

③产品实际成本提高了　　④产品实际成本降低了

(4)由于修订旧定额，会在新、旧定额之间产生差异，这种差异称为(　　)。

①材料成本差异　　②脱离定额差异

③成本变动差异　　④定额变动差异

(5)定额法下，需要计算定额变动成本差异的项目是(　　)。

①月初在产品成本　　②本期投入成本

③本期完工产品成本　　④月末在产品成本

(6)采用定额法计算产品成本，本月完工产品实际成本应以(　　)为基础。

①月初在产品定额成本　　②月末在产品定额成本

③本月完工产品定额成本　　④本期投入产品定额成本

9.3 多项选择题

(1)定额成本是指根据企业现行(　　)以及其他有关资料计算的一种成本控制目标。

①材料消耗定额　　②工时定额

③费用定额　　④库存定额

(2)定额法的主要特点有(　　)。

①以事先制定产品的定额成本，作为成本控制的目标和成本核算的基础

②在生产耗费发生的当时，不应将符合定额的耗费、支出与发生的差异分别核算

③在生产耗费发生的当时，就将符合定额的耗费、支出与发生的差异分别核算

④月末，在定额成本的基础上，加减各种成本差异，计算产品的实际成本

(3)采用定额法计算产品成本，产品实际成本的组成项目有(　　)。

①定额成本　　②脱离定额差异

③材料成本差异　　④定额变动差异

(4)采用定额法计算产品成本时，制定定额成本的依据有(　　)。

①现行的费用定额　　②现行的材料消耗定额

③现行的工时消耗定额　　④其他相关定额

(5)采用定额法计算产品成本的企业，应当具备的条件有(　　)。

①定额管理制度比较健全

②定额管理基础工作比较好

③产品生产尚未定型

④各项消耗定额比较准确、稳定

(6)计算和分析脱离定额成本差异主要包括(　　)。

①材料脱离定额差异

②职工薪酬脱离定额差异

③制造费用脱离定额差异

④管理费用脱离定额差异

技能实训

技能实训题 9.1

【实训目的】 实训原材料脱离定额差异的计算。

【实训资料】 丽山机械厂生产F产品,该产品的成本计算采用定额法。F产品由A01、A02两个零件组装而成,根据零部件消耗定额直接制定产品定额成本。2010年5月生产完工F产品100件,月初在产品8件,本月投产110件,月末在产品18件。原材料在生产开始时一次投入,在产品完工程度为50%。

根据本月"领料单汇总表"(略),本月实际领用S1材料888千克、S2材料438千克,车间月初余料中S1材料60千克、S2材料32千克,车间月末余料中S1材料140千克、S2材料72千克。F产品相关定额成本资料如表9.1.1所示。

表 9.1.1　　单位产品定额成本计算表

产品名称:F产品　　2010年5月1日

所用零部件名称	原材料定额				工时定额(小时)
	消耗材料名称	消耗定额(千克)	计划单价(元)	金 额(元)	
A01	S1材料	8	10.00	80.00	5
A02	S2材料	4	50.00	200.00	2
装　配					3
合　计				280.00	10

【实训要求】

(1)计算本月发生的原材料脱离定额差异。

(2)填制"原材料脱离定额差异计算表"(见表9.1.2)。

表 9.1.2　　原材料脱离定额差异计算表

产品名称:　　投产量:　　年　月　　单位:

材料名称	计量单位	计划单价	定额耗用额			计划价格实际耗用额(计划成本)		脱离定额差异		差异原因
			消耗定额	定额消耗量	金　额	实际耗用量	金　额	消耗量差异	成本差异	
合　计										

技能实训题 9.2

【实训目的】 实训职工薪酬脱离定额差异的计算。

【实训资料】 接技能实训题9.1。假定丽山机械厂2010年5月生产的F产品实际工时记录为1 048小时，计划职工薪酬率为3.50元，单位产品工时定额10小时，实际发生的职工工资为3 309.47元，计提的职工福利费为463.33元。

【实训要求】

(1)计算本月发生的职工薪酬脱离定额差异。

(2)填制"职工薪酬脱离定额差异计算表"，如表9.2.1所示。

表9.2.1　　**职工薪酬脱离定额差异计算表**

年　　月　　　　单位：

产品名称	定额职工薪酬			实际职工薪酬			脱离定额差异	
	定额生产工时	计划职工薪酬率	金　额	实际生产工时	实际职工薪酬率	金　额	工时差异	成本差异
合计								

技能实训题 9.3

【实训目的】 实训制造费用脱离定额差异的计算。

【实训资料】 接技能实训题9.1。假定丽山机械厂2010年5月生产的F产品实际工时记录为1 048小时，单位产品工时定额10小时，计划制造费用率为2.50元，实际发生制造费用2 599.04元。

【实训要求】 填制"制造费用脱离定额差异计算表"，如表9.3.1所示。

表9.3.1　　**制造费用脱离定额差异计算表**

年　　月　　　　单位：

产品名称	定额职工薪酬			实际职工薪酬			脱离定额差异	
	定额生产工时	计划制造费用率	金　额	实际生产工时	实际制造费用率	金　额	工时差异	成本差异
合　计								

技能实训题 9.4

【实训目的】 实训材料成本差异额和材料成本差异率的计算。

【实训资料】 接技能实训题9.1。假定丽山机械厂S1材料的实际单价为9.80元，S2材料的实际单价为48.80元。

【实训要求】 计算材料成本差异额和材料成本差异率(精确度为0.01%)。

技能实训题 9.5

【实训目的】 实训定额变动差异的计算。

【实训资料】 接技能实训题9.1。假定丽山机械厂2010年6月1日将单位产品的原材料定额成本修订为278.00元。

【实训要求】 分别计算出该厂6月初在产品脱离定额的变动差异额和定额变动系数(精确度为0.0001)。

技能实训题 9.6

【实训目的】 实训产品成本计算的定额法。

【实训资料】 三环机械厂生产 SD5 产品，采用定额法计算其产品成本。

(1)2010 年 10 月该厂生产完工 SD5 产品 20 件，月初在产品 2 件，本月投产 22 件，月末在产品 4 件。原材料在生产开始时一次投入，在产品完工程度为 50%。10 月 1 日对旧定额进行了修订。原材料按计划成本核算，材料成本差异率为 0.12%。产品实际生产成本和各种成本差异采用定额比例法在完工产品与在产品之间进行分配。

(2)该厂有关单位产品新旧定额成本资料、月初在产品成本资料、本月发生的生产成本资料如表 9.6.1、表 9.6.2 和表 9.6.3 所示。

表 9.6.1　　单位产品新、旧定额成本资料

产品名称：SD-5 产品　　2010 年 10 月 1 日　　单位：元

月份	各成本项目定额							单位产品定额成本
	原材料	职工薪酬			制造费用			
		工时定额	计划职工薪酬率	金额	工时定额	计划制造费用率	金额	
9	500.00	30	12.00	360.00	30	4.00	120.00	980.00
10	498.00	29	11.50	333.50	29	3.95	114.55	946.05

表 9.6.2　　SD-5 产品成本明细账月初在产品成本

2010 年 10 月 1 日　　单位：元

项　目	原材料			职工薪酬		制造费用		实际成本
	定额成本	脱离定额差异	材料成本差异	定额成本	脱离定额差异	定额成本	脱离定额差异	
月初在产品成本	1 000.00	+15.50	−1.20	360.00	+24.00	120	−15.00	1 503.30

表 9.6.3　　本月发生的 SD—5 产品生产成本资料

项　目	原材料(计划成本)	职　工　薪　酬	制　造　费　用
本月发生生产成本	11 156.00	7 043.50	2 325.55

【实训要求】

(1)根据上述资料计算脱离定额差异

原材料脱离定额差异 =

职工薪酬脱离定额差异 =

制造费用脱离定额差异 =

(2)计算材料成本差异

材料成本差异 =

(3)计算定额变动差异

原材料定额变动差异 =

职工薪酬定额变动差异 =

制造费用定额变动差异 =

(4)计算本月完工产品定额成本

原材料定额成本 =

职工薪酬定额成本 =

制造费用定额成本 =

(5)计算月末在产品定额成本

原材料定额成本 =

职工薪酬定额成本 =

制造费用定额成本 =

(6)根据计算结果填制 SD-5“产品成本计算单”(见表 9.6.4)。

(注:本实训题差异分配率精确度规定为0.000 1,计算尾差倒挤到本月完工产品成本中去。)

表 9.6.4　　**产品成本计算单**

产品名称:SD5 产品　　单位:元　第×页

项目		成本项目										实际成本
		原材料				职工薪酬			制造费用			
		定额成本	定额变动差异	脱离定额差异	材料成本差异	定额成本	定额变动差异	脱离定额差异	定额成本	定额变动差异	脱离定额差异	
月初在产品	旧定额成本											
	定额调整											
	新定额成本											
本月发生												
累　计												
差异分配率												
本月完工产品成本												
月末在产品成本												

(7)根据编制的“产品成本计算单”(表 9.6.4)和“产成品入库单”(略)填制结转完工产品成本的转账凭证。

技能实训题 9.7

【实训目的】 继续实训产品成本计算的定额法。

【实训资料】 灯塔机械厂生产乙产品,采用定额法计算产品成本。

(1)2010 年 11 月该厂生产完工乙产品 80 件,月初在产品 40 件,本月投产 50 件,月末在产品 10 件。原材料在生产开始时一次投入,在产品完工程度为 50%。11 月 1 日对旧定额进行了修订。原材料按计划成本核算,材料成本差异率为 1.2%。产品实际生产成本和各种成本差异采用定额比例法在完工产品与在产品之间进行分配。

(2)该厂有关单位产品新旧定额成本资料、月初在产品成本资料、本月发生的生产成本资料如表 9.7.1、

表 9.7.2 和表 9.7.3 所示。

表 9.7.1 **单位产品新、旧定额成本资料**

产品名称:乙产品 2010 年 11 月 1 日 单位:元

月份	各成本项目定额			单位产品定额成本
	原材料	职工薪酬金额	制造费用金额	
10	50.00	36.00	65.00	151.00
11	48.75	37.50	62.50	148.75

表 9.7.2 **乙产品成本明细账月初在产品成本**

2010 年 11 月 1 日 单位:元

项目	原材料			职工薪酬		制造费用		实际成本
	定额成本	脱离定额差异	材料成本差异	定额成本	脱离定额差异	定额成本	脱离定额差异	
月初在产品成本	2 000.00	−125.00	+24.00	720.00	+65.25	1 300.00	+100.00	4 084.25

表 9.7.3 **本月发生的乙产品生产成本资料** 单位:元

项目	原材料(计划成本)	职工薪酬	制造费用
本月发生生产成本	2 462.50	2 425.50	4 087.75

【实训要求】

(1)根据上述资料计算脱离定额差异。

(2)计算材料成本差异。

(3)计算定额变动差异。

(4)计算本月完工产品定额成本。

(5)计算月末在产品定额成本。

(6)根据计算结果填制乙产品"成本计算单"(见表 9.7.4)。

(注:本实训题差异分配率精确度规定为 0.0001,计算尾差倒挤到本月完工产品成本中去。)

表 9.7.4 **产品成本计算单**

产品名称: 单位: 第×页

项目		成本项目										实际成本
		原材料				职工薪酬			制造费用			
		定额成本	定额变动差异	脱离定额差异	材料成本差异	定额成本	定额变动差异	脱离定额差异	定额成本	定额变动差异	脱离定额差异	
月初在产品	旧定额成本											
	定额调整											
	新定额成本											
本月发生												
累计												
差异分配率												
本月完工产品成本												
月末在产品成本												

技能实训题9.8

【实训目的】 继续实训产品成本计算的定额法。

【实训资料】 大连机床三厂生产丁产品，采用定额法计算产品成本。

(1)2010年5月该厂生产完工丁产品300件，月初在产品80件，本月投产320件，月末在产品100件。原材料在生产开始时一次投入，在产品完工程度为50%。5月1日对旧定额进行了修订。原材料按计划成本核算，材料成本差异率为2%。产品实际生产成本和各种成本差异采用定额比例法在完工产品与在产品之间进行分配。

(2)该厂有关单位产品新旧定额成本资料、月初在产品成本资料、本月发生的生产成本资料如表9.8.1、表9.8.2和表9.8.3所示。

表9.8.1　单位产品新、旧定额成本资料

产品名称：丁产品　　2010年5月1日　　单位：元

<table>
<tr><th rowspan="2">月份</th><th colspan="3">各成本项目定额</th><th rowspan="2">单位产品定额成本</th></tr>
<tr><th>原材料</th><th>职工薪酬金额</th><th>制造费用金额</th></tr>
<tr><td>4</td><td>200.00</td><td>4.80</td><td>5.90</td><td>210.70</td></tr>
<tr><td>5</td><td>190.00</td><td>5.00</td><td>6.00</td><td>201.00</td></tr>
</table>

表9.8.2　丁产品成本明细账月初在产品成本

2010年5月1日　　单位：元

<table>
<tr><th rowspan="2">项　目</th><th colspan="3">原材料</th><th colspan="2">职工薪酬</th><th colspan="2">制造费用</th><th rowspan="2">实际成本</th></tr>
<tr><th>定额成本</th><th>脱离定额差异</th><th>材料成本差异</th><th>定额成本</th><th>脱离定额差异</th><th>定额成本</th><th>脱离定额差异</th></tr>
<tr><td>月初在产品成本</td><td>16 000</td><td>－100</td><td>－320</td><td>192</td><td>－50</td><td>236</td><td>＋20</td><td>15 198</td></tr>
</table>

表9.8.3　本月发生的乙产品生产成本资料　　单位：元

项　目	原材料(计划成本)	职　工　薪　酬	制　造　费　用
本月发生生产成本	60 800.00	1 550.00	1 860.00

【实训要求】 根据上述资料完成丁产品“生产成本计算单”，如表9.8.4。

(注：本实训题差异分配率精确度规定为0.000 1，计算尾差倒挤到本月完工产品成本中去。)

表9.8.4　产品成本计算单

产品名称：　　年　月　　单位：　　第×页

<table>
<tr><th colspan="2" rowspan="3">项　目</th><th colspan="10">成本项目</th><th rowspan="3">实际成本</th></tr>
<tr><th colspan="4">原材料</th><th colspan="3">职工薪酬</th><th colspan="3">制造费用</th></tr>
<tr><th>定额成本</th><th>定额变动差异</th><th>脱离定额差异</th><th>材料成本差异</th><th>定额成本</th><th>定额变动差异</th><th>脱离定额差异</th><th>定额成本</th><th>定额变动差异</th><th>脱离定额差异</th></tr>
<tr><td rowspan="3">月初在产品</td><td>旧定额成本</td><td></td><td></td><td></td><td></td><td></td><td></td><td></td><td></td><td></td><td></td><td></td></tr>
<tr><td>定额调整</td><td></td><td></td><td></td><td></td><td></td><td></td><td></td><td></td><td></td><td></td><td></td></tr>
<tr><td>新定额成本</td><td></td><td></td><td></td><td></td><td></td><td></td><td></td><td></td><td></td><td></td><td></td></tr>
<tr><td colspan="2">本月发生成本</td><td></td><td></td><td></td><td></td><td></td><td></td><td></td><td></td><td></td><td></td><td></td></tr>
<tr><td colspan="2">累计成本</td><td></td><td></td><td></td><td></td><td></td><td></td><td></td><td></td><td></td><td></td><td></td></tr>
<tr><td colspan="2">差异分配率</td><td></td><td></td><td></td><td></td><td></td><td></td><td></td><td></td><td></td><td></td><td></td></tr>
<tr><td colspan="2">本月完工产品成本</td><td></td><td></td><td></td><td></td><td></td><td></td><td></td><td></td><td></td><td></td><td></td></tr>
<tr><td colspan="2">月末在产品成本</td><td></td><td></td><td></td><td></td><td></td><td></td><td></td><td></td><td></td><td></td><td></td></tr>
</table>

成本报表的编制与分析

能力目标

学习本章的目的是掌握产品成本报表编制方法和成本分析方法，理解成本报表的作用、特点，了解成本报表的种类、编制与报送要求和报表分析的要求。学习的重点是全部产品成本报表和主要产品单位成本报表的编制与分析。学习难点是可比产品成本降低任务完成情况的因素分析。在学习全部产品成本报表的编制方法时，应首先弄清报表所提供各项指标的含义及相互关系，按表中给出的"数学符号"提示来计算、理解各项指标。为了能更好地掌握成本报表分析方法，在学习成本报表分析前，应学习好分析方法，尤其是进行因素分析的连环替代法。在进行可比产品成本降低任务完成情况的因素分析时，书中所给出的计算公式，其计算原理就是连环替代法的原理。在学习中，要抓住重点，充分运用书中所讲述的比较分析法、比率分析法和因素分析法等各种方法，去分析、理解全部产品成本报表、主要产品单位成本报表、制造费用明细表和各种期间费用明细表的分析内容。

分项任务

任务 10.1　成本报表的编制与分析概述
任务 10.2　全部产品生产成本报表的编制与分析
任务 10.3　主要产品单位成本报表的编制与分析
任务 10.4　制造费用明细表的编制与分析
任务 10.5　期间费用明细表的编制与分析

任务 10.1　成本报表的编制与分析概述

10.1.1　成本报表的作用

成本报表是根据产品成本和期间费用的核算资料以及其他有关资料编制的，用以反映和监督企业一定时期产品成本和期间费用水平及其构成情况的书面报告文件。它是内部报表，是为满足企业内部经营管理需要而编制的。定期编制和分析成本报表是成本会计工作的一项重要内容。

成本是综合反映工业企业生产、技术、经营及管理工作水平的一项重要质量指标。正确、及时地编报成本报表，对加强成本管理和节约费用支出具有重要作用：

(1)企业和主管企业的上级机构利用成本报表，可以分析和考核企业成本、费用预算执行情况及结果，促使企业降低成本、节约费用，提高企业的经济效益。

(2)通过成本报表的分析，可以揭示影响产品成本指标和费用项目变动的因素和原因，从生产技术、生产组织和经营管理等各个方面挖掘节约费用支出和降低产品成本的潜力，提高企业的经济效益。

(3)成本报表提供的实际成本资料，不仅可以满足企业、车间和部门对加强日常成本、费用管理的需要，而且还可以为企业确定产品价格、进行成本和利润的预测、制定有关生产经营决策以及编制成本、利润等计划提供重要的依据。

10.1.2　成本报表的特点

成本报表作为对内报表，与现行会计制度规定的对外报表(财务报表)相比较，具有以下特点：

(1)成本报表是为满足企业内部生产经营管理的需要而编制的

企业对外提供的会计报表，是为政府部门、企业投资人和债权人以及企业内部经营管理者服务的，反映企业财务状况和经营成果的财务报表。在市场经济条件下，成本是商业秘密，不对外公开，因此成本报表作为内部报表主要是为企业内部经营管理者服务，满足企业领导以及各部门、车间和岗位责任人对成本信息的需求，以便加强成本管理、节约耗费与支出。因而成本报表是针对性较强的一种报表。

(2)成本报表的种类、格式、项目和内容由企业自行决定

现行制度中的对外报送的财务报表，其种类、内容、格式以及报送对象等均由国家统一规定，企业不能随意改动。成本报表则不同，编制什么表，其项目、内容、格式以及编制方法等均由企业自行决定、自行设计。为适应企业不同的管理要求，会计部门除了定期编报全面反映成本计划完成情况的报表外，还可以针对某一方面的问题，或从某一侧面编制报表进行重点反映；报表格式可以灵活多样，内容、指标可多可少；可以事后编报，也可以事中编报或事前预报。

(3)成本报表提供的成本指标反映企业各方面的工作质量

企业产品产量的多少，产品质量的高低，原材料、燃料及动力消耗的节约与浪费，工人劳动生产率和职工薪酬水平的高低，固定资产的利用程度，废品率的高低，生产车间和行政管理部门费用支出的节约与浪费，以及生产经营管理工作的好坏等，都会或多或少、直接或间接地反映到成本指标上来。因此，成本指标已经成为评价企业生产技术、经营和管理工作水平高低的综合性质量指标。

10.1.3　成本报表的种类

成本报表属于内部报表，一般不对外公开。因此，成本报表的种类、格式、项目、指标的设计和编制方法、编报日期、具体报送对象等，国家不作统一规定，而由企业自行决定。主管企业的上级机构为了对本系统所属企业的成本管理工作进行领导或指导，也可以要求企业将其成本报表作为会计报表的附表上报。在这种情况下，企业成本报表的种类、格式、项目和编制方法，也可以由主管企业的上级机构会同企业共同商定。成本报表一般可以按以下两个标准分类：

(1)按成本报表反映的内容分类

成本报表按反映的内容分为反映产品成本情况的报表和反映期间费用支出情况的报表两类。

①反映产品成本情况的报表。主要反映企业为生产一定种类和一定数量产品所支出的生产耗费与支出水平及其构成情况,并与计划、上年实际、历史最高水平或同行业同类产品先进水平相比较,反映产品成本的变动情况和变动趋势。属于此类成本报表的有商品产品成本报表、主要产品单位成本报表和制造费用明细表等。

②反映期间费用支出情况的报表。主要反映企业在一定时期内各种期间费用总额及其构成情况,并与计划(预算)、上年实际对比,反映各项期间费用支出的变动情况和变动趋势。属于此类成本报表的有销售费用明细表、管理费用明细表和财务费用明细表等。

(2)按成本报表编制的时间分类

成本报表按编制时间分为定期成本报表和不定期成本报表两类。

①定期成本报表通常按会计分期要求编报,分为月度成本报表、季度成本报表、半年度成本报表和年度成本报表。

②不定期成本报表是指根据临时需要而随时编制的成本报表。根据会计核算一般原则的要求,成本会计部门除了定期编报成本报表外,为了加强成本的日常管理,对于成本耗费的主要指标,也可以按旬、按周或按日编报,以便及时提供给有关部门负责人和值班人员,促使其及时、有针对性地采取措施,解决生产经营中存在的问题,发挥成本核算和及时指导生产的作用。

10.1.4 成本报表的编制与报送要求

成本报表是内部报表,因此,成本报表的编制与报送必须满足企业内部生产经营管理的需要,并且满足财务报表的编报要求,做到数字真实、计算准确、内容完整、报送及时。

(1)数字真实、计算准确

成本报表提供的各项指标数字必须真实可靠,没有差错和偏向,如实反映企业成本、费用的水平和构成,可供使用者作为决策的重要依据。成本报表中的各项指标数据,必须按照企业在设置成本报表时规定的计算方法计算;报表中的各种相关数据,如本期报表与上期报表之间、同一时期的不同报表之间、同一报表的不同项目之间具有钩稽关系的数据,应当核对相符。这就要求在编制报表前应将所有发生的经济业务登记入账,在查实财产物资、往来款项的基础上,做好结账、对账工作,保证账证、账账、账实相符,然后才能编制成本报表。

(2)内容完整、突出重点

成本报表必须有针对性。成本报表作为内部报表,既要反映企业成本的全貌,又要反映成本管理的某个方面、某项具体业务的情况,突出成本管理中的重点问题,对成本影响较大、费用发生集中的部门设置专门的报表,使成本报表的编制能够取得最佳效果。

(3)编报及时、说明清楚

编报及时是指企业必须及时编制和报送成本报表,以充分发挥成本报表在指导生产经营活动中的作用。为了体现成本报表编制和报送的及时性,企业的成本报表,有的可以定期编报,有的可以不定期编报。例如反映费用支出和成本形成主要指标的报表,既可以按月编制,也可以按旬、按周以至按日、按班编制,并及时提供给有关部门负责人和成本管理责任人,以便及时采取措施,控制支出、节约费用、降低成本。说明清楚是指在提供成本报表的同时,对某些成本项目或内容,应同时提供必要的文字说明,将报表中对成本计算方法变更、指标口径变更、重点成本指标的升降等原因说明清楚，有利于报表使用者充分利用成本报表中所提供的各种资料。

10.1.5 成本报表分析的要求与方法

成本报表分析其实质是成本分析，是利用成本报表所提供的信息对企业成本计划、费用预算的执行情况所做的分析。成本分析是成本核算工作的继续，它贯穿于成本管理工作的全过程，包括事前分析、事中分析和事后分析。成本报表分析属于事后分析，它以成本报表所提供的、反映企业一定时期成本水平和构成情况的信息和有关的计划、核算资料为依据，运用科学的分析方法，通过分析各项指标的变动以及指标之间的相互关系，评价企业成本计划的完成情况，揭示影响成本指标变动的因素和原因，从而对企业一定时期的成本管理工作获得比较全面、本质的认识，为寻找降低成本、节约费用的途径，挖掘企业内部增产节约的潜力提供依据。成本报表分析的过程实际上是成本指标的分解和综合分析相结合的过程。通过指标分解可以使分析不断深入，通过综合分析才能获得对企业成本管理工作全面、本质的认识。

10.1.5.1 成本报表分析的要求

(1)进行成本报表分析，首先必须深入实际，调查研究，掌握资料

掌握详尽、有效的资料，这是正确进行分析的基础。为了全面、系统地分析成本报表，必须占有详细的资料，包括成本报表资料和其他有关的计划、统计、业务技术、政策制度等资料。同时还要深入实际调查研究，掌握经济业务的具体情况。收集资料要实事求是，并进行必要的审核和整理，去粗取精、去伪存真。只有根据客观、真实可靠的资料和情况进行分析，才能得出正确的、符合实际的、有指导意义的结论。

(2)分析成本报表，既要有总的评价，又要有深入细致的具体分析

进行成本报表分析，应从全部产品生产成本计划和各项费用计划完成情况的总评价开始，然后按照影响成本计划完成情况的因素逐步深入、具体地分析。从总评价开始，可以防止分析的片面性，并可从复杂的多种影响因素中找出需要进一步分析的具体问题。但是，分析不能停留在对成本总体指标计划完成情况的总评价上。为了弄清成本升降的具体原因，挖掘降低成本的潜力，找出降低成本的途径，还必须在总评价的基础上，根据总括分析中发现的问题，对重点产品的单位成本及其成本项目或重点费用项目进行深入具体的分析。

(3)分析成本报表，要采用有效的数量分析方法

通过采用数量分析方法分析成本指标实际脱离计划的差异，可以研究确定影响指标变动的各种因素。为了不使分析结果成为大量现象的罗列，必须将这些因素进行归类，并采用数量分析方法，从量上确定各类因素的影响程度，然后通过比较从中确定出起决定作用的主要因素。通过一定的数量分析，研究与成本、费用指标有密切联系的生产技术、生产组织和经营管理等方面的情况，查明各种因素变动的原因，以便采取措施挖掘降低产品成本和节约费用开支的潜力。

(4)分析成本报表，要贯彻定性分析与定量分析相结合的原则

分析成本报表时，要广泛采用定性分析法和定量分析法。对成本指标的变化情况既要进行数量方面的分析，还要进行变化性质方面的分析。没有定性分析就弄不清事物的本质、趋势和与其他事物之间的联系；没有定量分析就弄不清影响因素的数量界限及事物发展的阶段性和特殊性。

(5)以全面发展的观点评价企业的成本管理工作

在市场经济条件下，评价企业成本管理工作的优劣不能只看其是否完成计划、达到企业的目标，还要掌握竞争对手的情况，分析企业在市场竞争中是否具有优势。另外，社会经济和企业经济的运行过程都在不断地发展变化，因此不能用静止的观点进行分析，要用战略发展的观点，把企业的成本管理工作与社会发展的要求联系起来进行考虑。也就是说，既要立足现在，又要放眼未来，要注意企业内部条件和外部环境的变化对企业成本管理工作的影响，正确处理短期经济效益与长期经济效益的关系。

10.1.5.2 成本报表分析的方法

成本报表分析方法多种多样，具体选用哪种方法，取决于企业成本分析的目的、成本和费用形成的特点、成本报表所提供资料的性质等。常用的方法有比较分析法、比率分析法和因素分析法等。

(1)比较分析法

比较分析法是指通过指标对比，从数量上确定差异的一种分析方法。其主要作用在于揭示客观上存在的差距，并为进一步分析指明方向。成本报表中有关成本指标数量上的差异，反映了成本管理工作的成绩与差距。运用比较分析法，就在于揭示这种差距，分析产生差异的原因，以便研究解决问题的途径和方法，提高成本管理的水平。对比分析的成本指标基数，由于分析的目的不同而有所不同。实际工作中通常有以下几种形式：

①以成本、费用的实际指标与成本、费用的计划或定额指标对比分析成本、费用计划或定额的完成情况。

分析期实际数据与计划或定额数据比较，是基本的比较方法。这种方法可以找出分析期实际成本或费用与计划成本或费用之间的差异，查明成本计划或费用计划的执行情况。在具体比较时，可以计算差异额和差异率两项指标：

实际脱离计划的差异额，即实际与计划比较增加或减少的数额。其计算公式为：

$$\begin{matrix}\text{实际较计划}\\\text{增减的数额}\end{matrix}=\begin{matrix}\text{分析期指标}\\\text{的实际数据}\end{matrix}-\begin{matrix}\text{分析期指标}\\\text{的计划数据}\end{matrix}$$

分析期实际成本、费用总额大于计划或定额中成本、费用总额，即公式的计算结果是正数时，称为成本或费用的超支额。反之，公式的计算结果是负数时，称为成本降低额或费用节约额。

实际脱离计划的差异率，即实际较计划增加或减少的百分比。其计算公式为：

$$\begin{matrix}\text{实际脱离计}\\\text{划的差异率}\end{matrix}=\frac{\text{分析期指标的实际数据}-\text{分析期指标的计划数据}}{\text{分析期指标的计划数据}}\times 100\%$$

分析期成本或费用的实际脱离计划的差异率为正数时，称为成本或费用的超支差异率。反之，分析期成本或费用的实际脱离计划的差异率为负数时，称为成本降低率或费用节约率。

②以本期实际成本、费用指标与前期(上期、上年同期或历史最高水平)的实际成本、费用指标对比，观察企业成本、费用指标的变动情况和变动趋势，了解企业生产经营工作的改进情况。

$$\begin{matrix}\text{分析期实际数据与前}\\\text{期实际数据差异额}\end{matrix}=\begin{matrix}\text{分析期指标}\\\text{的实际数据}\end{matrix}-\begin{matrix}\text{前期指标}\\\text{实际数据}\end{matrix}$$

分析期实际成本、费用总额与前期实际成本、费用总额的差异额为正数时，称为成本或费用的上升额。反之，分析期实际成本、费用总额与前期实际成本、费用总额的差异额为负数时，称为成本或费用的下降额。

$$\text{分析期实际数据与前期实际数据差异率}=\frac{\text{分析期指标的实际数据}-\text{前期指标的实际数据}}{\text{前期指标的实际数据}}\times 100\%$$

分析期实际成本、费用总额与前期实际成本、费用总额的差异率为正数时，称为成本或费用的上升率；反之，分析期实际成本、费用总额与前期实际成本、费用总额的差异率为负数时，称为成本或费用的下降率。

③以本企业实际成本、费用指标与国内外同行业先进指标对比，找出与国内外同行业先进水平的差距，推动企业改进经营管理。

比较分析法只适用于同质指标的数量对比。因此，应用此法时要注意对比指标的可比性。为了使对比的指标具有可比性，可以将对比的指标作必要的调整换算。如对比成本指标，可以先将随产量变动而变化的成本计划指标按产量增减幅度进行调整，然后再同实际进行对比。比较分析法是成本分析中广泛应用的一种分析方法。对比的范围越广泛，就越能发现差距，越有利于企业挖掘降低成本、节约费用的潜力，学习和推广先进经验。

(2)比率分析法

比率分析法是指通过计算和对比经济指标的比率进行数量分析的一种方法。采用这一方法，先要把对比的数值变成相对数，求出比率，然后再进行对比分析。具体形式有以下几种：

①相关指标比率分析。将两个性质不同但又相关的指标对比求出比率，然后再以实际数与计划(或前期实际)数进行对比分析，以便从经济活动的客观联系中，更深入地认识企业的生产经营状况。例如，利润总额与营业成本总额的比率，反映了企业一定时期内所得(利润总额)与所费(营业成本总额)之间的比例关系。这一比率是反映成本效益的重要指标，称作营业成本利润率。通过相关比率的计算，可以排除企业之间和同一企业不同期间的某些不可比因素，有利于企业经营管理者进行成本效益分析和经营决策。

在成本效益分析中，与成本指标性质不同而又相关的指标有反映企业生产成果的工业总产值指标、反映企业销售成果的营业收入指标和反映企业财务成果的利润指标等。运用相关比率分析法所计算的相关比率也就包括产值成本率、营业收入成本率和成本利润率等指标，可据以分析和比较生产耗费的经济效益。这些指标的计算方法如下：

$$\text{产值成本率}=\frac{\text{产品生产成本}}{\text{工业总产值}}\times 100\%$$

产值成本率反映了企业一定时期内生产耗费与生产成果的关系。

$$\text{营业收入成本率}=\frac{\text{营业成本}}{\text{营业收入}}\times 100\%$$

营业收入成本率也叫销售成本率，它反映了企业一定时期内生产耗费与销售成果的关系。

$$\text{成本利润率}=\frac{\text{利润总额}}{\text{营业成本}}\times 100\%$$

成本利润率反映了企业一定时期内财务成果与生产耗费的关系。

②构成比率分析。构成比率也叫做结构比率，是指某项经济指标的各个组成部分占总体的比重。例如，在单位产品成本或产品总成本中，各个成本项目所占的比重；期间费用总额中，销售费用、管理费用和财务费用各自所占的比重；在某一期间费用总额中，各个具体费用项目所占的比重等，都是构成比率。构成比率分析法就是通过计算构成比率来进行分析，也称作结构分析法。通过计算产品成本中各个成本项目的比重、费用总额中各个费用项目的比重，可以反映产品成本、费用总额的构成是否合理。将不同时期的成本构成比率相比较，可以观察产品

成本构成的变动，掌握经济活动情况，了解企业改进生产技术和经营管理对产品成本的影响。例如：

产品生产成本的构成比率计算公式如下：

$$\text{原材料占生产成本的比率}=\frac{\text{原材料}}{\text{产品生产成本}}\times 100\%$$

$$\text{燃料及动力占生产成本的比率}=\frac{\text{燃料及动力}}{\text{产品生产成本}}\times 100\%$$

$$\text{职工薪酬占生产成本的比率}=\frac{\text{职工薪酬}}{\text{产品生产成本}}\times 100\%$$

$$\text{制造费用占生产成本的比率}=\frac{\text{制造费用}}{\text{产品生产成本}}\times 100\%$$

③动态比率分析。动态比率又称发展速度，是以相对数形式表示的两个不同时期同类指标数值的比率。成本报表的动态比率分析，是通过不同时期有关成本、费用指标动态比率的比较，分析成本、费用指标的发展方向和变化速度。动态比率由于采用的基期不同，可分为定基比率和环比比率两种。其计算公式为：

$$\text{定基比率}=\frac{\text{分析期指标数值}}{\text{某一固定基期指标数值}}\times 100\%$$

$$\text{环比比率}=\frac{\text{分析期指标数值}}{\text{前一期指标数值}}\times 100\%$$

【例题 10.1】 某企业甲产品 2010 年四个季度实际单位成本分别为 100 元、98 元、96 元、97 元。以第一季度为基期，计算其各季产品单位成本的定基比率和环比比率如下：

定基比率：

$$\text{第二季度定基比率}=\frac{98}{100}\times 100\%=98\%$$

$$\text{第三季度定基比率}=\frac{96}{100}\times 100\%=96\%$$

$$\text{第四季度定基比率}=\frac{97}{100}\times 100\%=97\%$$

环比比率：

$$\text{第二季度环比比率}=\frac{98}{100}\times 100\%=98\%$$

$$\text{第三季度环比比率}=\frac{96}{98}\times 100\%\approx 98\%$$

$$\text{第四季度环比比率}=\frac{97}{96}\times 100\%\approx 101\%$$

比较各季度的定基比率和环比比率可以看出，甲产品单位产品成本的总体趋势是下降的，但第四季度有所上升，应进一步分析其原因。

(3)因素分析法

成本是反映企业工作质量的综合性指标，企业成本、费用的高低是多种因素共同影响的结果。因素分析法就是将综合经济指标分解为各个原始因素，并确定各个因素变动对该项经济指标的影响方向和影响程度的方法。在成本分析中，连环替代法以及连环替代法的简化形式差额计算法，就属于因素分析法。下面分别介绍这两种方法：

第一种方法：连环替代法

连环替代法是用来计算几个相互联系的因素对综合经济指标变动影响程度的一种分析方法。其分析程序为：

首先，根据各因素之间的关系式按各影响因素的计划(基期)数值列出算式，并作为分析的基础。

其次，按照算式中所列因素的同一顺序，逐次以各因素的实际数值替换其计划(基期)数值；每次替换后实际数值就被保留下来，有几个因素就替换几次，直到所有因素都变成实际数值为止；每次替换后都求出新的计算结果。

再次，将每次替换后的所得结果与其相邻近的前一次计算结果相比较，两者的差额就是所替换那个因素变动对综合经济指标变动的影响程度。

最后，计算各因素变动影响的代数和。这个代数和应等于被分析综合经济指标实际数值与计划(基期)数值的总差异数。

连环替代法的分析因素应是两个或两个以上因素，其中，以三个因素分析最具有代表性。下面以影响产品原材料成本总额变动的三个因素分析为例，说明这一分析方法的计算程序。

【例题10.2】 假定某企业影响产品原材料成本总额的三个因素的计划和实际资料如表10.1所示。

表10.1　原材料成本因素分析资料表

指　标	单位	计划数	实际数	差异
产品产量	件	100	110	+10
单位产品材料消耗量	千克	20	18	−2
材料单价	元	10.00	11.00	+1.00
产品原材料成本总额	元	20 000.00	21 780.00	+1 780.00

按照各因素性质和相互依存关系，列成计算公式(式中各因素的先后顺序是按照各因素的性质排列的，是不能随意颠倒的)如下：

$$\text{材料费用总额}=\text{产品产量}\times\text{单位产品材料消耗量}\times\text{材料单价}$$

$$\text{产品原材料实际成本总额与计划成本总额的差异额}=21\,780.00-20\,000.00=1\,780.00(\text{元})$$

按连环替代法的计算程序分析产品产量、单位产品材料消耗量和材料单价对产品原材料成本总额的影响程度如下：

①产品原材料成本计划总额　100×20×10=20 000.00(元)

②第一次替换(以实际产品产量替换计划产品产量)110×20×10=22 000.00(元)

产品产量变动对原材料成本的影响额=②−①=+2 000.00(元)

③第二次替换(以产品的实际单耗替换计划单耗)110×18×10=19 800.00(元)

单位产品材料消耗量变动对原材料成本的影响额=③−②=−2 200.00(元)

④第三次替换(以实际材料单价替换计划材料单价)110×18×11=21 780.00(元)

材料单价变动对原材料成本的影响额=④-③=+1 980.00(元)

三个因素共同影响额=(②-①)+(③-②)+(④-③)=+1 780.00(元)

综合以上的计算分析结果可以看出，产品成本中的原材料成本实际比计划超支1 780元是因为：产量增加10件使原材料成本上升2 000元，这是正常的；单位产品材料消耗量降低2千克，使原材料成本降低2 200元，这是改进生产技术和控制成本的成果，应注意总结经验；材料单价超支1元，使原材料成本超支1 980元，对于材料单价超支的原因应进一步分析。

从上述计算程序中，可以看出这一分析方法具有以下特点：

①计算程序的连环性。这种连环性体现在两个方面：一方面，该方法的计算是严格按照各因素的排列顺序，逐次以一个因素的实际数替换其基数，除第一次替换外，每个因素的替换都是在前一个因素替换的基础上进行的；另一方面，在计算各因素的影响额时，都是用每次替换后的所得结果与其相邻近的前一次计算结果相比较，两者的差额就是所替换那个因素变动对综合经济指标变动的影响程度。

②因素替换的顺序性。采用连环替代法，改变因素的排列顺序，计算结果会有所不同。为了便于比较和分析，应当确定因素的排列顺序。在实际工作中，一般将反映数量的因素排列在前，反映质量的因素排列在后；反映实物量和劳动量的因素排列在前，反映价值量的因素排列在后。例如，影响产品原材料消耗总额的因素有产品产量、单位产品材料消耗量和材料单价三个因素，一般按产品产量、单位产品材料消耗量、材料单价的顺序排列。

③计算条件的假定性。运用这一方法在测定某一因素变动影响时，是以假定其他因素不变为条件的。因此，计算结果只能说明是在某种假定条件下计算的结果。这种科学的抽象分析方法，是在确定事物内部各种因素影响程度时必不可少的。

第二种方法：差额计算法。

差额计算法是连环替代法的简化形式，它是根据各因素本期实际数值与计划(基期)数值的差额，直接计算各因素变动对经济指标影响程度的方法。运用这一方法时，先要确定各因素实际数与计划(基期)数之间的差异，然后按照各因素的排列顺序，依次求出各因素变动的影响程度。它的应用原理与连环替代法一样，只是计算程序不同。

【例题10.3】 仍用例题10.2(表10.1)的资料，以差额计算法测定各因素影响程度如下：

产品原材料实际成本与计划成本的差异额=21 780.00-20 000.00=+1 780.00(元)

①产品产量变动对原材料成本的影响额=(110-100)×20×10=+2 000.00(元)

②单位产品材料消耗量变动对原材料成本的影响额=110×(18-20)×10= -2 200.00(元)

③材料单价变动对原材料成本的影响额=110×18×(11-10)=+1 980.00(元)

三个因素共同影响额+1 780.00(元)

差额计算法由于计算简便，所以应用比较广泛，特别是在影响因素只有两个时更为适用。

任务10.2 全部产品生产成本报表的编制与分析

全部产品生产成本报表包括按成本项目反映的产品生产成本表和按产品种类反映的产品生产成本表两种，其各自的编制与分析方法是不同的。

10.2.1 按产品种类反映的全部产品生产成本报表的编制与分析

按产品种类反映的全部产品生产成本表，是反映工业企业在报告期内生产全部可比产品与不可比产品的单位成本和总成本的报表。表中的可比产品是指上一年度生产过，且有上年度成本资料的产品；不可比产品是指上年度没有生产过、无上年度成本资料的产品(新产品)。在成本计划中，对不可比产品只规定本年的计划成本指标，而对可比产品不仅规定计划成本指标，而且规定成本降低计划指标，即本年度可比产品计划成本比上年度(或以前年度)实际成本的降低额和降低率。利用此表可以定期、总括地考核和分析企业全部产品成本计划的完成情况，对各个种类产品成本和全部产品成本的节约或超支情况进行一般的评价。对于规定有成本降低计划指标的可比产品，可以分析、考核可比产品成本降低计划的执行情况，促使企业采取措施，不断降低产品成本，提高经济效益。

10.2.1.1　产品生产成本表(按产品种类反映)的结构和编制方法

(1)产品生产成本表(按产品种类反映)的结构

产品生产成本报表(按产品种类反映)的结构，主要反映可比产品与不可比产品的实际产量、单位成本、本月总成本和本年累计总成本的情况，揭示按不同单位成本计算的产品成本和可比产品成本降低的情况，其格式如表 10.2 所示。

表 10.2　　产品生产成本表(按产品种类反映)

编制单位：　　　　　　　　年　　月　　　　　　　　单位：

产品名称	计量单位	实际产量		单位成本				本月总成本			本年累计总成本		
		本月	本年累计	上年实际平均	本年计划	本月实际	本年累计实际平均	按上年实际平均单位成本计算	按本年计划单位成本计算	本月实际	按上年实际平均单位成本计算	按本年计划单位成本计算	本年实际
可比产品													
不可比产品													
合　计													

补充资料(本年累计实际数)：
①可比产品成本降低额________。
②可比产品成本降低率________。
③按现行价格计算的商品产值________。
④产值成本率________。

(2)产品生产成本表(按产品种类反映)的编制方法

此表分为基本报表和补充资料两部分。产品生产成本表的基本报表部分，应反映各种可比和不可比产品本月及本年累计的实际产量、实际单位成本和实际总成本。具体的填列方法如下：

“实际产量”栏中的“本月”实际产量，根据各产品成本明细账反映的当月完工产品数量填列；“本年累计”实际产量，应根据本月实际产量加上上月本表的本年累计实际产量计算填列。

“单位成本”栏中的“上年实际平均”单位成本，应根据上年度 12 月份本表所列全年累计实际总成本除以累计实际产量计算后填列；“本年计划”单位成本，应根据本年度成本计划填列；“本月实际”单位成本，应根据表中本月实际总成本除以本月实际产量计算填列；“本年累计实际平均”单位成本，根据表中本年累计总成本除以本年累计总产量计算填列。

“本月总成本”栏中的“按上年实际平均单位成本计算”的本月总成本，根据本月实际产量乘以上年度平均单位成本计算填列；“按本年计划单位成本计算”的本月总成本，根据本月实际产量乘以本年计划单位成本计算填列；“本月实际总成本”，应根据产品成本明细账或本月产品成本汇总表填列。

"本年累计总成本"栏中的"按上年实际单位成本计算"的本年累计总成本，根据本年累计产量乘以上年实际平均单位成本计算填列；"按本年计划单位成本计算"的本年累计总成本，根据本年累计产量乘以本年计划单位成本计算填列；"本年实际"累计总成本，根据本年累计产量乘以本年累计实际平均单位成本计算填列。

补充资料部分反映可比产品成本计划降低任务的完成情况和商品产值情况。这部分只填列本年累计实际数。

可比产品成本降低额指可比产品累计实际总成本比按上年实际平均单位成本计算的累计总成本降低的数额，超支额用负数表示。

为便于说明问题，用下标"0"代表上年实际；下标"1"代表本年计划；下标"2"代表本年实际。用"X"代表产品产量；"Y"代表单位成本；"i"代表可比产品成本降低率。其计算公式为：

$$\text{可比产品实际成本降低额} = \sum X_2Y_0 - \sum X_2Y_2$$

式中：X_2代表本年累计实际产量；

Y_0代表上年实际平均单位成本；

Y_2代表本年累计实际平均单位成本。

$$\text{可比产品实际成本降低率}(i_2) = \frac{\sum X_2Y_0 - \sum X_2Y_2}{\sum X_2Y_0} \times 100\%$$

按现行价格计算的商品产值根据有关的统计资料填列。

产值成本率指产品总成本与商品产值的比率，通常以每百元商品产值总成本表示。计算公式为：

$$\text{产值成本率}(\text{元/百元}) = \frac{\text{产品总成本}}{\text{商品产值}} \times 100$$

【例题 10.4】 兴旺工厂 2010 年 12 月份所生产的甲、乙、丙三种产品中，甲、乙产品为可比产品，丙为不可比产品。有关产品实际产量和单位成本资料如表 10.3 和表 10.4 所示。

表 10.3 **产品实际产量资料**

2010 年 12 月 单位：件

项　目	甲产品	乙产品	丙产品
本月实际产量(X_2)	400	500	600
本年累计实际产量(X_2)	4 800	6 000	7 200

表 10.4 **产品单位成本资料**

2010 年 12 月 单位：元

项　目	甲产品	乙产品	丙产品
上年实际平均单位成本(Y_0)	43.00	32.00	
本年计划单位成本(Y_1)	41.00	30.97	22.00
本月实际单位成本(Y_2)	40.00	29.00	20.00
本年累计平均单位成本(Y_2)	42.00	30.00	21.00

根据上述资料编制"全部产品生产成本报表(按产品种类反映)"，如表 10.5 所示。

表 10.5　　**全部产品生产成本表(按产品种类反映)**

编制单位:兴旺工厂　　2010 年 12 月　　单位:元

产品名称	计量单位	实际产量		单位成本				本月总成本			本年累计总成本		
		本月	本年累计	上年实际平均	本年计划	本月实际	本年累计实际平均	按上年实际平均单位成本计算	按本年计划单位成本计算	本月实际	按上年实际平均单位成本计算	按本年计划单位成本计算	本年实际
		X_2	X_2	Y_0	Y_1	Y_2	Y_2	X_2Y_0	X_2Y_1	X_2Y_2	X_2Y_0	X_2Y_1	X_2Y_2
可比产品								33 200	31 885	30 500	398 400	382 620	381 600
甲产品	件	400	4 800	43	41	40	42	17 200	16 400	16 000	206 400	196 800	201 600
乙产品	件	500	6 000	32	30.97	29	30	16 000	15 485	14 500	192 000	185 820	180 000
不可比产品													
丙产品	件	600	7 200		22	20	21		13 200	12 000		158 400	151 200
合　计									45 085	42 500		541 020	532 800

补充资料(本年累计实际数):
①可比产品成本降低额＿＿16 800＿＿元。
②可比产品成本降低率＿＿4.22%＿＿。
③按现行价格计算的商品产值＿＿(略)＿＿万元。
④产值成本率＿＿(略)＿＿。

注:可比产品成本实际降低额$=\sum x_0y_0-\sum x_2y_2=398\ 400-381\ 600=16\ 800$(元);

可比产品成本实际降低率(i_2)$=16\ 800\div 398\ 400\times 100\%=4.22\%$。

10.2.1.2　全部产品生产成本表(按产品种类反映)的分析

(1)全部产品生产成本计划完成情况分析

在企业全部产品中,不可比产品在以前年度没有正式生产过,没有上年成本资料。因此,企业全部产品生产成本计划完成情况的分析,是与本年产品生产成本计划的比较,计算出全部产品生产成本计划的完成程度、成本降低额和降低率,对企业全部产品生产成本计划完成情况做出总的评价。对影响成本计划完成情况因素的初步分析,为其进一步分析指明了方向。

【例题 10.5】　承例题 10.4,兴旺工厂 2010 年 12 月 31 日,根据编制的“全部产品生产成本报表(按产品种类反映)”(表 10.5),对全部产品生产成本计划完成情况分析如下:

$$\text{全部产品生产成本计划完成程度}=\frac{\sum X_2Y_2}{\sum X_2Y_1}\times 100\%=\frac{532\ 800}{541\ 020}=98.48\%$$

(等于或低于 100%为完成计划,反之为未完成计划)

$$\text{与计划生产成本比降低额}=\sum X_2Y_1-\sum X_2Y_2=541\ 020-532\ 800=8\ 220(\text{元})$$

$$\text{与计划生产成本比降低率}=\frac{\sum X_2Y_1-\sum X_2Y_2}{\sum X_2Y_1}\times 100\%=\frac{8\ 220}{541\ 020}=1.52\%$$

其中,各种产品生产成本计划完成情况以及对全部产品生产计划完成情况的影响分析见表 10.6 所示。

在全部产品成本计划完成情况分析表(表 10.6)中,总成本都是按实际产量来计算的。因为只有同一实物量的总成本,才具有可比性。在本例分析中,全部产品生产成本计划的完成程度为 98.48%,说明企业完成了本年度全部产品生产成本计划,实际成本与计划成本比较,成本降低额为 8 220 元,成本降低率为 1.52%。在全部产品中,不可比产品(丙产品)成本计划完成较好,实际成本较计划降低了 4.55%,成本降低额为 7 200 元;而可比产品虽然总体上完成了成本计划,但仅降低了 0.27%,成本降低额为 1 020 元;在可比产品中,乙产品成本比计划完

表 10.6 **全部产品生产成本计划完成情况分析表**

编制单位:兴旺工厂 2010年 单位:元

产品名称	计量单位	实际产量 X_2	单位成本			本年累计总成本		本年累计与计划成本比		
			上年实际 Y_0	本年计划 Y_1	本年累计实际平均 Y_2	按本年计划单位成本计算 X_2Y_1	本年实际 X_2Y_2	计划完成程度(%)	成本降低额	成本降低率(%)
可比产品						382 620	381 600	99.74	1 020	0.27
甲产品	件	4 800	43	41	43	196 800	201 600	102.44	−4 800	−2.44
乙产品	件	6 000	32	30.97	30	185 820	180 000	96.87	5 820	3.13
不可比产品										
丙产品	件	7 200		22	21	158 400	151 200	95.45	7 200	4.55
合　计						541 020	532 800	98.48	8 220	1.52

成的较好,实际成本较计划降低了3.13%,成本降低额为5 820元;但是,甲产品没有完成成本计划,实际成本较计划上升了2.44%,成本超支额为4 800元。显然,进一步分析的重点应查明甲产品成本超支的原因。

(2)可比产品生产成本降低任务完成情况分析

可比产品生产成本降低任务完成情况的分析,就是分析影响可比产品生产成本实际降低额与计划降低额产生差异、实际降低率与计划降低率产生差异的原因及各因素的影响程度,从而寻求改善经营管理、降低产品生产成本的途径。

$$\text{可比产品的计划降低额}=\sum X_1Y_0-\sum X_1Y_1$$

式中:X_1代表本年计划产量;

Y_0代表上年实际平均单位成本;

Y_1代表本年计划单位成本。

$$\text{可比产品成本计划降低率}(i_1)=\frac{\sum X_1Y_0-\sum X_1Y_1}{\sum X_1Y_0}\times100\%$$

分析对象:

$$\text{实际与计划降低额差异}=\text{可比产品的实际降低额}-\text{可比产品的计划降低额}$$

$$=\left(\sum X_2Y_0-\sum X_2Y_2\right)-\left(\sum X_1Y_0-\sum X_1Y_1\right)$$

$$\text{实际与计划降低率差异}=\text{可比产品的实际降低率}-\text{可比产品的计划降低率}$$

$$=i_2-i_1$$

影响因素:

影响可比产品成本降低计划完成情况的因素,概括起来有三个:

①产品产量。成本计划降低额和成本计划降低率是根据计划产量制定的,而实际降低额和降低率都是根据实际产量计算的。因此,产量的增减必然会影响可比产品成本降低计划的完成情况。但是产量变动的影响有其特点:假定其他条件不变,即产品品种构成和产品单位成本不变,单纯产量变动只影响成本降低额,而不影响成本降低率。

假定所有可比产品的实际产量都比计划产量提高10%，即保持原品种结构不变，那么，实际产量 $X_2 = X_1(1+10\%)$，在计划单位成本 Y_1 不变的情况下：

$$\text{成本降低额} = \sum X_1(1+10\%)Y_0 - \sum X_1(1+10\%)Y_1$$

$$\text{成本降低率} = \frac{\sum X_1(1+10\%)Y_0 - \sum X_1(1+10\%)Y_1}{\sum X_1(1+10\%)Y_0} = \frac{\sum X_1Y_0 - \sum X_1Y_1}{\sum X_1Y_0} \times 100\%$$

不难看出，成本降低额发生了变化，但成本降低率没变。由此可以得知：

$$\begin{aligned}\text{单纯产量变动后的可比产品成本降低额} &= \sum X_1(1+10\%)Y_0 - \sum X_1(1+10\%)Y_1 \\ &= \sum X_1(1+10\%)Y_0 i_1 \\ &= \sum X_2Y_0 i_1\end{aligned}$$

$$\text{单纯产量变动影响的可比产品成本降低额} = \sum X_2Y_0i_1 - \sum X_1Y_0i_1$$

【例题10.6】 假定例题10.4中本年累计实际产量再提高20%，保持产品品种结构和单位成本不变，即假定甲、乙产品的本年累计实际产量都提高20%，各自的实际单位成本不变。则：

$$\begin{aligned}\text{可比产品成本降低额} &= 398\,400 \times (1+20\%) - 381\,600 \times (1+20\%) \\ &= 478\,080 - 457\,920 = 20\,160(\text{元})\end{aligned}$$

$$\text{可比产品成本降低率} = \frac{20\,160}{478\,080} \times 100\% = 4.22\%$$

可比产品降低额由16 800元提高到20 160元，但可比产品降低率仍然是4.22%。

②产品品种结构。由于各种产品的成本降低程度不同，因而当产品品种结构发生变动时，就会影响可比产品成本降低额增加或减少和成本降低率升高或降低。在分析中之所以要单独计量产品品种结构变动影响，目的在于揭示企业降低产品成本的具体途径，从而对企业成本管理工作做出正确评价。

$$\begin{aligned}\text{产品品种结构变动影响的可比产品成本降低额} &= \text{产品产量和品种结构共同变动影响的可比产品成本降低额} - \text{单纯产量变动影响的可比产品成本降低额} \\ &= \left[\left(\sum X_2Y_0 - \sum X_2Y_1\right) - \left(\sum X_1Y_0 - \sum X_1Y_1\right)\right] - \left(\sum X_2Y_0i_1 - \sum X_1Y_0i_1\right) \\ &= \left(\sum X_2Y_0 - \sum X_2Y_1\right) - \sum X_1Y_0i_1 - \left(\sum X_2Y_0i_1 - \sum X_1Y_0i_1\right) \\ &= \sum X_2Y_0 - \sum X_2Y_1 - \sum X_2Y_0i_1\end{aligned}$$

$$\text{产品品种结构变动影响的可比产品成本降低率} = \frac{\sum X_2Y_0 - \sum X_2Y_1 - \sum X_2Y_0i_1}{\sum X_2Y_0} \times 100\%$$

③产品单位成本。可比产品成本计划降低额是本年度计划成本比上年度(或以前年度)实际成本的降低数,而实际降低额则是本年度实际成本比上年度(或以前年度)实际成本的降低数。因此,当本年度可比产品实际单位成本比计划单位成本降低或升高时,必然会引起成本降低额和降低率的变动。

$$\text{产品单位成本变动影响的可比产品成本降低额} = \sum X_2Y_0 - \sum X_2Y_2$$

$$\text{产品单位成本变动影响的可比产品成本降低率} = \frac{\sum X_2Y_0 - \sum X_2Y_2}{\sum X_2Y_0} \times 100\%$$

【例题 10.7】 承例题 10.4,兴旺工厂 2010 年 12 月 31 日,对可比产品生产成本降低任务完成情况进行分析。

分析资料:

①年末编制的"全部产品生产成本报表(按产品种类反映)",见表 10.5 所示。

②年初编制的"可比产品生产成本计划表",见表 10.7 所示。

表 10.7 **可比产品生产成本计划表**

编制单位:兴旺工厂 2010 年 1 月 1 日 金额单位:元

可比产品名称	计量单位	计划产量	单位成本		计划产量总成本		成本降低计划	
			上年实际平均	本年计划	按上年实际平均单位成本计算	本年计划	成本降低额	成本降低率(%)
		X_1	Y_0	Y_1	X_1Y_0	X_1Y_1		
甲产品	件	5 000	43	41	215 000	205 000	10 000	4.651 1
乙产品	件	5 600	32	30.97	179 200	173 432	5 768	3.218 8
合　计					394 200	378 432	15 768	4

注:可比产品成本计划降低额 = 394 200 − 378 432 = 15 768(元);可比产品成本计划降低率 $(i_1) = \frac{15\ 768}{394\ 200} \times 100\% = 4\%$。

③根据"产品生产成本报表(按产品种类反映)"(表 10.5)编制的"可比产品生产成本实际降低指标计算表",见表 10.8 所示。

表 10.8 **可比产品生产成本实际降低指标计算表**

编制单位:兴旺工厂 2010 年 金额单位:元

可比产品名称	计量单位	实际产量(X_2)	单位成本		实际产量的总成本			成本实际降低指标	
			上年实际平均(Y_0)	本年实际(Y_2)	按上年实际平均单位成本计算(X_2Y_0)	按本年计划单位成本计算(X_2Y_1)	本年实际(X_2Y_2)	成本降低额	成本降低率(%)
甲产品	件	4 800	43	42	206 400	196 800	201 600	4 800	2.33
乙产品	件	6 000	32	30	192 000	185 820	180 000	12 000	6.25
合　计					398 400	382 620	381 600	16 800	4.22

注:可比产品实际成本降低额 = 398 400 − 381 600 = 16 800(元);可比产品实际成本降低率 $= \frac{16\ 800}{398\ 400} \times 100\% = 4.22\%$。

进行可比产品生产成本降低任务完成情况分析:

首先，根据“产品生产成本计划表”(表 10.7)和“可比产品生产成本实际降低指标计算表”(表 10.8)确定分析对象。

降低额差异＝实际降低额计划降低额＝16 800－15 768＝1 032(元)

降低率差异＝实际降低率计划降低率＝4.22％－4％＝0.22％

其次，按照各因素影响程度的计算公式，分析各因素变动对可比产品成本降低指标的影响。

①产品产量变动的影响

$$\text{产品产量变动影响的可比产品成本降低额} = \sum X_2Y_0i_1 - \sum X_1Y_0i_1$$
$$= 398\ 400 \times 4\% - 15\ 768 = 168(\text{元})$$

②产品品种结构变动影响

$$\text{品种结构变动影响的可比产品成本降低额} = \sum X_2Y_0 - \sum X_2Y_1 - \sum X_2Y_0i_1$$
$$= 398\ 400 - 382\ 620 - 398\ 400 \times 4\% = -156(\text{元})$$

$$\text{品种结构变动影响的可比产品成本降低率} = \frac{\sum X_2Y_0 - \sum X_2Y_1 - \sum X_2Y_0i_1}{\sum X_2Y_0} \times 100\%$$
$$= \frac{398\ 400 - 382\ 620 - 398\ 400 \times 4\%}{398\ 400} = -0.04\%$$

③产品单位成本变动的影响

$$\text{单位产品变动影响的可比产品成本降低额} = \sum X_2Y_1 - \sum X_2Y_2$$
$$= 382\ 620 - 381\ 600 = 1\ 020(\text{元})$$

$$\text{单位产品变动影响的可比产品成本降低率} = \frac{\sum X_2Y_0 - \sum X_2Y_2}{\sum X_2Y_0} \times 100\%$$
$$= \frac{1\ 020}{398\ 400} \times 100\% = 0.26\%$$

④三个因素共同影响

共同因素影响的可比产品成本降低额 ＝168－156＋1 020＝1 032(元)

共同因素影响的可比产品成本降低率 ＝0.04％ ＋ 0.26％＝0.22％

通过对三个因素共同影响的分析可知，兴旺工厂 2010 年度可比产品成本降低额和降低率完成了计划，实际成本降低额比计划增加了 1 032 元，成本降低率比计划增加了 0.22 个百分点。成本降低任务的超额完成，主要是由于产品单位成本降低(主要是乙产品单位成本降低)，使成本降低额增加了 1 020 元，降低率增加了 0.26 个百分点；由于产品产量减少(主要是甲产品的减少)，使成本降低额增加了 168 元；由于产品品种结构的变动(甲产品减少了，乙产品增加了)，使成本降低额减少了 156 元，降低率减少了 0.04 个百分点。从这个分析计算的结果可以看出，成本降低任务的完成主要是依靠产品单位成本的降低；但只是乙产品单位成本降低，甲产品单位成本不但没有降低，反而有所上升，仍需进一步分析甲产品单位成本上升的原因。

10.2.2　按成本项目反映的全部产品生产成本报表的编制与分析

按成本项目编制全部产品生产成本表，是汇总反映企业在报告期发生的全部生产成本(按成本项目反映)的报表。利用此表可以定期、总括地考核和分析企业全部生产耗费和全部产品总成本的计划完成情况,对企业成本工作从总体上进行评价,并为进一步分析其他相关成本指标指明方向。

10.2.2.1 全部产品生产成本报表(按成本项目反映)的结构与编制方法

(1)全部产品生产成本报表(按成本项目反映)的结构

由于全部产品包括可比产品和不可比产品,所以此表只能设"本年计划"、本月实际和本年累计实际三栏,而不设上年实际栏。具体格式见振兴工厂 2010 年 11 月编制的"全部产品生产成本报表(按成本项目反映)"(见表 10.9)。

表 10.9 全部产品生产成本表(按成本项目反映)

编制单位:振兴工厂 2010 年 11 月 单位:元

项 目	本年计划	本月实际	本年累计实际
本期生产成本:			
原材料	284 472.00	21 810.00	244 200.00
燃料及动力	82 877.00	6 799.00	73 260.00
职工薪酬	130 000.00	11 100.00	122 100.00
制造费用	55 251.00	4 500.00	48 840.00
本期生产成本合计	552 600.00	44 209.00	488 400.00
加:在产品自制半成品期初余额	6 560.00	5 890.00	6 350.00
减:在产品自制半成品期末余额	5 890.00	5 780.00	5 780.00
全部产品生产成本合计	553 270.00	44 319.00	488 970.00

注:"6 350.00"为在产品自制半成品年初余额。

(2)全部产品生产成本报表(按成本项目反映)的编制方法

表内各项目的填列方法:本年计划数应根据成本计划有关资料填列;本月实际数,为按成本项目反映的各种产品生产成本数,应根据各种产品成本明细账所记录的本月生产成本合计数,按成本项目分别汇总填列;本年累计实际数应根据本月实际数加上上月份本表的本年累计实际数计算填列。期初、期末在产品和自制半成品余额,应根据各种产品成本明细账的期初、期末在产品成本和各种自制半成品明细账的期初、期末余额分别汇总填列。以生产成本合计数加(减)在产品、自制半成品期初(期末)余额,即可计算出全部产品成本合计数。

【例题 10.8】 振兴工厂生产 A、B 两种产品,半成品直接交下步骤加工,也就是说,"在产品自制半成品期初(期末)余额",只包含在产品的期初(期末)余额,不包含自制半成品的期初(期末)余额。2010 年 12 月份有关编制全部产品生产成本报表(按成本项目反映)的资料如下:

①A、B 两种产品生产成本明细账记录的 12 月份月初、月末在产品成本和本月发生成本资料如表 10.10 所示。

表 10.10 A、B 产品生产成本资料 单位:元

项 目		原材料	燃料及动力	职工薪酬	制造费用	合 计
月初在产品成本	A 产品					3 210.00
	B 产品					2 570.00

续表

项　目		原材料	燃料及动力	职工薪酬	制造费用	合　计
月末在产品成本	A产品					3 100.00
	B产品					2 890.00
本月发生生产成本	A产品	11 200.00	3 320.00	5 500.00	2 240.00	22 260.00
	B产品	11 000.00	3 340.00	5 600.00	2 200.00	22 140.00

②振兴工厂 2010 年 11 月编制的“全部产品生产成本表(按成本项目反映)”(见表 10.9)。

根据上述资料编制“全部产品生产成本表(按成本项目反映)”,如表 10.11 所示。

表 10.11　　全部产品生产成本报表(按成本项目反映)

编制单位:振兴工厂　　2010 年 12 月　　单位:元

项　目	本年计划	本月实际	本年累计实际
本期生产成本:			
原材料	284 472.00	22 200.00	266 400.00
燃料及动力	82 877.00	6 660.00	79 920.00
职工薪酬	130 000.00	11 100.00	133 200.00
制造费用	55 251.00	4 440.00	53 280.00
本期生产成本合计	552 600.00	44 400.00	532 800.00
加:在产品自制半成品期初余额	6 560.00	5 780.00	6 350.00
减:在产品自制半成品期末余额	5 890.00	5 990.00	5 990.00
全部产品生产成本合计	553 270.00	44 190.00	533 340.00

注:本年累计实际=11 月本年累计实际+12 月本月发生成本。

本年累计实际栏在产品自制半成品期初余额=在产品自制半成品年初余额。

本年累计实际栏在产品自制半成品期末余额=12 月月末在产品自制半成品期末余额。

10.2.2.2　全部产品生产成本报表(按成本项目反映)的分析

分析此表一般可采用比较分析法、构成比率分析法和相关指标比率分析法。

在例题 10.8 中,12 月份编制的“全部产品生产成本表(按成本项目反映)”,其本年累计实际数和本年计划数都是整个年度的生产耗费和产品成本。分析时可采用比较分析法,将本期生产成本合计数及其各个成本项目成本的本年累计实际数与本年计划数进行对比分析,揭示差异,以便为进一步分析指出方向。

例如表 10.11 中的全部产品成本合计数,本年累计实际数低于本年计划数,实际低于计划 19 930(553 270−533 340)元。成本降低的原因是多方面的:可能是由于产品单位成本的降低;也可能是由于产品产量和产品品种构成的变动,因为各种产品单位成本降低、升高的幅度不同。因此,应结合有关的明细资料查明影响产品总成本变动的主要因素和因素变动的主要原因,并对产品总成本降低的原因做出明确的分析,以便总结出降低产品成本的具体经验。

就表 10.11 中的本期生产成本合计数来看,本年累计实际数低于本年计划数 19 800(552 600−532 800)元,与上述全部产品生产成本情况基本相同。当然也可能不一致,因为这其中尚有期初、期末在产品和自制半成品余额的变动影响。

就表 10.11 中各个成本项目来看，原材料、燃料及动力、职工薪酬和制造费用的本年累计实际数与本年计划数相比，升降的情况和升降的幅度各不相同。分析时也不能停留在指标对比上，还应进一步查明影响指标变动的因素和原因。但由于影响各成本项目变动的因素和原因很多，因而分析的难度大，工作量也大。如果表中列有本月计划数，还可以进行本月实际数与计划数的对比分析。

对于各成本项目的成本，还可计算构成比率，并在本年累计实际数、本月实际数和本年计划数之间进行对比分析。各项指标计算如下：

(1)本年计划数构成比率

$$\text{原材料项目的成本比率}=\frac{284\ 472}{552\ 600}\times 100\%=51\%$$

$$\text{燃料及动力项目的成本比率}=\frac{82\ 877}{552\ 600}\times 100\%=15\%$$

$$\text{职工薪酬项目的成本比率}=\frac{130\ 000}{552\ 600}\times 100\%=24\%$$

$$\text{制造费用项目的成本比率}=\frac{55\ 251}{552\ 600}\times 100\%=10\%$$

(2)本月实际数构成比率。

$$\text{原材料项目的成本比率}=\frac{22\ 200}{44\ 400}\times 100\%=50\%$$

$$\text{燃料及动力项目的成本比率}=\frac{6\ 660}{44\ 400}\times 100\%=15\%$$

$$\text{职工薪酬项目的成本比率}=\frac{11\ 100}{44\ 400}\times 100\%=25\%$$

$$\text{制造费用项目的成本比率}=\frac{4\ 440}{44\ 400}\times 100\%=10\%$$

(3)本年累计实际数构成比率。

$$\text{原材料项目的成本比率}=\frac{266\ 400}{532\ 800}\times 100\%=50\%$$

$$\text{燃料及动力项目的成本比率}=\frac{79\ 920}{532\ 800}\times 100\%=15\%$$

$$\text{职工薪酬项目的成本比率}=\frac{133\ 200}{532\ 800}\times 100\%=25\%$$

$$\text{制造费用项目的成本比率}=\frac{53\ 280}{532\ 800}\times 100\%=10\%$$

以本年累计实际数与本年计划数相比，生产成本中原材料项目成本比重有所降低，职工薪酬项目成本的比重有所上升，而燃料及动力和制造费用持平，说明企业在改进生产技术、提高原材料利用率、节约原材料耗费和改善职工工资待遇方面取得了一定的成绩；以本年累计实际数与本月实际数相比，各成本项目的成本比重持平。通过指标对比，只能了解指标变动的一般情况，由于各项指标变动受多种因素影响，因此分析时还应结合调查了解的情况和明细核算资料进一步查明原因，以便对其变动的合理性做出判断。

任务 10.3　主要产品单位成本报表的编制与分析

主要产品是指企业经常生产，在企业全部产品中所占比重较大，能概括反映企业生产经营面貌的那些产品。主要产品单位成本表是反映企业在报告期内生产的各种主要产品单位成本水平和构成情况的报表。该表应按主要产品分别编制，是对全部产品生产成本表所列主要产品成本的补充说明。利用此表，可以按照成本项目分析和考核主要产品单位成本计划的完成情况；可以按照成本项目将本月实际和本年累计实际平均单位成本与上年实际平均单位成本进行对比，了解单位成本与上年相比的升降情况；与历史先进水平进行比较，了解与历史先进水平是否还有差距，借以分析单位成本变化、发展的趋势；可以分析和考核各种主要产品的主要技术经济指标的执行情况，进而查明主要产品单位成本升降的具体原因。

10.3.1　主要产品单位成本报表的结构与编制方法

10.3.1.1　主要产品单位成本报表的结构

主要产品单位成本报表包括按成本项目反映的单位成本和单位成本的主要技术经济指标两部分。该表的单位成本部分分别反映历史先进、上年实际平均、本年计划、本月实际和本年累计实际平均单位成本；该表的技术经济指标部分主要反映原材料、生产工时等消耗情况。其具体格式如表 10.12 所示。

表 10.12　　**主要产品单位成本表**

编制单位：振兴工厂　　2010 年 12 月本月计划产量：90 件

产品名称：A 产品本月实际产量：100 件

产品规格：×××本年累计计划产量：1 000件

计量单位：件　　单位售价：317.80 元　本年累计实际产量：1 200件

成本项目		历史先进水平（20××年）		上年实际平均		本年计划		本月实际		本年累计实际平均	
原材料		112.00		115.00		114.00		112.00		113.00	
燃料及动力		33.00		35.50		35.00		33.20		34.00	
职工薪酬		53.00		54.00		55.00		55.00		58.00	
制造费用		22.00		24.00		23.00		22.40		22.00	
产品生产成本		220.00		228.50		227.00		222.60		227.00	
主要技术经济指标	计量单位	消耗量	单价	消耗量	单价	消耗量	单价	消耗量	单价	消耗量	单价
甲材料	千克	5	11.20	5.8	9.91	5.7	10.00	5.5	10.20	5	11.30
乙材料	千克	22	2.55	29	1.98	28.5	2.00	23	2.43	22.6	2.50
生产工时	小时	8.6		10.1		10		8.7		8	

10.3.1.2　主要产品单位成本报表的编制方法

主要产品单位成本报表的填列方法：

(1)销售单价。应根据产品定价单记录填列。

(2)产量。本月及本年累计计划产量应根据生产计划填列;本月实际产量应根据产品成本明细账或完工产品成本汇总表填列;本年累计实际产量应根据上月本表的本年累计实际产量,加上本月实际产量计算填列。

(3)单位成本。历史先进水平,应根据历史上该种产品成本最低年度本表的实际平均单位成本填列;上年实际平均单位成本,应根据上年度主要产品单位成本表累计实际平均单位成本填列;本年计划单位成本,应根据本年度成本计划填列;本月实际单位成本,应根据产品成本明细账或产成品成本汇总表填列;本年累计实际平均单位成本,应根据该种产品成本明细账所记录的自年初至报告期末完工入库产品实际总成本除以累计实际产量计算填列。

(4)主要技术经济指标。指该种产品主要原材料的耗用量和耗费的生产工时等,应根据业务技术核算资料填列。

【例题 10.9】 振兴工厂 2010 年 12 月份,根据有关资料编制的主要产品单位成本表如表 10.12 所示。

10.3.2 主要产品单位成本表的分析

主要产品单位成本表的分析主要是利用主要产品单位成本表提供的资料分析主要产品单位成本的升降情况,其目的在于揭示各种产品单位成本及其各个成本项目的变动情况,尤其是各项消耗定额的执行情况;确定产品结构、工艺和操作方法的改变,以及有关技术经济指标变动对产品单位成本的影响,查明产品单位成本升降的具体原因。

分析的主要依据是:主要产品单位成本表、成本计划和各项消耗定额资料,以及反映各项技术经济指标的业务技术资料等。分析的程序:一般是先检查各种主要产品单位成本实际比历史最高水平、比上年实际、比样计划的升降情况;然后按成本项目分析其增减变动,查明造成单位成本升降的具体原因。

10.3.2.1 主要产品单位成本变动情况分析

主要产品单位成本变动情况分析,重点分析两类产品:一是单位成本升降幅度较大的产品;二是在企业全部产品中所占比重较大的产品。主要产品单位成本变动情况的分析,就是分析主要产品单位成本水平与上年单位成本水平和与计划单位成本水平比较升降的情况,为下一步单位产品成本构成项目的分析指明方向。

【例题 10.10】 振兴工厂根据 2010 年 12 月份"主要产品单位成本表"(见表 10.12)提供的资料和其他有关资料,运用比较分析法的原理,编制"主要产品单位成本变动情况分析表",如表 10.13 所示。

表 10.13 **主要产品单位成本变动情况分析表**

编制单位:振兴工厂　　2010 年 12 月　　单位:元

成本项目	单位成本			与上年实际比		与本年计划比	
	上年实际	本年计划	本年实际	成本降低额	降低率(%)	成本降低额	降低率(%)
A 产品	228.50	227.00	227.00	1.50	0.66	0	0
其中:原材料	115.00	114.00	113.00	2.00	1.74	1.00	0.88
燃料及动力	35.50	35.00	34.00	1.50	4.23	1.00	2.86

续表

成本项目	单位成本			与上年实际比		与本年计划比	
	上年实际	本年计划	本年实际	成本降低额	降低率(%)	成本降低额	降低率(%)
职工薪酬	54.00	55.00	58.00	−4.00	−7.41	−3.00	−5.45
制造费用	24.00	23.00	22.00	2.00	8.33	1.00	4.35
其他产品							
…							

通过上表分析可知：与上年实际比较，振兴工厂A产品的单位成本有所降低，降低额为1.50元，降低率为0.66%；但与上年实际比较，职工薪酬有所增加，影响了产品单位成本的降低幅度。与本年计划比较，A产品单位成本没有降低，刚好完成计划；但就具体成本项目来说，则有所不同，其中原材料项目降低额为1.00元，降低率为0.88%，燃料及动力项目降低额为1.00元，降低率为2.86%，制造费用项目降低额为1.00元，降低率为4.35%，这三个项目都超额完成了计划，尤其是制造费用降低率达到4.35%，取得了良好的成绩。单位产品成本之所以刚好完成计划，是由于职工薪酬项目较计划超支3.00元，超支5.45%，抵消了上述三个项目成本降低的成绩。所以，应进一步分析职工薪酬项目超支的原因。

10.3.2.2　主要产品单位成本的主要成本项目分析

在主要产品单位成本的全部成本项目中，应重点分析升降幅度较大的和所占比重较大的成本项目。

(1)原材料项目的分析

降低原材料项目的成本是降低产品成本的重要途径，特别是原材料成本占产品成本比重较大的产品，原材料项目更应作为产品单位成本分析的重点。影响产品单位成本中原材料成本变动的因素，主要是单位产品原材料消耗量和单位原材料价格两个因素。根据因素分析的差额计算法原理，分析这两个因素变动对原材料成本的影响程度，可以按下列公式计算：

$$\text{原材料消耗数量变动的影响}=(\text{单位产品原材料实际耗用量}-\text{单位产品原材料计划耗用量})\times\text{原材料计划价格}$$

$$\text{原材料价格变动的影响}=(\text{原材料实际价格}-\text{原材料计划价格})\times\text{单位产品原材料实际耗用量}$$

上述公式中，单位产品原材料计划耗用量和原材料计划价格是比较的基期指标。如果与上年实际比较，则上年原材料实际耗用量和上年原材料价格是比较的基期指标，在计算原材料消耗量和原材料价格对原材料成本的影响数额时，可将上述公式中的“计划”改为“上年实际”即可。同样，如果与历史先进水平比较，则将上述公式中的“计划”改为“历史先进”。

【例题10.11】　根据表10.12和表10.13提供的资料，振兴工厂本年生产的A产品与计划比较，原材料成本节约1元，节约0.88%。A产品消耗甲、乙两种材料，分析各因素的影响程度，编制“A产品原材料成本分析表”，见表10.14所示。

A产品原材料成本实际比计划降低1元，是由原材料消耗数量和原材料价格两个因素共同影响的。

①由于原材料消耗数量变动的影响额

甲材料消耗数量变动的影响额＝(5−5.7)×10.00＝−7.00(元)

乙材料消耗数量变动的影响额＝(22.6－28.5)×2.00＝－11.80(元)

表 10.14 **A 产品原材料成本分析表**

编制单位:振兴工厂 2010 年度 单位:元

原材料名称	计量单位	原材料耗用量		原材料价格		原材料成本		差异	
		计划	实际	计划	实际	计划	实际	数量	金额
甲材料	千克	5.7	5	10.00	11.30	57.00	56.50	－0.7	－0.50
乙材料	千克	28.5	22.6	2.00	2.50	57.00	56.50	－5.9	－0.50
合计						114.00	113.00		－1.00

②由于原材料价格变动的影响额

甲材料价格变动的影响额＝(11.30－10.00)×5＝6.50(元)

乙材料价格变动的影响额＝(2.5－2.00)×22.6＝11.30(元)

两个因素共同影响额＝－7.00－11.80＋6.50＋11.30＝－1.00(元)

上述分析计算结果表明,振兴工厂 A 产品单位成本中,原材料成本实际比计划节约 1 元,节约率为 0.88%。节约的主要原因是单位产品的原材料消耗量降低任务超额完成计划的结果。两种原材料的消耗量减少使原材料成本减少达 18.8 元(甲材料 7.00 元、乙材料 11.80 元),应当进一步总结经验。但由于两种原材料价格超过计划价格,使原材料成本增加 17.80 元(甲材料 6.50 元、乙材料 11.30 元),抵消了大部分由原材料消耗量降低而带来的成本节约成果。应当进一步分析两种原材料价格上升的原因,为进一步挖掘企业降低成本的潜力提供有用的信息。

在上述两个因素中,原材料价格变动多属外界因素,需结合市场供求和材料价格变动情况具体分析。这里重点分析原材料消耗数量的变动情况和变动原因。例题 10.11 计算表明,由于原材料消耗数量变动使 A 产品单位产品原材料成本降低 18.80 元。影响单位产品原材料消耗数量变动的原因很多,归纳起来主要有以下几点。

①产品或产品零部件结构的简化。在保证产品质量的前提下,改进产品设计,使产品结构合理、体积缩小、重量减轻,就能减少原材料消耗,降低原材料成本。

由于减轻产品重量对单位产品原材料成本降低的影响,可按下式计算:

$$\text{产品重量降低对单位产品原材料成本影响}=\left(1-\frac{\text{降低后产品重量}}{\text{降低前产品重量}}\right)\times\text{降低前单位产品原材料成本}$$

②原材料加工方法的改进。改进工艺和加工方法可以提高原材料利用率,节约原材料消耗,降低产品成本。

原材料利用率是反映原材料有效利用程度的指标,其计算公式为:

$$\text{原材料利用率}=\frac{\text{产品净重}}{\text{投入生产的原材料重量}}\times 100\%$$

原材料利用率提高对单位产品原材料成本的影响,可按下列公式计算:

$$\text{原材料利用率提高对单位产品原材料成本的影响}=\left(1-\frac{\text{提高前的原材料利用率}}{\text{提高后的原材料利用率}}\right)\times\text{提高前单位产品原材料成本}$$

③原材料代用或配料比例的改进。在保证产品质量的前提下，采用廉价的代用材料，选用经济合理的技术配方，可以节约原材料消耗或降低原材料成本。计算公式如下：

$$\text{采用代用原材料对单位产品原材料成本的影响}=\text{原使用的原材料消耗量}\times\text{该原材料的计划单价}-\text{代用的原材料消耗量}\times\text{该原材料的计划单价}$$

$$\text{原材料配料比例改进对单位产品原材料成本影响}=\text{单位产品实际耗用配料总量}\times\left(\text{按实际配方计算的平均单价}-\text{按计划配方计算的平均单价}\right)$$

燃料及动力项目的分析方法与原材料项目的分析方法相同。

(2)职工薪酬项目的分析

产品单位成本中的职工薪酬成本，受工人劳动生产率和工人平均薪酬两个因素影响。这两个因素，也可以用单位产品生产工时消耗和小时平均薪酬（小时薪酬率）来表示。根据因素分析的差额计算法原理，分析这两个因素变动对职工薪酬成本的影响程度，可以按下列公式计算：

$$\text{工时消耗数变动的影响}=(\text{单位产品实际工时}-\text{单位产品计划工时})\times\text{计划小时薪酬率}$$

$$\text{小时薪酬率变动的影响}=(\text{实际小时薪酬率}-\text{计划小时薪酬率})\times\text{单位产品实际工时}$$

上述公式中，单位产品计划工时和计划小时薪酬率是比较的基期指标。如果与上年实际比较，则上年实际单位产品工时和上年实际小时薪酬率是比较的基期指标，在计算时，可将上述公式中的“计划”改为“上年实际”。同样，如果与历史先进水平比较，则将上述公式中的“计划”改为“历史先进”。

【例题10.12】 根据表10.12和表10.13提供的资料，振兴工厂本年生产的A产品与计划比较，职工薪酬成本超支3元，超支率为5.45%。各因素影响程度分析如下：

$$\text{单位产品工时消耗变动的影响}=(8-10)\times5.5=-11.00(\text{元})$$

$$\text{小时薪酬率变动的影响}=(7.25-5.5)\times8=14.00(\text{元})$$

[注：本年实际职工薪酬率＝58÷8＝7.25；本年计划职工薪酬率＝55÷10＝5.5；两个因素共同影响＝－11＋14＝3(元)]

上述分析计算结果表明，振兴工厂A产品单位成本中，职工薪酬成本实际比计划超支3元，超支率5.45%，其主要原因是小时薪酬超计划的结果。由于小时薪酬率实际比计划提高1.75元/小时(7.25元/小时 5.50元/小时)，使A产品单位成本增加14元；而A产品单位产品工时消耗实际比计划减少2小时，使产品单位成本降低11元。这说明振兴工厂工人劳动生产率(表现在单位产品工时消耗上)比计划有所提高，但由于工人平均薪酬(表现为小时薪酬率)的增长幅度超过了工人劳动生产率的增长幅度，使单位成本中的职工薪酬成本仍超支3元。

(3)制造费用项目的分析

制造费用在生产两种以上产品的企业是间接记入费用，与生产工人计时工资一样，一般是根据生产工时等分配标准分配记入产品成本。因此产品单位成本中制造费用的分析与计时工资制度下的职工薪酬分析相类似，先分析单位产品所耗工时和每小时制造费用两因素变动的影响，然后查明这两个因素变动的原因。

$$\text{单位产品工时变动对成本的影响}=(\text{单位产品实际工时}-\text{单位产品计划工时})\times\text{计划小时制造费用率}$$

$$\text{小时制造费用率变动对成本的影响}=(\text{实际小时制造费用率}-\text{计划小时制造费用率})\times\text{单位产品实际工时}$$

上述公式中，单位产品计划工时和计划小时制造费用率是比较的基期指标。如果与上年实际比较，则上年实际单位产品工时和上年实际小时制造费用率是比较的基期指标，在计算时，可将上述公式中的“计划”改为“上年实际”。同样，如果与历史先进水平比较，则将上述公式中的“计划”改为“历史先进”。

任务 10.4 制造费用明细表的编制与分析

10.4.1 制造费用明细表的结构与编制方法

10.4.1.1 制造费用明细表的结构

制造费用明细表是反映企业及其生产单位在一定会计期间内发生的制造费用总额及其构成情况的报表。为了加强费用管理，及时了解制造费用的发生情况，制造费用明细表一般按月编制。在某些季节性生产企业，制造费用明细表也可以按年编制。制造费用明细表的一般格式如表 10.15 所示。

表 10.15 制造费用明细表

编制单位:振兴工厂 2010 年 12 月 单位:元

费用项目	上年实际	本年计划	本月实际	本年累计实际
1. 职工薪酬	26 000.00	28 125.00	2 500.00	28 750.00
2. 折旧费	4 500.00	3 940.00	350.00	4 025.00
3. 租赁费	2 680.00	2 250.00	270.00	2 187.00
4. 修理费	3 510.00	5 000.00	2 125.00	5 800.00
5. 劳动保护费	24 000.00	22 100.00	2 750.00	25 128.00
6. 低值易耗品摊销	5 800.00	6 250.00	500.00	6 040.00
7. 水电费	37 000.00	41 000.00	2 600.00	43 000.00
8. 办公费	2 600.00	2 810.00	2 100.00	2 700.00
9. 差旅费	3 300.00	3 500.00	475.00	3 750.00
10. 运输费	1 600.00	2 900.00	145.00	2 600.00
11. 保险费	15 000.00	19 750.00	1 500.00	20 750.00
12. 设计制图费	2 250.00	0	0	0
13. 试验检验费	2 200.00	2 000.00	225.00	2 250.00
14. 停工损失	3 850.00	5 000.00	850.00	5 100.00

续表

费用项目	上年实际	本年计划	本月实际	本年累计实际
15.				
16.				
17.在产品盘亏和毁损				
18.其他				
合　计	134 290.00	144 625.00	16 390.00	152 080.00

10.4.1.2　制造费用明细表的编制方法

制造费用明细表按制造费用项目分别反映该费用的本年计划数、上年同期实际数、本月实际数和本年累计实际数。制造费用明细表中,“上年实际”数根据上年 12 月份编制的制造费用明细表“本年累计实际”栏的数字填列;“本年计划”数根据本年制造费用预算资料填列;“本月实际”数根据制造费用明细账中各费用项目本月发生额填列;“本年累计实际”数根据制造费用明细账中各费用项目本年累计发生额填列,也可以将“本月实际”数加上上月本表中“本年累计实际”数后填列。

10.4.2　制造费用明细表的分析

通过对制造费用明细表的分析,不仅可以了解制造费用计划的执行情况,而且还可以了解各项费用变动的原因以及对产品成本的影响。对制造费用明细表进行分析时,采用的方法主要是对比分析法和构成比率分析法。

采用对比分析法进行分析时,通常先将本月实际数与上年同月实际数进行对比,揭示本月实际与上年同月之间的增减变化。在表中列有本月计划数的情况下,则可与本月计划数进行比较,以便分析和考核制造费用月度计划的执行情况。再将本年累计实际数与本年计划数进行比较,如果该表是 12 月份报表,则本年累计实际数与本年计划数的差异,就是全年制造费用计划执行的结果;如果不是 12 月份的报表,这两者之间的差异只是反映年度内计划执行的情况,可以观察制造费用计划执行的进度,提醒管理者应该注意的问题。例如,在 10 月份的制造费用明细表中,发现本年累计实际数已大大超过本年计划数时,说明年度制造费用有可能超计划,必须加强对制造费用支出的控制,注意节约 11 月和 12 月的费用开支,才有可能有效地控制全年制造费用,以免全年的实际数超过计划数。为了具体分析制造费用计划执行的情况和增减变动原因,制造费用的对比分析还应按照费用项目进行。由于制造费用的项目很多,分析时应该选择超支或节约数额较大,或者费用比重较大的项目有重点地进行。

表 10.15 表明,本年累计实际制造费用 152 080 元高于上年同期实际数 134 290 元和本年计划数 144 625 元,制造费用超支现象非常严重。要根据各个项目变动的具体情况,进一步查明原因。

由于制造费用的具体费用项目的性质和用途不同,评价各项费用超支或节约时应联系费用的性质和用途具体分析,不能简单地将一切超支看成是不合理的、不利的,也不能简单地将一切节约看成是合理的、有利的。例如,修理费的节约,可能使机器带病运转,影响机器使用寿命;劳动保护费的节约,可能缺少必要的劳动保护措施,影响安全生产。只有在保证机器设备的维修质量和正常运转,保证安全生产的条件下节约修理费和劳动保护费才是合理的、有利的。如,职工薪酬的超支可能是落实国家增长工资的政策,这样的超支是合理的,不是成本管理失职的责任。再如,折旧费的节约是由于处置了闲置的固定资产而减少了折旧费,这样的节约并非是成本管理的结果。

此外,在分项目进行制造费用分析时,还应特别注意的是"停工损失"等非生产性的损失项目的分析。这些项目的发生额,大都是生产管理不良造成的结果。

进行制造费用项目增减变动分析时,同样可以使用差额分析法分析影响其变动的因素及其程度。在采用构成比率法进行制造费用分析时,可以计算某项费用占制造费用合计数的构成比率,分析其构成是否合理,也可以将本月实际和本年累计实际的构成比率与本年计划的构成比率和上年同期实际的构成比率进行对比,揭示其差异和与上年同期相比的增减变化,分析其差异和增减变化是否合理。

任务 10.5 期间费用明细表的编制与分析

期间费用明细表是反映企业一定会计期间内各项期间费用的发生额及其构成情况的报表,包括销售费用明细表、管理费用明细表和财务费用明细表。

10.5.1 销售费用明细表的编制与分析

销售费用明细表一般按其费用项目,分别反映该费用项目的上年实际数、本年计划数、本月实际数和本年累计实际数。利用该表,可以分析各费用项目的构成及其增减变动情况,考核销售费用计划的执行情况。"销售费用明细表"的构成情况如表 10.16 所示。

表 10.16 销售费用明细表

编制单位:振兴工厂 2010 年 12 月 单位:元

费用项目	上年实际	本年计划	本月实际	本年累计实际
1. 专设销售机构费用	28 410.00	32 260.00	13 748.00	34 300.00
其中:				
职工薪酬	3 800.00	3 990.00	436.00	4 100.00
差旅费	6 000.00	6 990.00	600.00	8 000.00
办公费	2 200.00	1 900.00	100.00	2 500.00
业务费	2 210.00	2 480.00	112.00	2 000.00
租赁费	0	0	0	0
折旧费	8 200.00	11 000.00	12 000.00	12 100.00
修理费	2 000.00	2 100.00	200.00	1 900.00
低值易耗品摊销	4 000.00	3 800.00	300.00	3 700.00
2. 运输费	21 000.00	24 000.00	2 300.00	23 000.00
3. 装卸费	6 100.00	7 100.00	1 100.00	7 000.00
4. 包装费	11 000.00	12 000.00	2 600.00	14 000.00
5. 保险费	21 000.00	22 000.00	2 100.00	24 000.00

续表

费用项目	上年实际	本年计划	本月实际	本年累计实际
6. 展览费	0	0	0	0
7. 广告费	12 000.00	16 800.00	1 100.00	13 000.00
8. 其他			0	
合　计	99 510.00	114 160.00	22 948.00	115 300.00

销售费用明细表中,“上年实际”数根据上年 12 月份编制的销售费用明细表“本年累计实际”栏的数字填列;“本年计划”数根据本年销售费用预算资料填列;“本月实际”数根据销售费用明细账中各费用项目本月发生额填列;“本年累计实际”数根据销售费用明细账中各费用项目本年累计发生额填列,也可以将“本月实际”数加上上月本表中“本年累计实际”数后填列。

销售费用明细表的分析方法与制造费用明细表的分析方法相同。

10.5.2　管理费用明细表的编制与分析

管理费用明细表一般按其费用项目,分别反映该费用项目的上年实际数、本年计划数、本月实际数和本年累计实际数。利用该表,可以分析各费用项目的构成及其增减变动情况,考核管理费用计划的执行情况。“管理费用明细表”的构成情况如表 10.17 所示。

表 10.17　　**管理费用明细表**

编制单位:振兴工厂　　2010 年 12 月　　单位:元

费用项目	上年实际	本年计划	本月实际	本年累计实际
1. 公司经费	1 003 000.00	1 080 000.00	96 248.00	1 075 600.00
其中:				
职工薪酬	461 600.00	502 160.00	42 970.00	542 720.00
办公费	82 800.00	101 000.00	5 900.00	91 900.00
差旅费	88 400.00	106 000.00	21 200.00	102 100.00
折旧费	228 000.00	220 000.00	8 000.00	222 000.00
修理费	70 000.00	70 000.00	7 000.00	54 400.00
物料消耗	48 200.00	55 440.00	9 174.00	41 080.00
低值易耗品摊销	24 000.00	25 400.00	2 000.00	21 400.00
2. 工会经费	280 000.00	300 000.00	28 000.00	310 000.00
3. 职工教育经费	125 000.00	150 000.00	14 500.00	147 500.00
4. 劳动保险费	170 000.00	190 000.00	18 000.00	210 000.00
5. 待业保险费	90 000.00	110 000.00	8 000.00	100 000.00
6. 董事会费				
7. 咨询费				
8. 聘请中介机构费	60 000.00	70 000		71 500.00
9. 诉讼费				

续表

费用项目	上年实际	本年计划	本月实际	本年累计实际
10.排污费	80 000.00	18 000.00		10 000.00
11.税金:	43 500.00	44 000.00	3 500.00	43 900.00
12.技术转让费				
13.研究与开发费				
14.无形资产摊销	11 000.00	8 000.00	000.00	9 000.00
15.业务招待费	10 000.00	10 000.00	800.00	12 600.00
16.计提的坏账准备		2 000.00		11 200.00
17.计提的存货跌价准备				
18.存货盘亏、毁损和报废(减盘盈)				
19.其他管理费用				
合　计	1 872 500.00	1 982 000.00	169 948.00	2 001 300.00

管理费用明细表中,"上年实际"数根据上年12月份编制的管理费用明细表"本年累计实际"栏的数字填列;"本年计划"数根据本年管理费用预算资料填列;"本月实际"数根据管理费用明细账中各费用项目本月发生额填列;"本年累计实际"数根据管理费用明细账中各费用项目本年累计发生额填列,也可以将"本月实际"数加上上月本表中"本年累计实际"数后填列。

管理费用明细表的分析方法与制造费用明细表的分析方法相同。

10.5.3　财务费用明细表的编制与分析

财务费用明细表一般按其费用项目,分别反映该费用项目的上年实际数、本年计划数、本月实际数和本年累计实际数。利用该表,可以分析各费用项目的构成及其增减变动情况,考核财务费用计划的执行情况。"财务费用明细表"的构成情况如表10.18所示。

表10.18　　**财务费用明细表**

编制单位:振兴工厂　　2010年12月　　单位:元

费 用 项 目	上年实际	本年计划	本月实际	本年累计实际
1.利息费用	220 000.00	160 000.00	10 120.00	210 000.00
减:利息收入	20 000.00	13 500.00	1 100.00	10 800.00
2.汇兑损失				
减:汇兑收益				
3.金融机构手续费	2 000.00	2 300.00	200.00	2 800.00
4.其他筹资费用				
合　计	202 000.00	148 800.00	9 220.00	202 000.00

财务费用明细表中,"上年实际"数根据上年12月份编制的财务费用明细表"本年累计实际"栏的数字填列;"本年计划"数根据本年财务费用预算资料填列;"本月实际"数根据财务费用明细账中各费用项目本月发生额填列;"本年累计实际"数根据财务费用明细账中各费用项

目本年累计发生额填列，也可以将“本月实际”数加上上月本表中“本年累计实际”数后填列。

财务费用明细表的分析方法与制造费用明细表的分析方法相同。

任务回顾

成本报表是根据产品成本和期间费用的核算资料以及其他有关资料编制的，用以反映和监督企业一定时期产品成本和期间费用水平及其构成情况的书面报告文件。正确、及时地编报成本报表，对加强成本管理和节约费用支出具有重要作用。成本报表作为对内报表，与现行会计制度规定的对外报表(财务报表)相比较，具有以下特点：①成本报表是为满足企业内部生产经营管理的需要而编制的；②成本报表的种类、格式、项目和内容由企业自行决定；③成本报表提供的成本指标反映企业各方面的工作质量。

成本报表一般可以按以下两个标准分类：①成本报表按反映的内容分为反映产品成本情况的报表和反映期间费用支出情况的报表两类；②成本报表按编制时间分为定期成本报表和不定期成本报表两类。

成本报表的编报必须做到：①数字真实、计算准确；②内容完整、重点突出；③编报及时、说明清楚。

成本报表的分析必须做到：①进行成本报表分析，首先必须深入实际，调查研究，掌握资料；②分析成本报表，既要有总的评价，又要有深入细致的具体的分析；③分析成本报表，要采用有效的数量分析方法；④分析成本报表，要贯彻定性分析与定量分析相结合的原则；⑤以全面发展的观点评价企业的成本管理工作。成本报表分析常用的方法有比较分析法、比率分析法和因素分析法等。

全部产品生产成本报表包括按成本项目反映的产品生产成本表和按产品种类反映的产品生产成本表两种，其各自的编制与分析方法是不同的。

按产品种类反映的全部产品生产成本表，是反映工业企业在报告期内生产全部可比产品与不可比产品的单位成本和总成本的报表。全部产品生产成本表(按产品种类反映)的结构与编制方法：①产品生产成本表(按产品种类反映)的结构；②产品生产成本表(按产品种类反映)的编制方法。全部产品生产成本表(按产品种类反映)的分析：①全部产品生产成本计划完成情况分析；②可比产品生产成本降低任务完成情况分析。

按成本项目编制全部产品生产成本表，汇总反映企业在报告期发生的全部生产成本(按成本项目反映)。全部产品生产成本表(按成本项目反映)的结构与编制方法：①全部产品生产成本表(按成本项目反映)的结构；②全部产品生产成本表(按成本项目反映)的编制方法。全部产品生产成本报表(按成本项目反映)的分析。

主要产品单位成本表是反映企业在报告期内生产的各种主要产品单位成本水平和构成情况的报表。主要产品单位成本报表的结构与编制方法：①主要产品单位成本报表的结构；②主要产品单位成本报表的编制方法。主要产品单位成本报表的分析：①主要产品单位成本变动情况分析；②主要产品单位成本的主要成本项目分析。

制造费用明细表是反映企业及其生产单位在一定会计期间内发生的制造费用总额及其构成情况的报表。通过对制造费用明细表的分析，不仅可以了解制造费用计划的执行情况，而且还可以了解各项费用变动的原因以及对产品成本的影响。对制造费用明细表进行分析时，采用的方法主要是对比分析法和构成比率分析法。

期间费用明细表是反映企业一定会计期间内各项期间费用的发生额及其构成情况的报表，包括销售费用明细表、管理费用明细表和财务费用明细表。其分析方法与制造费用明细表的分析方法相同。

任务训练

10.1 思考题

(1)什么是成本报表?

(2)正确、及时编报成本报表,对加强成本管理和节约费用支出具有哪些重要作用?

(3)成本报表一般按什么标准分类?各类又包括哪些报表?

(4)成本报表作为对内报表,它具有哪些特点?

(5)成本报表的编制与报送有哪些具体要求?

(6)成本报表分析有哪些要求?

(7)常用的成本报表分析方法有哪些?

(8)什么是比较分析法?实际工作中通常有哪几种形式?各种形式是如何进行计算的?

(9)什么是比率分析法?实际工作中通常有哪几种形式?各种形式是如何进行计算的?

(10)什么是因素分析法?实际工作中通常有哪几种形式?各种形式是如何进行计算的?

(11)连环替代法具有哪些特点?

10.2 单项选择题

(1)成本报表是(　　)。

①对外报表　　②内部报表

③静态报表　　④年度报表

(2)成本报表的种类、格式、项目和内容一般由(　　)决定。

①国家财政部　　②企业的上级主管部门

③行业协会　　④企业自行

(3)下列报表中,不属于成本报表的是(　　)。

①商品产品成本报表　　②主要产品单位成本表

③资产负债表　　④制造费用明细表

(4)编制成本报表是因为(　　)。

①国家统一会计制度的要求　　②企业内部生产经营的需求

③行业协会的需要　　④潜在投资者和债权人的需要

(5)采用因素分析法对材料成本进行分析时,下列因素正确的替换顺序是(　　)。

①产品产量、单位产品材料消耗量、材料单价

②单位产品材料消耗量、材料单价、产品产量

③材料单价、产品产量、单位产品材料消耗量

④产品产量、材料单价、单位产品材料消耗量

(6)如果某种产品本年实际与计划比的成本降低率为 1%,表明(　　)。

①成本降低额为正数

②实际成本较计划上升了 1%

③实际成本较计划下降了 1%

④计划成本较实际上升了 1%

10.3 多项选择题

(1)下列报表中,属于反映产品成本情况的报表有(　　)。
①商品产品成本报表　②主要产品单位成本表
③管理费用明细表　④制造费用明细表
(2)下列报表中,属于反映期间费用支出的报表有(　　)。
①管理费用明细表　②制造费用明细表
③财务费用明细表　④销售费用明细表
(3)按成本报表编制的时间分类,可分为(　　)。
①定期成本报表　②不定期成本报表
③月度报表　④年度报表
(4)定期成本报表通常按会计分期要求编报,分为(　　)。
①月度成本报表　②季度成本报表
③半年度成本报表　④年度成本报表
(5)与现行会计制度规定的对外报表(财务报表)相比较,成本报表的特点有:(　　)。
①成本报表是为企业内部生产经营管理的需要而编制的
②成本报表的种类、格式、项目和内容由企业自行决定
③成本报表提供的成本指标反映企业各方面的工作质量
④按照国家会计制度的规定编制
(6)成本报表按其反映的经济内容,可以分为(　　)。
①反映产品成本情况的报表
②反映期间费用支出情况的报表
③反映资产、负债、所有者权益情况的报表
④反映收入、费用、利润情况的报表
(7)成本报表的编制与报送要求包括(　　)。
①数字真实、计算准确　②内容完整、重点突出
③编报及时、说明清楚　④上级审批、对外公开
(8)企业设置成本报表,应当(　　)。
①符合国家统一会计制度规定的格式和要求
②满足企业成本管理的要求
③报表指标具有实用性,报表内容具有针对性
④符合企业生产经营特点
(9)在下列各项指标中,属于相关指标比率的是(　　)。
①产值成本率　②营业收入成本率
③成本利润率　④制造费用占生产成本比率
(10)在下列各项指标中,属于构成比率的是(　　)。
①产值成本率　②燃料及动力占生产成本的比率
③原材料占生产成本的比率　④职工薪酬占生产成本的比率
⑤制造费用占生产成本的比率
(11)如果某种产品本年实际与计划比的成本降低率为2%,表明(　　)。
①成本降低额为正数　②成本降低额为负数
③实际成本较计划下降了2%　④实际成本较计划上升了2%

技能实训

技能实训题 10.1

【实训目的】 实训定基比率和环比比率的计算方法。

【实训资料】 虎跃机械厂 2010 年 LM7805 产品每个季度实际单位成本分别为 200 元、198 元、196 元、194 元。

【实训要求】 以 2010 年第一季度为基期，计算其各季产品单位成本的定基比率和环比比率。

(1)定基比率：

(2)环比比率：

技能实训题 10.2

【实训目的】 实训因素分析法(连环替代法)的应用。

【实训资料】 假定影响沈达机械厂 ST 产品的原材料成本总额的三个因素的计划和实际资料如表 10.2.1所示。

表 10.2.1 ST 产品原材料成本资料

指　标	件	计划数	实际数	差　异	差异原因
产　品　产　量	千克	80	78	−2	设备老化
单位产品材料消耗量	元	8	8.5	+0.5	设备老化
材　料　单　价	元	50.00	52.00	+2.00	原材料涨价
产品原材料成本总额	件	32 000.00	34 476.00		

【实训要求】 按照各因素性质和相互依存关系列式计算：

(1)产品原材料实际成本总额与计划成本总额的差异额，并填入表 10.2.1。

(2)按连环替代法的计算程序分析产品产量、单位产品材料消耗量和材料单价对产品原材料成本总额的影响程度。

①产品原材料成本计划总额

②第一次替换(以实际产品产量替换计划产品产量)

产品产量变动对原材料成本的影响额＝②－①

③第二次替换(以产品的实际单耗替换计划单耗)

单位产品材料消耗量变动对原材料成本的影响额＝③－②

④第三次替换(以实际材料单价替换计划材料单价)

材料单价变动对原材料成本的影响额＝④－③

三个因素共同影响额：

(3)对计算分析结果做出评价。

技能实训题 10.3

【实训目的】 实训因素分析法(差额计算法)的应用。

【实训资料】 见技能实训题 10.2。

【实训要求】 以差额计算法测定各因素影响程度。

(1)产品原材料实际成本与计划成本的差异额：

(2)以差额计算法测定各因素影响程度：

①产品产量变动对原材料成本的影响额：
②单位产品材料消耗量变动对原材料成本的影响额
③材料单价变动对原材料成本的影响额
三个因素共同影响额：

技能实训题 10.4

【实训目的】 实训因素分析法(连环替代法)的应用。

【实训资料】 假定影响虎跃机械厂 LM 产品的原材料成本总额的三个因素的计划和实际资料如表 10.4.1所示。

表 10.4.1　**原材料成本因素分析资料表**

指　　标	单位	计划数	实际数	差异	差异原因
产　品　产　量	片	50	52	+2	劳动效率提高
单位产品材料消耗量	克	0.1	0.09	−0.01	加强成本控制
材　料　单　价	元	10.00	11.00	+1.00	待查
产品原材料成本总额	元	50.00	51.48		

【实训要求】 按照各因素性质和相互依存关系，列式计算：

(1)产品原材料实际成本总额与计划成本总额的差异额。

(2)按连环替代法的计算程序分析产品产量、单位产品材料消耗量和材料单价对产品原材料成本总额的影响程度。

①产品原材料成本计划总额
②第一次替换(以实际产品产量替换计划产品产量)
产品产量变动对原材料成本的影响额=②−①
③第二次替换(以产品的实际单耗替换计划单耗)
单位产品材料消耗量变动对原材料成本的影响额=③−②
④第三次替换(以实际材料单价替换计划材料单价)
材料单价变动对原材料成本的影响额=④−③
三个因素共同影响额：

(3)对计算分析结果做出评价。

技能实训题 10.5

【实训目的】 实训因素分析法(差额计算法)的应用。

【实训资料】 见技能实训题 10.4。

【实训要求】 以差额计算法测定各因素影响程度。

(1)产品原材料实际成本与计划成本的差异额。

(2)以差额计算法测定各因素影响程度：

①产品产量变动对原材料成本的影响额
②单位产品材料消耗量变动对原材料成本的影响额
③材料单价变动对原材料成本的影响额
三个因素共同影响额：

技能实训题 10.6

【实训目的】 实训产品生产成本表(按产品种类反映)的结构和编制方法。

【实训资料】 五里河机械厂2010年12月份所生产的SH01、SH02、SH03三种产品中，SH01、SH02产品为可比产品，SH03为不可比产品。有关产品实际产量和单位成本资料如表10.6.1和表10.6.2所示。

表10.6.1 **产品实际产量资料**

2010年12月

单位:套

项　　目	SH01产品	SH02产品	SH03产品
本月实际产量(X_2)	20	25	30
本年累计实际产量(X_2)	240	300	360

表10.6.2 **单位成本资料**

2010年12月

单位:元

项　　目	SH01产品	SH02产品	SH03产品
上年实际平均单位成本(Y_0)	22.20	15.60	
本年计划单位成本(Y_1)	21.00	16.00	12.00
本月实际单位成本(Y_2)	20.00	14.00	10.00
本年累计平均单位成本(Y_2)	22.00	15.00	11.00

【实训要求】 编制“全部产品生产成本报表(按产品种类反映)”如表10.6.3所示(可比产品成本降低率精确度为0.01%)。

表10.6.3 **全部产品生产成本表(按产品种类反映)**

编制单位:　　　　　　　　年　　月　　　　　　　　单位:

产品名称	计量单位	实际产量		单位成本				本月总成本			本年累计总成本		
		本月	本年累计	上年实际平均	本年计划	本月实际	本年累计实际平均	按上年实际平均单位成本计算	按本年计划单位成本计算	本月实际	按上年实际平均单位成本计算	按本年计划单位成本计算	本年实际
		X_2	X_2	Y_0	Y_1	Y_2	Y_2	X_2Y_0	X_2Y_1	X_2Y_2	X_2Y_0	X_2Y_1	X_2Y_2
可比产品													
不可比产品													
合　计													

补充资料(本年累计实际数):

①可比产品成本降低额____________元。

②可比产品成本降低率____________。

③按现行价格计算的商品产值_____(略)_____万元。

④产值成本率_____(略)_____。

技能实训题10.7

【实训目的】 实训全部产品生产成本表(按产品种类反映)的分析。

【实训资料】 见技能实训题10.6。

【实训要求】 对五里河机械厂全部产品生产成本计划完成情况进行分析(涉及的完成程度和降低率精确度为0.01%)。

(1) $\frac{\text{全部产品生产成}}{\text{本计划完成程度}}=$

(2) $\dfrac{\text{与计划生产成}}{\text{本比降低额}}=$

(3) $\dfrac{\text{与计划生产成}}{\text{本比降低率}}=$

(4)填制"全部产品生产成本计划完成情况分析表"(见表 10.7.1)。

表 10.7.1　　全部产品生产成本计划完成情况分析表

编制单位:　　　　　　　　　　　年　　　　　　　　　　　单位:

产品名称	计量单位	实际产量	单位成本			本年累计总成本		本年累计与计划成本比		
			上年实际	本年计划	本年累计实际平均	按本年计划单位成本计算	本年实际	计划完成程度(%)	成本降低额	成本降低率(%)
		X_2	Y_0	Y_1	Y_2	X_2Y_1	X_2Y_2			
可比产品										
不可比产品										
合　计										

(5)对全部产品成本计划完成情况做出评价。

技能实训题 10.8

【实训目的】 实训可比产品生产成本降低任务完成情况分析。

【实训资料】 五里河机械厂分析资料如下:

(1)年初编制的"可比产品生产成本计划表",见表 10.8.1 所示。

表 10.8.1　　可比产品生产成本计划表

编制单位:五里河机械厂　　　　　　2010 年 1 月 1 日　　　　　　单位:元

可比产品名称	计量单位	计划产量	单位成本		计划产量总成本		成本降低计划	
			上年实际平均	本年计划	按上年实际平均单位成本计算	本年计划	成本降低额	成本降低率(%)
		X_1	Y_0	Y_1	X_1Y_0	X_1Y_1		
SH01 产品	套	246	22.2	21	5 461.20	5 166.00	295.20	5.41
SH02 产品	套	288	15.6	16	4 492.80	4 608.00	−115.20	−2.56
合　计					9 954.00	9 774.00	180.00	1.81

(2)年末编制的"全部产品生产成本报表(按产品种类反映)",见表 10.8.2 所示。

表 10.8.2　全部产品生产成本表(按产品种类反映)

编制单位:五里河机械厂　　　　2010 年 12 月　　　　单位:元

产品名称	计量单位	实际产量		单位成本				本月总成本			本年累计总成本		
		本月	本年累计	上年实际平均	本年计划	本月实际	本年累计实际平均	按上年实际平均单位成本计算	按本年计划单位成本计算	本月实际	按上年实际平均单位成本计算	按本年计划单位成本计算	本年实际
		X_2	X_2	Y_0	Y_1	Y_2	Y_2	X_2Y_0	X_2Y_1	X_2Y_2	X_2Y_0	X_2Y_1	X_2Y_2
可比产品								834.00	820.00	750.00	10 008.00	9 840.00	9 780.00
SH01 产品	套	20	240	22.2	21	20	22	444.00	420.00	400.00	5 328.00	5 040.00	5 280.00
SH02 产品	套	25	300	15.6	16	14	15	390.00	400.00	350.00	4 680.00	4 800.00	4 500.00
不可比产品													
SH03 产品	套	30	360		12	10	11		360.00	300.00		4 320.00	3 960.00
合　计									1 180.00	1 050.00		14 160.00	13 740.00

补充资料(本年累计实际数):

①可比产品成本降低额＿＿228.00＿＿元。

②可比产品成本降低率＿＿2.28%＿＿。

③按现行价格计算的商品产值＿＿(略)＿＿万元。

④产值成本率＿＿(略)＿＿。

【实训要求】

(1)编制五里河机械厂 2010 年"可比产品生产成本实际降低指标计算表"(见表 10.8.3)。

表 10.8.3　可比产品生产成本实际降低指标计算表

编制单位:　　　　年　　　　单位:

可比产品名称	计量单位	实际产量	单位成本		计划产量总成本			成本实际降低指标	
			上年实际平均	本年计划	按上年实际平均单位成本计算	按本年计划单位成本计算	本年实际	成本降低额	成本降低率(%)
		X_2	Y_0	Y_2	X_2Y_0	X_2Y_1	X_2Y_2		
合　计									

(2)进行可比产品生产成本降低任务完成情况分析。

①根据"产品生产成本计划表"(表 10.8.1)和"可比产品生产成本实际降低指标计算表"(表 10.8.3)确定分析对象。

降低额差异＝

降低率差异＝

②按照各因素影响程度的计算公式,分析各因素变动对可比产品成本降低指标的影响。

A. 产品产量变动的影响

产品产量变动影响的可比产品成本降低额＝

B. 产品品种结构变动影响

品种结构变动影响的可比产品成本降低额＝

品种结构变动影响的可比产品成本降低率＝

C. 产品单位成本变动的影响

单位产品变动影响的可比产品成本降低额＝

单位产品变动影响的可比产品成本降低率＝

D. 三个因素共同影响

共同因素影响的可比产品成本降低额＝

共同因素影响的可比产品成本降低率＝

E. 对各因素影响程度进行简要分析

技能实训题 10.9

【实训目的】 实训全部产品生产成本报表(按成本项目反映)的编制方法。

【实训资料】 胜利机械厂生产 L1、L2 两种产品，半成品不通过半成品库直接交下步骤进行加工。2010 年 11、12 月份有关编制全部产品生产成本报表(按成本项目反映)的资料如下：

(1)胜利机械厂 2010 年 11 月编制的“全部产品生产成本表(按成本项目反映)”(见表 10.9.1)。

表 10.9.1　全部产品生产成本表(按成本项目反映)

编制单位:胜利机械厂　2010 年 11 月　单位:元

项　　目	本年计划	本月实际	本年累计实际
本期生产成本：			
原材料	94 824.00	7 270.00	85 988.00
燃料及动力	25 625.67	2 266.33	21 880.67
职工薪酬	43 333.33	3 700.00	37 744.00
制造费用	18 147.00	1 500.00	17 869.00
本期生产成本合计	181 930.00	14 736.33	163 481.67
加:在产品自制半成品期初余额	2 186.67	1 963.33	2 116.67
减:在产品自制半成品期末余额	1 963.33	1 926.66	1 926.66
全部产品生产成本合计	182 153.34	14 773.00	163 671.68

(2)该厂 L1、L2 两种产品生产成本明细账记录的 12 月份月初、月末在产品成本和本月发生成本资料如表 10.9.2 所示。

表 10.9.2　L1、L2 产品生产成本资料　单位:元

项　　目		原材料	燃料及动力	职工薪酬	制造费用	合　计
月初在产品成本	L1 产品					1 100.00
	L2 产品					826.66
月末在产品成本	L1 产品					852.00
	L2 产品					1 111.33
本月发生生产成本	L1 产品	3 733.33	1 106.67	2 500.00	700.00	8 040.00
	L2 产品	3 536.67	1 159.66	1 200.00	800.00	6 696.33

【实训要求】 编制该厂 2010 年 12 月份“全部产品生产成本表(按成本项目反映)”，如表 10.9.3 所示。

表 10.9.3 **全部产品生产成本报表(按成本项目反映)**

编制单位: 年 月 单位:

项 目	本年计划	本月实际	本年累计实际
本期生产成本:			
原材料			
燃料及动力			
职工薪酬 制造费用			
本期生产成本合计			
加:在产品自制半成品期初余额			
减:在产品自制半成品期末余额			
全部产品生产成本合计			

技能实训题 10.10

【实训目的】 实训全部产品生产成本报表(按成本项目反映)的分析。

【实训资料】 见技能实训题 10.9。

【实训要求】 根据该厂 2010 年 12 月份"全部产品生产成本表(按成本项目反映)"如表 10.9.3 所示,计算各成本项目的构成比率,并在本年累计实际数、本月实际数和本年计划数之间进行对比分析(各种比率的精确度为 0.01%)。

(1)本年计划数构成比率

① 原材料项目的成本比率 =

② 燃料及动力项目的成本比率 =

③ 职工薪酬项目的成本比率 =

(2)本月实际数构成比率

① 原材料项目的成本比率 =

② 燃料及动力项目的成本比率 =

③ 职工薪酬项目的成本比率 =

④ 制造费用项目的成本比率 =

(3)本年累计实际数构成比率

① 原材料项目的成本比率 =

② 燃料及动力项目的成本比率 =

③ 职工薪酬项目的成本比率 =

④ 制造费用项目的成本比率 =

(4)根据各成本项目构成比率的计算结果，对该厂成本构成情况进行简要分析。

技能实训题 10.11

【实训目的】 实训主要产品单位成本变动情况的分析。

【实训资料】 假定某工厂根据 2010 年 12 月份"主要产品单位成本表"(略)提供的资料和其他有关资料，运用比较分析法的原理，编制"主要产品单位成本变动情况分析表"，如表 10.11.1 所示。

表 10.11.1 **主要产品单位成本变动情况分析表**

编制单位：某工厂 2010 年 12 月 单位：元

成本项目	单位成本			与上年实际比		与本年计划比	
	上年实际	本年计划	本年实际	成本降低额	降低率(%)	成本降低额	降低率(%)
甲产品	274.20	272.40	273.20	+1.00	+0.36	−0.80	−0.29
其中：原材料	138.00	136.80	138.00	0	0	−1.20	−0.88
燃料及动力	42.60	42.00	42.00	+0.60	+0.14	0	0
职工薪酬	64.80	66.00	67.00	−2.2	−3.40	−1.00	−1.52
制造费用	28.80	27.60	26.20	+2.60	+9.03	+1.40	+5.07
其他产品							
…							

【实训要求】 根据资料，对该工厂主要产品单位成本变动情况进行简要分析。

技能实训题 10.12

【实训目的】 实训主要产品单位成本的主要项目分析：原材料项目分析。

【实训资料】 德立机械厂生产 KG16 产品，所耗用的原材料为 R01 和 R02，2010 年 12 月 31 日提供的成本分析资料如表 10.12.1。

表 10.12.1 **KG16 产品原材料成本分析表**

编制单位：德立机械厂 2010 年 单位：元

原材料名称	计量单位	原材料耗用量		原材料价格		原材料成本		差异	
		计划	实际	计划	实际	计划	实际	计划	实际
R01 材料	千克	30	28.5	12.00	12.80				
R02 材料	千克	6	6.8	25.00	24.60				
合计									

【实训要求】

(1)完成"KG16 产品原材料成本分析表"的填制工作(见表 10.12.1)；

(2)分析原材料成本项目通过原材料消耗数量变动的影响额和原材料价格变动的影响额，计算两种材料的共同影响总额。

(3)对原材料成本项目的变动情况进行简要分析。

技能实训题 10.13

【实训目的】 实训主要产品单位成本的主要项目分析:职工薪酬项目的分析。

【实训资料】 假定德立机械厂生产 KG16 产品,职工薪酬成本分析资料如表 10.13.1。

表 10.13.1　　KG16 产品职工薪酬成本分析表

编制单位:德立机械厂　　2010 年　　单位:元

产品名称	计量单位	单位产品工时		单位产品小时薪酬率		单位产品职工薪酬额		单位产品职工薪酬实际与计划差异	
		计划	实际	计划	实际	计划	实际	差异额	差异率(%)
KG16	件	12	11.8	3.10	3.20				

【实训要求】

(1)计算该厂 KG16 单位产品职工薪酬额、职工薪酬差异额和差异率,并完成"KG16 产品职工薪酬成本分析表";

(2)通过资料对各因素影响职工薪酬的程度进行分析。

① 单位产品工时消耗变动的影响 =

② 小时薪酬率变动的影响 =

③ 两个因素共同影响 =

技能实训题 10.14

【实训目的】 继续实训主要产品单位成本的主要项目分析:职工薪酬项目的分析。

【实训资料】 假定德立机械厂生产 KG18 产品,职工薪酬成本分析资料如表 10.14.1 所示。

【实训要求】

(1)计算该厂 KG18 单位产品职工薪酬额、职工薪酬实际与计划差异额和差异率,并完成"KG18 产品职工薪酬成本分析表"。

表 10.14.1　　KG18 产品职工薪酬成本分析表

编制单位:德立机械厂　　2010 年　　单位:元

产品名称	计量单位	单位产品工时		单位产品小时薪酬率		单位产品职工薪酬额		单位产品职工薪酬异	
		计划	实际	计划	实际	计划	实际	差异额	差异率(%)
KG18	件	8	8.2	5.0	5.4				

(2)通过资料对各因素影响职工薪酬的程度进行分析。

① 单位产品工时消耗变动的影响 =

② 小时薪酬率变动的影响 =

③ 两个因素共同影响 =

技能实训题 10.15

【实训目的】 实训主要产品单位成本的主要项目分析:制造费用项目的分析。

【实训资料】 假定德立机械厂生产KG18产品,制造费用分析资料如表10.15.1。

表10.15.1　　KG18产品制造费用成本分析表

编制单位:德立机械厂　　2010年　　单位:元

产品名称	计量单位	单位产品工时		单位产品小时制造费用率		单位产品制造费用额		单位产品制造费用实际与计划差异	
		计划	实际	计划	实际	计划	实际	差异额	差异率(%)
KG18	件	8	8.2	2.5	2.19				

【实训要求】

(1)计算该厂KG18单位产品制造费用额、制造费用实际与计划差异额和差异率,并完成"KG18产品制造费用成本分析表";

(2)通过资料对各因素影响制造费用的程度进行分析。

参考文献

[1]中华人民共和国会计法.北京:法律出版社,2003.

[2]中华人民共和国财政部制定.企业会计准则.北京:经济科学出版社,2006.

[3]王幸平,陈增寿.成本会计学.北京:清华大学出版社;北京交通大学出版社,2004.

[4]冯浩.成本会计理论与实务.北京:清华大学出版社,2007.

[5]于富生,王俊生,黎文珠.成本会计学.北京:中国人民大学出版社,2002.

[6]程坚.成本会计实务.北京:清华大学出版社,2004.

[7]苏中大,牟宗山.成本会计.北京:北京理工大学出版社,2007.

[8]鲁亮升.成本会计.大连:东北财经大学出版社,2005.

[9]鲁亮升.成本会计习题与解答.大连:东北财经大学出版社,2005.

[10]褚文凤,彭克强.基础会计.武汉:武汉理工大学出版社,2007.

[11]陈守文.成本会计.沈阳:辽宁人民出版社,2000.

[12]陈轲.成本会计学.北京:经济科学出版社,2002.

[13]万寿义.成本会计.大连:东北财经大学出版社,2003.

[14]焦跃华.成本会计学.北京:中国财政经济出版社,2001.

[15]乐艳芳.成本会计.上海:上海财经大学出版社,2006.